유리 멘탈이 당신의 발목을 잡는다

GETTING TO NEUTRAL
by Trevor Moawad, Andy Staples

유리 멘탈이 당신의 발목을 잡는다

트레버 모아와드·앤디 스테이플스 지음 | 노보경 옮김

ORNADO
토 네 이 도

유리 멘탈을 극복하고
목표를 이루고자 하는 모든 이에게

차례

서문

앤디 스페이플스Andy Staples

2021년 4월 어느 금요일 밤, 이메일 하나가 도착했다. 두 권의 책을 함께 집필하는 동안 트레버가 보내온 다른 수천 개의 이메일 대부분이 그러했듯 이번에도 링크 하나만 달랑 들어 있을 뿐 아무 말도 적혀 있지 않았다. 내가 트레버를, 즉 그가 하는 말을 이해하는 데 도움이 될 만한 자료를 또 하나 찾아낸 모양이다. 나는 링크를 클릭했다.

트레버의 부친 밥 모아와드가 열광적인 청중 앞에서 연설하는 유튜브 영상이 나타났다. 밥 모아와드는 원래 코치였지만 청중을 휘어잡는 동기부여 강사로 변신에 성공했다. 그리하여 자신의 인생에서 마지막 3분의 1을 긍정적 사고가 삶을 더 나은 방향으로 이끈다는 주장을 설파하는 데 바쳤다. 트레버가 이메일로 보내준 영상은 밥이 오랜 암 투병 끝에 사망하기 일 년 전쯤인 2006년에 촬영된 것으로 보였다. 영상 속의 밥은 청중에게 대부분의 사람들이 사실 어떤 대답을 기대하면서 안부를 묻는 건 아니겠지만 자기는 대답을 하겠다고 말하고 있었다. 그러면서 "저는 설 수 있습니다. 살아 있고요. 여전히 일반식을 먹고 있습니다. 이 이상 뭘 더 바라겠어요?"라고 했다.

자신의 영웅인 아버지의 주된 신념과 모순되는 유사 사업을 시작했다는 사실은 수년간 트레버를 괴롭혔다. 그는 뛰어난 운동선수들과 일하면서 그의 아버지의 주장과는 달리, 긍정적 사고만으로는 최고의 기량을 끌어낼 수 없음을 깨달았다. 그래서 자기만의 사고법에 기반한 훈련을 개발해냈다. 그리고 그 때문에 성공을 거뒀지만 오히려 그 사실이 이따금씩 트레버를 슬프게 하기도 했다. 마음속 깊은 곳에서는 아버지를 닮고 싶어 했던 그는 자신이 사람들에게 전하고자 하는 사고방식으로 인해 아버지가 걸어온 길에서 한참 멀어졌다고 느꼈다. 그러나 나는 밥의 동영상 속에서 트레버의 목소리를 들었다. 밥의 강연을 계속 들어보니 그들 부자가 말하는 바가 트레버가 두려워했던 것만큼 크게 다르지는 않다는 생각이 들었다.

"저는 설 수 있습니다."
"살아 있고요."
"여전히 일반식을 먹고 있습니다."

모두 사실적인 말이지 않은가. 트레버는 항상 같이 일하는 선수들에게 현실을 직시하라고 가르쳤다. 밥이 한 말들 역시 그때 그 순간의 사실이었다. 밥 모아와드는 자신의 아들이 명칭을 붙이기 수년 전에 이미 사실에 근거한 '중립적 사고'를 설파하고 있었던 것이다.

내게 이메일을 보냈을 때 트레버는 그 동영상이 촬영될 당시 자신의 아버지와 똑같은 상황에 처해 있었다. 둘 다 암 투병 중이었다. 그것은 대중에게 털어놓은 것보다 훨씬 더 힘든 싸움이었다. 두 사람은 단 몇 개월이라는 시한부 인생을 살고 있었다. 밥은 약 1년 뒤 사망했다. 66세였다. 트레버는 2021년 9월 15일에 눈을 감았다. 그의 나이 48세였다.

트레버는 누구에게도 자신의 투병 사실을 알리지 않았다. 한때 그의 상사였던 앨라배마대학의 미식축구팀 감독 닉 세이번Nick Saban과 마찬가지로 트레버도 점수(병의 차도)에 연연하지 않았다. 그 대신 매 순간의 삶에 집중하는 걸 선택했다. 자기 자신보다 주변 사람들을 더 염려했던 트레버는, 내가 가족과 함께 보내는 행복한 시간에 단 1초도 자신을 걱정하는 데 쓰지 않기를 바랐다. 러셀 윌슨Russell Wilson이 트레버의 병을 걱정하기보다 램스Rams의 수비를 무너뜨릴 수 있는 방안에 더 몰두하기를 원했다. 친구 로렌스 프랭크Lawrence Frank가 로스앤젤레스 클리퍼스Los Angeles Clippers를 우승팀으로 만들기 위해 애쓰는 동안 자신 때문에 노심초사하는 것을 원하지 않았다.

그는 우리 중 몇 사람에게는 어쩔 수 없이 자신의 병세에 대해 자세히 말해주었지만, 다른 이들에게는 절대로 알려지지 않도록 입단속을 시켰다. 그는 지인들이 아무 것도 모른 채 행복한 시간을 보내는 편이 더 낫다고 생각했다. 2019년 시즌 대부분을 조지아대학 미식축구 팀과 일하면서 항암 치료를 병행했음에도 시즌이 끝날 때까지 팀에 그 사실을 알리지 않았다. 트레버는 늘 자신의 직업은 타인에게 봉사하는 일이라고 여겼다. 고객이 트레버에게 마음을 쓰게 되면, 실력 향상에 사용할 수 있는 정신적 에너지를 허비하게 되리라 생각했다. 원래는 이 책에서도 자신의 암 투병에 대해 언급할 생각이 없었다. 그렇게 되면 굉장히 많은 사람들이 알게 될 테니 말이다. 그런 그가 겨우 마음을 바꾼 이유는 자신의 투병 과정에서 얻은 교훈을 전함으로써 수많은 이들에게 도움이 될 수 있다는 사실을 깨달았기 때문이다.

우리가 이 책의 집필을 마쳤을 때는 2021년 5월 말이었다. 트레버와 나는 전화 통화를 하며 마지막 문구를 수정했다. 나는 완성된 원고를 출판사에 이메일로 전송한 뒤 아내에게 "이게 트레버의 마지막 글이 아니었으면 좋겠어"라고 말했다. 내 아내는 의료인이다. 2019년 트레버가 앓고 있는 암의 종류를 말해주자마자 아내는 그가 승산이 거의 없는 싸움을 시작한 거라고 내게 귀띔해주었다.

트레버도 잘 알고 있었다. 그러나 희박한 확률 따위가 자신의 삶을 송두리째 앗아가버리는 것은 용납하지 않았다. 그는 곧장 항암 치료에 뛰어들었다. 수술을 받고 회복에 온 힘을 기울였다. 방사선 치료도 받았다. 치료 과정 중에는 바로 다음 단계에만 정신을 집중시켰다.

물론 트레버에게도 두려움에 떨었던 시간이 있었다. 그도 주저앉아 눈물을 흘렸었다. 하늘이 무너진 듯 절망한 때도 있었다. 그러나 그런 시간이 길어지도록 내버려 두지 않았다. 결코 그 시간이 자신을 절망의 구렁텅이로 끌고 들어가도록 허용하지 않았다. 지금 서 있다는 사실에 기뻐했던 그의 아버지처럼, 트레버는 마음을 다잡고 자신을 다시 일으킬 이유를 찾아내곤 했다. 그는 다음 날 아침 태평양을 바라보며 산책할 수 있다는 사실, 또는 친구 멜 터커Mel Tucker가 미시간주립대학 미식축구팀 개선을 위해 자신의 사고법을 사용한다는 사실 등등에 들떠 힘을 냈으리라.

트레버는 우리가 자신을 생각하며 울어주길 바라지 않을 것이다. 각자 최선을 다해 살아가길 바랄 것이다. 그리고 마침내 트레버는 정확히 어떻게 '중립적 사고'를 가르칠 것인지 결정을 내렸다. 자신의 고객들에게 도움이 되었던 철학을 발전시킨 것이다. 그리고 그 철학 덕분에 트레버 역시 힘든 투병 과정을 버틸 수 있었다. 그처럼 강한 정신적 힘이 없었다면 아마도 트레버는 훨씬 더 일찍 우리에게 이별을 고했을지 모른다.

트레버는 멘탈이 약한 사람은 물론이고, 자신이 꽤 단단한 내면을 가졌다고 믿는 사람일지라도 중립적으로 생각하는 법을 배워야 한다고 생각했다. 모두가 두 발로 서서 살아가고 있음에 기뻐하길 희망했다. 또한 사람들이 점수나 성공에 대한 걱정 따위는 집어치우고 삶의 소중한 일분일초를 맘껏 누리게 되기를 바랐다.

머리말

트레버 모아와드Trevor Moawad

2019년 9월 7일, 나는 새벽 4시 30분에 일어났다. 창밖으로 수백 미터 아래 맨해튼 비치의 모래사장에 태평양의 파도가 끊임없이 밀려와 부서지는 모습이 보였다. 나는 내가 담당하고 있던 선수인 러셀 윌슨을 만나기 위해 시애틀로 날아가는 중이었다. 윌슨은 자신의 여덟 번째 NFL(National Football League: 미국 프로미식축구협회 - 옮긴이) 시즌을 앞두고 있었다.

다음 날 센추리링크필드에서 시호크스Seahawks와 벵골스Bengals의 경기가 예정돼 있었다. 토요일이었던 경기 전날 러셀을 만나 항상 하던 일을 할 생각이었다. 나는 러셀이 승리를 위한 마음가짐을 갖도록 도와줄 영상을 미리 만들어뒀다. 거의 모든 사람이 태어날 때부터 지니고 있는 패배주의적, 부정적 사고방식을 '중립적 사고방식'으로 대체시키는 것, 그게 바로 내가 특별히 개발해낸 멘탈 훈련의 비법이다. 즉 과단성 있게 행동해야 할 시기를 앞둔 중요한 순간에 최고의 명석함과 평정심을 가져다주는 공격 모드로써, 냉정하게 문제를 파악하고 위기를 분석하는 비판단, 비반응 전략이다. 러셀은 누구보다 중립적 사고의 힘을 잘 알고 있다. 훌륭하게도 그는 신체뿐만 아니라 정신 단련 역시 중요하다는 사실을 정확히 이해하고 있다. 주초에 행한 스쿼트 운동이 러셀의 허벅지를 단련시켰듯 경기 전 우리의 멘탈 훈련은 그의 두뇌를 단련시킬 것이다.

그건 그렇고, 나는 드디어 다시 평범한 일상으로 돌아가 일에 전념할 수 있게 되었다. 내슈빌Nashville에서는 조지아 불독스Georgia Bulldogs(내가 담당했던 대학 미식축구팀)가 밴더빌트Vanderbilt와의 시즌 첫 경기를 승리로 장식하는 것을 지켜봤다. 러셀과 시호크스는 다시 슈퍼볼 우승을 향한 야심을 불태웠다. 커비 스마트Kirby Smart 감독이 이끄는 불독스의 대학 미식축구 플레이오프 진출이 유력해보였다. 모두 성공적인 가을이 되리라 기대했는데, 이는 곧 나에게도 기쁘고 보람 있는 가을이 될 것임을 의미했다. 전날 밤 그런 생각에 한껏 기대에 부풀어 잠자리에 들었던 나였다.

그리고 다음 날 아침 나는 해가 뜨기 전에 일어나 출장 준비를 서둘렀다. 그러다가 거울을 들여다보았는데, 뭔가 이상했다.

'내 눈이 왜 이렇게 누렇지?'

욕실 불을 켰다.

'젠장, 이거 왜 이렇게 누래?'

오만 가지 생각이 다 들었다. '원인이 뭘까? 며칠 전 너무 갈증이 나서 강황이 들어간 스무디를 마셨지. 그게 원인일까? 강황이 노란색이잖아. 잠깐, 얼마 전에 심한 복통이 있었어. 어쩌면 그 때문일지도 몰라.' 당장 인터넷을 검색해봤지만 확실한 정보는 찾을 수 없었다. 뭔가 정상이 아닌 것만은 분명했으나 그때는 그 문제로 고민할 여유가 없었다. 시애틀로 떠나야 했으니 말이다.

나는 급한 대로 선글라스로 눈을 가리고 다녔다. 출장 내내 사회적으로 용납이 되는 자리에서는 선글라스를 벗지 않았다. 숙취 때문이 아니었다. 사람들에게 내 누런 눈을 들키고 싶지 않았을 뿐이다. 그것 말고는 말짱했다.

바로 그다음 주 목요일, 다시 캘리포니아로 돌아온 나는 병원을 찾았다. 보통 의사 앞에서 긴장하는 편이지만 당시엔 평온한 상태였다. 그저 의사에게 내 누런 눈을 낫게 해줄 약을 처방해달라고 부탁할 생각이었다. 그런 내게 의사는 "원인을 찾아봅시다. 보통 황달 증상은 뭔가 잘못됐다는 신호예요"라고 말했다. 슈퍼볼 진출 또는 NBA 타이틀 획득을 위해 팀을 꾸리듯 우리도 그 비슷한 과정을 거쳐야 했다.

지난 2월 (과자를 먹다가) 그만 목구멍 안쪽에 상처를 입어 치료받은 적이 있었는데, 의사는 그때의 검사 결과를 다시 끄집어냈다. "효소 수치가 높았고 빌리루빈도 약간 증가했었죠. 같이 원인을 찾아봅시다." 그러면서 혹시 담석이나 신장 결석이 생겼는지 알아보기 위해 초음파 검사를 권했다. 그리고 "혹시 모르니까 월요일에 MRI도 찍어봅시다"라고 덧붙였다.

나는 초음파 검사실로 갔다. 친절하고 나이가 지긋한 여성이 내배에 차가운 젤을 바르고는 검사기로 배 이곳저곳을 문질렀다. 그러더니 전에도 황달 증상을 겪어 본 적이 있는지 묻고는 아마 괜찮을 거라고 말했다. 하지만 그녀가 뭘 보았는지 내가 알 수는 없었다. '내 배에 테니스공만 한 뭐라도 박혀 있는 걸까? 정말 아무것도 아닌 거 맞나?' 내게 전달된 사실에만 집중해야 한다고 스스로에게 계속해서 말을 걸었다. 그게 바로 중립적 사고를 구성하는 중요 요소이므로. 덕분에 그런 상황에서 내 상상력이 멋대로 뻗어나가 불필요한 걱정거리를 창조해내지 않도록 정신을 가다듬을 수 있었다. 이후 몇 주 동안은 업무상 여러 도시로 떠났다가 다시 캘리포니아에 돌아와 병원을 방문하는 생활의 연속이었다. MRI 기계 안으로 들어가 한 시간 동안 누워 있기도 했고, 장기 기능 확인을 위해 방사성 추적자가 포함된 염료를 사용하는 양전자방출단층촬영PET 검사도 받았다. 여러 분야의 의사들이 내게 수많은 질문을 했고, 그에 따라 다양한 검사를 요구했다. 정확한 진단을 위해 최대한 많은 정보가 필요하다고 했다.

그 무렵 나는 수개월째 숙면을 취하지 못하고 있었다. 황달 외에 또 다른 신체 이상을 자각했는데, 바로 가려움이었다. 매일 밤 두 다리가 못 견디게 가려워 잠에서 깼다. 무릎 바로 아래부터 발바닥까지 피부가 가려워 죽겠다고 비명을 지르는 듯했다. 다리를 긁어대면서 무한한 감사와 영광, 심지어 성적 쾌락까지 느껴졌다. 금메달을 딴 기분이 그러하리라. 다리를 긁고 나면 다시 가려움증이 올라오기 전까지는 그렇게 속이 후련할 수가 없었다.

마침내 내 몸 상태에 대한 진단이 내려졌다는 연락을 받았다. 나는 어떤 의사에게 불려 갔는데, 그의 수술이 늦게 끝나 혼자 진료실에서 두 시간 가까이 기다려야 했다. 진료실 한가운데 커다란 의자가 놓여 있었다. 환자가 좀 더 편하게 진료받을 수 있도록 등받이가 조절되는 의자였다. 청결하게 새 종이를 깔아놓은 상태였다. 내가 앉아 있어야 할 자리임이 분명했다. 그러나 나는 거기에 앉지 않았다. 대신 일반 방문객을 위해 벽 쪽에 놓아둔 작은 의자들 중 하나로 가 앉았다. 거기서는 의사의 컴퓨터 화면이 보이지 않았다. 즉, 내 진료 차트를 볼 수 없었다. 그리고 나는 그곳에 장기간 드나들게 될 것 같은 기분을 느끼고 싶지 않았다. 그저 한번 다녀간다는 기분에 머물러 있고 싶었다. 이미 이런 비슷한 방 안에서 앞으로 더 많은 시간을 보내게 될 것임을 예감하고 있었지만 말이다. 혼자 앉아 있는 동안 나는 내가 함께 일하는 운동선수나 코치에게 늘 해주던 말을 내 자신에게 했다. '그저 대단한 상대를 만난 거야. 뭐가 됐든 간에 이겨낼 거야.'

"담낭과 담관에 뭐가 있어 보이네요."
마침내 진료실로 돌아온 의사가 말했다.

그는 그것이 'C로 시작하는 단어'(Cancer: 암 – 옮긴이)임을 알고 있었다.

다만 그 문제의 세포를 어떻게 제거할지 아직 정확히 몰랐을 뿐이었다. '내 담낭에 종양이 있다고? 담관에 있다는 건가? 아님, 두 군데에 다 있다는 건가?' 정확히 어떤 수술을 해야 할지 결정하기 위해서는 먼저 복강경 시술(몸 안으로 소형 카메라를 집어넣기 위해 피부에 구멍을 뚫는 시술)을 받아야 했다. 그리고 내 담관과 담낭에 있다는 그것을 확실히 파악하기 위해 복강경 시술 후 세 차례의 내시경 검사를 진행해야 했다.

이후 내 복부를 침범한 녀석을 제거할 목적으로 다수의 의사들로 구성된 팀이 결성됐다. 나를 담당한 종양학과 전문의와 외과의가 내 담관에 생긴 종양의 크기를 줄이기 위해 세운 치료 계획은 그 가을 내내 화학요법을 시도하는 것이었다. 그리고 나서 2월쯤 남은 종양을 제거하는 외과 수술을 시행할 예정이었다. 다른 암에 비해 생존 가능성은 좋은 편이었지만 치료 과정은 결코 호락호락할 것 같지 않았다.

그 무렵, 사실 나는 큰 계획을 세워놓았었다. 애리조나를 떠나 지구상에서 가장 근사한 곳이라 해도 과언이 아닌 태평양 연안 지역으로 이사했고, 내 첫 번째 저서의 집필을 마쳐서 출간을 눈앞에 두고 있던 때였다. 나는 새로운 고객들과 일할 생각으로 몹시 들떠 있었다. 누가 알겠는가? 어쩌면 내게도 새로운 인연이 생길지도 모를 일이다. 완전히 새로운 삶에 대한 희망으로 부풀어 있었다. 누렇게 변한 두 눈으로 잠을 깬 그날 아침 전까지만 해도 모든 것이 가능해보였다.

내 병에 대한 진단과 치료 계획이 결정됐다. 그날 밤 나는 맨해튼 비치에 파도가 부서지는 소리를 들으며 제대로 시작도 못 해보고 끝장나버린 내 새로운 삶을 애도했다. 그러면서 스스로에게 말했다. "이제 침착해지자. 지금 내가 바라는 건 건강을 되찾는 것뿐이야. 잠을 잘 수 있게 됐으면 좋겠어. 내 몸에서 이 녀석을 내쫓아버리자."

나는 지난 수년간 수많은 운동선수, 코치와 일하면서 내가 그들에게 가르쳤던 멘탈 관리법을 이제는 내게 적용할 때임을 깨달았다. 나는 월드컵이나 1억 명이 넘는 관중이 지켜보는 슈퍼볼 출전을 앞두고 있던 프로 선수들이 압박감 속에서도 만반의 준비를 해 최선의 기량을 발휘할 수 있도록 돕기 위해 '중립적 사고'라는 멘탈 관리법을 고안해냈다. 그리고 뛰어난 운동선수가 아닌 우리 같은 사람들이 이러한 사고법으로 스스로의 삶을 통제할 수 있도록 도와주고 싶어 그 교훈들을 한 권의 책에 녹여내기도 했다. 이제 내 인생에서 가장 힘든 도전에 맞서 싸우려면 그 어느 때보다 내 자신이 더 중립적이 될 필요가 있었다.

그렇게 내가 'C로 시작하는 단어'와 싸우기 위해 중립적 사고를 이용하고 있을 때 우리의 삶을 변화시키고, 상상도 못 해본 재난을 초래할 새로운 질병이 세상에 등장했다. 코로나바이러스 19. 이제 팬데믹을 극복하기 위해서라도 우리 모두에게는 중립적 사고방식이 절실해졌다.

이 두 개의 질병이 내게 뭔가 가르쳐준 게 있다면, 그건 세상은 이처럼 끊임없이 우리에게 도전해올 거란 사실이다. 세상은 우리의 감정 따윈 신경도 쓰지 않는다. 우리가 준비가 되어 있는지 어떤지는 관심도 없다. 그런 까닭에 앞으로 닥칠 무언가에 대응할 수 있는 무기가 우리 모두에게 필요하다는 것이다. 이 책이 독자에게 바로 그 무기를 제공해줄 것이다.

앞서 출간했던 저서 《성공의 조건It Takes What It Takes(2020)》, 을 통해 '중립적 사고'의 개념을 설명했다면, 이 책에서는 세상을 살아가다 보면 필연적으로 마주칠 수밖에 없는 다양한 재난을 헤쳐나가기 위한 실천적, 단계별 지침들을 담고 있다. 나는 실천적인 면을 중요하게 생각한다. 나도 내 인생에서 가장 심각한 개인적 위기에 맞서 이 책에서 소개하는 기술들을 직접 실천하고 있는 중이다. 그렇기 때문에 그것들의 효과를 장담할 수 있다. 먼저 압박이 심한, 삶을 변화시킬 만한 상황에 대처하는 방법부터 소개할 생각이다. 독자는 중립적 사고로 멘탈을 관리하는 방법을 배우게 될 것이다. 그렇게 되면 마음이 극도로 혼란스러운 상태에서 중요한 결정을 내리기 위해 애쓰지 않아도 된다. 이어서 중립 상태에 도달한 후 올바른 다음 단계로 나아가는 방법에 대해 설명할 예정이다.

다음으로는 이렇게 위기의 상황에 처할 때마다 신속하게 중심을 잡고, 자신이 해야 할 다음 일을 제대로 선택했다고 확신할 수 있는 삶의 방식을 갖추기 위해 어떠한 조치들을 취해야 하는지 설명하려 한다. 독자는 스스로의 가치관과 습관을 검토하게 될 것이다. 그리고 인생의 다양한 사건들에 대비하는 법을 배우게 될 것이다. 그것은 운동선수가 큰 경기를 준비하는 방식과 크게 다르지 않다.

이 책을 단순히 수많은 페이지들의 모음으로 생각하지 않았으면 좋겠다. 복권 더미처럼 생각해주었으면 좋겠다. 중립적인 삶은 독자에게 (가능성 대 실효성의 싸움에서 승리를 거두고) 능력자가 되기 위한 더 나은 기회를 제공해줄 것이다. 세상의 풍파를 그저 받아들이는 대신, 마구 흔들리는 유리 멘탈을 극복하고 역경에 맞서 싸우는 방법을 알게 될 것이다. 본질을 깨닫고 굳세게 우뚝 서기 위해서. 심지어 두려운 상황에 발을 들여놓은 순간에도 자신의 위대함을 잃지 않도록 하기 위해서.

1장
긍정적 사고는
해결책이 아니다

나는 2019년 여름 내내 전작인 《성공의 조건》 집필에
여념이 없었다. 그 책을 쓰는 일이 내게는 곧 치유였다. 나는 집필 기
간 중 대부분은 여러 팀, 업체와의 협업을 위해 전국을 누비고 다녔다.
그러다 피닉스에 있는 집으로 돌아오면 여지없이 이혼 문제로 골치
를 앓았다. 내가 사람들에게 가르치는 사고법의 원리를 파고드는 일
이, 내가 극심한 스트레스로 고통받는 기간 중에도 그 원리로 인해 흔
들림 없는 생활을 유지할 수 있도록 해주었다. 그런데 《성공의 조건》
의 원고를 넘기고 나서 어느날 아침, 나는 갑자기 누렇게 변해버린 눈
으로 잠에서 깨어났다. 그건 2020년을 기대하고 있던 내게 장차 몇 달
이고 잔인한 시간이 이어질 것임을 알리는 조짐이었다. 2020년은 내가

그 이전까지는 진정한 스트레스가 뭔지 전혀 모르고 살았었다는 사실을 확실히 깨닫게 해주었다.

내가 대수술을 받고 회복을 꾀하면서 방사선 치료를 준비하고 있던 시기에 이번엔 코로나19 팬데믹이 세상을 덮쳤다. 이 새로운 질병은 전 세계로 급속히 퍼졌다. 전염성이 굉장히 강했다. 과학자들조차 초기에 이 병을 제대로 파악하기 어려웠다는 점에서 치명적이었다. 의사들이 바이러스의 확산을 늦추기 위해 가능한 한 많은 정보를 알아내려고 애쓰는 사이, 우리 같은 비전문가들은 공포에 질려 우왕좌왕하지 않을 수 없었다. 사랑하는 이들을 잃을지 모른다는 두려움과 나 자신의 생명조차 앗아갈지 모른다는 공포가 우리를 엄습했다. 바이러스에 대한 공포만 존재했던 것도 아니다. 직장이 강제 휴업에 들어가고, 경우에 따라 아예 문을 닫기도 했던 상황 속에서 앞으로 생계를 어떻게 이어나가야 할지도 공포 그 자체였다. 어떤 이들은 고립되었으며 경제적으로 어려움을 겪지 않는 이들이 드물었다. 결국 온갖 부정적인 생각들이 필연적으로 우리를 괴롭히기 시작했다. 지구상의 모든 사람들을 말이다.

우리 모두가 이처럼 새로운 현실에 적응하려고 애쓰는 동안 나는 'C로 시작하는 단어(코로나19가 아니다)'와 코로나19에 대한 대응책으로써 그 어느 때보다 멘탈 관리가 중요하며 따라서 중립적 사고방식이 필요하다는 것을 절감했다. 당시 나는 여느 때와 같이 코치나 운동선수를 관리하며 팀에 힘을 보태고 있지 못했다. 나 자신의 생존에 힘쓰고 있었다. 다음 날까지 온전한 정신 상태로 하루하루를 버티기 위해서 말이다. 한편으론, 모든 사람들이 팬데믹을 헤쳐나가기 위해 노력하는 모습을 지켜보았고 내 멘탈 관리 방식이 우리 모두에게 얼마나 중요한 것인지 깨달았다. 이 기술들은 러셀 윌슨이 슈퍼볼 진출을 위해 노력하는 동안 도움이 된 것은 물론, 우리가 현재의 고난에서 벗어나는 데에도 도움이 될 수 있다. 파국으로 치달을 게 뻔한 부정적 생각의 소용돌이 속에서 우리를 끄집어낼 수 있다는 말이다.

그냥 긍정적으로 생각하면 안 되냐고? 내가 사람들 앞에서 강연하면서 흔히 받는 질문이 "왜 당신은 긍정적 사고를 배척하는 건가요?"이다. 내가 멘탈 관리 전략으로써 중립적 사고를 강조한다고 해서 긍정적 사고를 배척하는 것은 아니다. 때때로 긍정적으로 생각하는 것이 그냥⋯ 불가능할 때가 있다. 그리고 아무런 근거도 없이 무작정 긍정적으로 생각하는 것은 전혀 도움이 되지 않고, 때에 따라서는 오히려 해가 될 수도 있다. 우리 모두 부정적 사고는 분명히 부정적 영향을 끼친다는 사실에 동의할 것이다. 그러나 더 긍정적인 것이 덜 부정적인 것과 같은 의미가 될 수는 없다. 긍정적인 사고가 부정적인 사고의 가장 효과적인 해결책이 될 수 없다는 말이다. 가장 효과적인 해결책은 중립적 사고이다.

2021년 〈뉴욕 타임스〉 기자 데이비드 레온하르트David Leonhardt가 내놓은 팬데믹 관련 언급에는 이러한 사실이 암시되어 있다. 팬데믹 발생 초기 수개월 동안 벌어진 일련의 사건들은 단순하게 긍정적 마인드가 보다 수월하게 질병을 극복하는 데 도움이 될 거라 믿었던 사람들에게 가장 큰 타격을 입혔다. (주의! 바이러스는 감정이 없으며 인간의 감정 따위에 개의치 않는다.) 2021년 3월, 사람들이 백신을 접종하면서 일 년 만에 겨우 다시 '정상적인' 삶에 대한 기대를 품기 시작할 무렵, 레온하르트는 백신에 대한 강한 회의론이 바이러스와 일 년간의 동거로 인해 만연해 있는 절망감과 결합하고 있음에 주목했다. 14만 7,000명의 팔로워를 거느린 그는 자신의 트위터에 "코로나바이러스의 초기 대응 실수는 주로 과도한 낙관론 탓이었다.[1] 그러나 공중 보건에 있어 그런 유형의 실수만 있는 것은 아니다. 팬데믹을 겪고 있는 우리의 현 단계를 보면, 지나친 비관론도 지나친 낙관론과 똑같이 문제다"라는 글을 남겼다.

　팬데믹을 겪으며 우리가 왜 중립적으로 생각해야 하는지에 대한 혹독한 교훈을 얻었다. 나는 무슨 일이 있어도 부정적 사고만은 피해야 한다는 것을 독자의 머릿속에 각인시킬 생각이다. 이 책을 읽고 나서 그것 하나만 확실히 습득해도 당신에게 도움이 될 것이다. 그리고 사실 이러한 생각을 독자에게 설득시키는 일은 어렵지도 않다. 실증적 데이터가 없다 해도(물론, 많이 있지만), 당신은 이미 부정적 사고가 해롭다는 것을 알고 있기 때문이다. 반면, 근거 없는 긍정적 사고가 때때로 해가 될 수 있다는 사실을 설명할 때는 그보다는 더 노력이 필요하다. 노먼 빈센트 필Norman Vincent Peale의 1952년 작《긍정적 사고방식》은 수백만 부가 팔려나가며, 도서, 오디오 프로그램, 비즈니스 세미나 및 (사무실에 개인 책상을 가지고 있던 시절) 성실한 사람들이 사무실 책상 위에 간직하고 싶어 할 만한 각종 기념품 등의 소규모 산업을 부흥시킨 바 있다. 대부분의 경우에 긍정적 사고는 부정적 사고보다 더 나은 선택이다. 하지만 이전의 팬데믹 발생 초기를 되돌아보자. 마법처럼 병이 저절로 사라질 거라 예상했던 여러 정치가들과 전문가들을 기억하는가? 여름 더위가 바이러스를 소멸시킬 거란 주장(당시 그것을 뒷받침해줄 아무런 연구 결과도 없이)은 또 어떤가? 긍정의 힘이 바이러스 퇴치에 기여하리라 믿었기 때문에 앞의 예상 또는 주장을 신뢰하는 길을 선택했던 사람들은 그것들이 전부 틀렸음이 분명해지자 결국 가장 큰 타격을 입었다. 긍정적 사고로 인해 큰 실패를 경험한 이들은 그런 까닭에 남들보다 더 부정적이 되었고, 더 절망에 빠지고 말았다.

만약 그들이 중립적으로 사고했더라면 훨씬 더 나은 상황을 맞이했을 것이다. 그렇다면, 도대체 중립적 사고란 무엇인가? 그것은 온갖 편견을 버리고 사실에 집중할 것을 요하는 의사결정 방법이다. 중립적으로 사고하는 사람은 과거의 일이 미래의 일을 보장해주지 않는다는 인식 하에 이미 벌어진 일은 받아들이고, 판단이 전혀 개입되지 않은 상태에서 의사결정을 내릴 수 있다. 이 개념을 아주 제대로 설명한 사람이 있는데, 바로 내 친구이자 NBA 로스앤젤레스 클리퍼스 농구 운영 부문 사장인 로렌스 프랭크이다. 그는 "연속으로 열 개의 슛이 들어가지 않았다고 해서 열한 번째 슛도 들어가지 않으리라는 법은 없지. 또 반대로, 열 번 날려 열 번 들어갔다고 해서 다음 슛이 반드시 들어간다는 보장도 없고"라고 말한다.

만약 우리가 과거의 사건으로 인해 미래가 미리 결정되는 것이 아니라는 사실을 받아들인다면, 우리의 현재 행위가 미래에 영향을 미칠 수 있음을 더 깊이 살피고 이해할 수 있다. 어쩌면 슛을 날리기 직전 팔꿈치가 벌어졌다거나 아니면 발 위치를 잘못 잡아서 연속 열 번의 슛을 놓쳤을지 모른다는 생각을 받아들일 수 있을 것이다. 그렇게 지나간 문제를 인정하고 수정하게 되면 다음 슛이(그리고 바로 그다음 슛도) 골대에 들어가게 할 수도 있다. 중립적 사고는 우리로 하여금 진실을 추구하도록 이끈다. 어떤 의견을 생각해낼 필요도 없다. 열 번의 슈팅이 연달아 실패했다고 해서 그것이 당신의 농구 실력이 형편없음을 의미하는 것은 아니다. 마찬가지로 열 번의 슈팅을 성공시켰다고 해서 반드시 뛰어난 농구 실력을 갖췄다고는 말할 수 없다. 무슨 말인가 하면, 슛이 실패했거나 성공한 원인을 이해하기 위해서는 우리 자신의 슈팅 데이터를 철저하게 분석해야 한다는 말이다. '슈팅 자세가 약간 달라졌었나?' 또는 '슈팅 순간에 딴 생각으로 집중이 흐트러졌던가?'처럼. 이러한 분석 정보들이 '난 지지리도 못하는구나….' 또는 '누가 나를 당해!'라고 생각하는 것보다 훨씬 더 중요하다. 중립적 사고방식에 있어 이러한 자기 판단이 끼어들 자리는 없다. 다른 동기부여 시스템들은 환상이나 자기기만을 부추기지만, 나는 절대로 그러지 않을 것이다.

　나는 당신이 과거에 이미 한 일은 받아들이면서 미래에 벌어질 일 또한 스스로 통제할 수 있다는 사실을 이해할 수 있도록 방법을 알려줄 것이다. 중립적 사고를 하면 어떤 사건이 벌어졌을 때, 앞으로 나아가기 위해 자신이 지금 해야 할 다음 단계에만 집중할 수 있게 된다. 나는 당신의 행동을 이끌어줄 정보(좋은 것이든 나쁜 것이든, 또는 이도 저도 아닌 것이든)를 처리하는 방법을 알려줄 것이다. 이 책을 펼치는 순간 당신은 도전을 받아들였다. 모든 사람에게 해당되는 것은 아니다. 살면서 그때그때 벌어지는 일들에 잘 대처하려면 자기 자신에 대한 끊임없는 분석이 선행되어야 하지만, 세상에는 아무런 실천도 없이 그저 만사가 좋은 쪽으로 진행될 거라 믿고 싶어 하는 사람들이 훨씬 더 많기 때문이다.

그러나 마법 같은 긍정적 사고의 힘을 믿는 사람들은 의사로부터 또다시 수술이 필요하며 이후 다시 방사선 치료를 받아야 한다는 말을 들으면 무너지게 될 것이다. 뜨거운 여름이 되어도 바이러스가 사멸되지 않는 걸 알면 절망할 것이다. 심지어 이미 부정적인 생각을 갖고 있는 사람들이 그런 경우에 처하게 되면 더 깊은 절망의 구렁텅이로 곤두박질치고 말 것이다. 반면, 중립을 지키는 사람들은 인내하고 버틸 수 있으며 심지어 앞으로 나아갈 수도 있다.

'중립적 사고'의 시작

내가 '중립적 사고'라는 멘탈 관리법을 개념화하기까지는 꽤 오랜 시간이 걸렸다(미식축구, 축구, 야구, 농구, 테니스 등의 분야에서 이름난 선수들과 두루 일하는 동안 관찰한 이 멘탈 훈련에 정식 명칭을 붙이기까지는 말이다). 내 아버지 밥 모아와드는 미국에서 유명한 동기부여 강사였다. 전국 수많은 학교들이 아버지가 만든 프로그램을 학생들에게 교육시켰다. 아버지는 긍정적 사고방식을 굉장히 중요하게 생각했다. 한때 미국자존감협회 회장을 지내기도 했다. 어린 시절 나는 아버지의 실험

쥐었다. 매일 밤 아버지는 내게 '비굴한 사고'의 위험성에 대해 경고하는 한편, 실제의 성취로 이어진다며 반드시 긍정의 주문을 외도록 했다.

이러한 긍정 또는 부정이라는 이분법적 선택지에 관한 아버지의 교육이 그렇게 와닿았던 것은 아니었지만 당시 나는 아들로서 아버지의 가르침을 충실히 따르려고 노력했다. 고등학교 시절 축구부와 농구부 주장이었던 나는 부원들을 긍정적 사고로 무장시키려고 끊임없이 애를 써봤지만 실패했던 경험이 있다. 옥시덴털대학Occidental College에서도 축구부와 농구부에서 선수로 뛰었는데, 동료들에게 '믿음'과 긍정의 힘을 설파했다가 가차 없이 비웃음을 당했다. 로스앤젤레스와 플로리다에서 고등학교 교사로 재직했을 당시에는 아버지의 '잠재력 끌어내기'라는 교육 프로그램을 활용하기도 했다. 내 사회과학 수업 과정에 긍정의 심리학을 끼워 넣었다. 그러나 아무리 애를 쓰고 머리를 쥐어짜봐도 결국 반 이상의 학생들을 납득시키지 못했다. 고교 남녀 축구부 코치를 하면서 내가 깨달은 것은 선수들 중 일부는 자연스레 긍정적 사고방식을 선호한다는 사실이다. 그러나 시련이 닥쳤을 때 그것을 극복하려고 애를 쓰다가 결국 부정적으로 바뀌는 것을 목격했다. 나는 경력이 쌓이면서 국가대표 선수나 세계적으로 이름난 선수들 역시 그들과 다르지 않다는 것을 알게 되었다. 왜 그런지도 알 수 있었다. 나도 그들과 아주 똑같은 감정을 느껴봤기 때문이다.

내가 고등학교의 교사, 코치를 시작으로 스포츠 심리상담사를 거쳐 멘탈 코치, 세계 최고의 선수들을 키워내는 학교(플로리다주 브레이든턴Bradenton에 위치한 IMG 아카데미)의 퍼포먼스 디렉터, 대학 및 프로 스포츠팀의 상담사로 진화를 거듭함에 따라 담당하는 선수들의 수준은 점점 상승했고, 무조건 '긍정적'이려고만 하는 선수의 비율은 점점 줄어들었다. 나는 자기계발 업계에서 여러 해 동안 핵심 원리로써 사람들에게 밀어붙였던 사고방식을 더 이상 고집할 수 없다는 사실을 체감하게 되었다. 그게 뭐냐고? 긍정적으로 살면 당신의 삶과 세계, 그리고 현재와 미래가 전부 더 나아질 거라는 바로 그 생각이다.

그건 잘못된 생각이다. 증거가 그렇게 말하고 있다. 당신의 개인적 경험을 봐도 그럴 것이다. 2021년에 나는 테니스 선수 빅토리아 아자렌카Victoria Azarenka의 팟캐스트에 참여한 적이 있는데[2] 그때 그녀가 다음과 같은 이야기를 했었다. 호주 오픈에서 두 번 우승을 차지했고 51주간 세계 랭킹 1위를 지켰던 그녀는 긍정적 태도를 잃지 말아야 한다는 말을 들을 때마다 "오글거림"을 느낀다고 했다. 그녀는 마음속으로 좀 다른 접근법을 원하고 있었다. 그런데 이 같은 생각은 내가 수년 이상 관리하고 있는 선수들에게도 익히 들어왔던 것이다.

대부분의 엘리트 운동선수들은 "그냥 긍정적으로 생각하라"는 말을 좋아하지 않는다. 신체를 단련하든 정신을 강화하든 구체적인 방법을 알고 싶어 한다. 체력 단련실에서 얼마만큼의 무게를 들어야 할지, 각 세트를 몇 번 반복해야 할지, 밤에 잠은 몇 시간이나 자야 할지, 다음 날 통증을 풀려면 냉탕의 온도를 몇 도에 맞춰야 할지, 다음 날 경기를 대비하기 위한 시뮬레이션은 어떤 식으로 하는 것이 좋을지, 처음부터 끝까지 머릿속으로 그려볼지 아니면 예상되는 중요한 장면만을 콕 집어 준비하는 게 더 나을지 등등.

내가 담당했던 선수들 중 일부는 긍정적 사고방식을 받아들이려고 노력하다가 좌절을 맛보고 결국 인간의 가장 본능적인 정신 상태(부정적 사고)에 갇혀 버리고 말았다. 사실 그 길이 더 쉽고 안전하다. 그리고 부정적 결과가 거의 죽음을 의미하는 것이나 다름없던 시대(불과 2,000년 전)로부터 따지고 보면 그리 멀리 진화해온 것도 아닌 까닭에 인간은 본능적으로 최악의 상황을 가정하게 된다. 2001년에 케이스웨스턴리저브대학Case Western Reserve University과 암스테르담자유대학Free University of Amsterdam[3])의 연구원들은 감정과 성적의 관계 및 교사들이 어린 학생들에게 사용하는 단어 등의 다양한 주제로 지난 수십 년 동안 발표된 여러 연구들을 조사해 논문을 발표했다. 주제가 무엇이든 결과적으로 긍정적 기억이나 경험보다는 부정적 기억이나 경험이 사람들에게 더 깊은 영향을 미친다는 것이었다. 해당 논문의 저자들은 "우리는 안타깝게도 일관되게 부정이 긍정보다 더 강력하다는 사실을 발견했다"라고 결론을 내렸다.

실망스럽긴 하지만 단순히 긍정적인 마음을 갖는 것도 능사는 아니다. 내 선수들도 그런 메시지에는 귀 기울이지 않는다. 나는 내 멘탈 훈련 프로그램이 모든 운동선수의 가장 강력한 적, 즉 부정적 사고를 상대하기에는 크게 미흡하다는 사실을 절감하지 않을 수 없었다. 여전히 선수들 가슴속에는 회의감, 두려움, 불안함, 소심함, 절망감이 도사리고 있었다. 내가 계속 "여러분, 무조건 긍정적으로 생각하세요"라고 가르쳤다면, 내 선수들은 마치 유기화학 수업을 듣고 도망치는 의예과 학생들처럼 나를 떠나갔을 것이다.

시간이 흐르면서 나는 더 이상 미국 축구 국가대표 선수들, NFL 드래프트 선수들에게 긍정을 주장하지 않기로 했다. 그 대신 습관 형성, 행동 분석, 목표 지향, 의식적 역량 등과 같은 더 실질적인 원리에 집중했다. 이것은 '인체 능력 극대화anthropomaximology'라는 방식인데, 1970년대 구소련의 올림픽 선수 양성 시스템에서 시작된 것이다. 과학자들이 기본적으로 뛰어난 선수를 만드는 데 필요한 특성과 습관들을 연구한 다음, 그것을 그대로 선수들에게 주입하는 것이다. 젊은 선수들이 그러한 특성들(속도나 힘 같은 신체적 요소는 물론 강인함이나 인내심 같은 정신적 요소 등)을 체득할 수 있다면 훈련 효과를 훨씬 더 높이 끌어올릴 수 있어 경쟁에서 굉장히 유리한 입장에 놓이게 된다. 구소련은 엄청난 양의 스테로이드도 사용한 것으로 드러났다. 물론 절대로 따라해서는 안 되나, 그 시스템에서 멘탈 훈련 부분은 응용해볼 만한 가치가 있었다. 인체 능력 극대화는 어떤 분야에서든 높은 성취를 이루기 위한 이론으로 발전해왔으며 훌륭한 습관을 확인하고 익히는 데 절대적으로 도움이 된다. 하지만 내가 구상 중인 진일보한 훈련 개념을 선수들에게 납득시키기 위해서는 아직도 구성 요소, 기본적 사고방식이 무엇인지 구체적으로 정립할 필요가 있었다. (중립적 사고법이라는 개념을 정의하기 전의 일이다.)

앞으로 가고자 하는 방향에 대한 전반적인 구상은 한 상태지만, 다른 사람에게 그것을 설명하고 가르치기 위해 정확한 용어와 표현으로 정교하게 다듬는 작업이 필요했다. 즉, 듣는 사람이 보다 적극적으로 받아들이고 실천할 수 있는 일련의 구체적 지침들을 마련하는 작업이었다. 앞서 언급한 테니스 선수 빅토리아 아자렌카가 두 번째로 호주 오픈 우승을 차지한 해인 2013년 무렵, 나는 어떠한 분야에서든 최고가 되려는 사람이라면 기본적으로 무장해야 할 것으로 보이는 '사고방식'을 사람들에게 정식으로 가르쳐 보기로 했다. 우선, 내 교육법을 '부정적 사고를 하지 않는 법'이라 명명했다. 그렇지만 그 반대의 사고를 하라고 가르치지는 않았다. 부정적 사고가 당사자에게 악영향을 끼치는 것은 여러 가지 사례로 입증된 확실한 사실이지만, 긍정적 사고가 당사자에게 반드시 좋은 영향을 끼친다고도 볼 수 없었다. 2013년 이후 줄곧 나는 내 고객이 부정적 사고방식을 버리는 것의 가치를 깨닫게 하는 데 집중했다.

TD라고도 불리는 테일러 덴트Taylor Dent는 내가 정말 아끼는 선수 중한 명이다. 세계 정상급 테니스 선수인 그는 늘 코치들에게 변호사 수준의 논리적 역량을 요구했다. 실력 향상을 위해 테일러에게 테니스이외의 훈련을 시키려면, 그 훈련이 실제 경기에 어떻게 도움이 될 것인지에 관한 설득력 있는 증거를 내놓을 수 있어야 했다. 한때 미국을 빛낼 차세대 슈퍼스타로 거론될 정도로 촉망받는 천재였던 테일러는 2007년에 허리 수술을 받고 하루 스물세 시간을 몸통에 깁스를 한 채보내야 했다. 그러고도 수술 결과가 좋지 않아 재수술을 받기까지 했다. 이후 복귀해서 세계 랭킹 30위 이내의 성적을 거뒀다. 테일러는 호락호락한 사람이 아니다. 그의 에이전트인 올리버 반 린동크Oliver van Lindonk와 나는 친구 사이였는데, 올리버는 부상 예방 및 전반적인 신체 단련에 도움이 될 새로운 훈련 방식을 TD에게 납득시키려고 비공식적으로 나를 고용했다. 이 훈련 방식은 스포츠에만 국한된 것이 아니었다. 테니스와 직접적으로 관련된 것이라면 테일러를 설득하는 일은 어렵지 않았다. 하지만 격렬한 발차기라든가 다소 색다른 스트레칭 또는 언덕 달리기 같은 것을 권유받으면, 테일러는 상대방이 질려서 도망칠 때까지 그 훈련의 장점이 무엇인지에 대한 토론을 이어갔다. 그는 그 정도로 확신을 갈망했고 나는 그런 점이 너무 마음에 들었다. 시간이 지나면서 나와 테일러는 좋은 친구가 됐다. 지난 수년간 나는 세계적인 선수들에게 스트레스 상황에서의 멘탈 관리에 관한 다양한 아이디어들을 적용시키면서 관찰 중이었다. 테일러는 나의 '비부정성Nonnegativity의 개념을 이해했다. 그는 코트에서 자신이 덜 부정적일수록 더 나은 기량을 발휘할 수 있음을 깨달았다. 논리와 효율성에 있어 빈틈 없는 그가 내 개념의 효과를 인정했다면 모든 사람들이 인정한 것이나 다름없었다. 테일러와의 훈련 경험은 나에게 옳은 방향으로 가고 있다는 확신을 주었다.

나는 본격적으로 러셀 윌슨, 멤피스 그리즐리스Memphis Grizzlies, 미시간대 미식축구팀, 플로리다주립대 미식축구팀, 앨라배마대 미식축구팀을 위한 교육 방침에 '비부정성'의 개념을 추가했다. 그리고 내가 육군기지 포트 브래그Fort Bragg, 메이오 클리닉Mayo Clinic, 프로 선수들이 많이 찾는 훈련센터인 EXOS에서 강의하는 내용에도 포함시켰다. 앨라배마대학의 닉 세이번, 플로리다주립대학의 짐보 피셔Jimbo Fisher 같은 감독들이나 현재 뉴욕 양키스와 달라스 카우보이스에서 멘탈 코치를 맡고 있는 채드 볼링Chad Bohling 등의 동료들을 만나 내 개념을 설명하기도 했다. 나는 이 사고법의 요점을 잘 이해시키기 위해 관련 기사와 동영상들을 찾아서 공유했고, 고객들은 '덜 부정적인 것'에 대한 사례를 더 명확히 알게 되었다.

가르치는 사람으로서 나는 즉시 이러한 실질적인 일화들이 증거로써 먹혔음을 알아챘다. 그들은 이전보다 내 이야기에 더 많이 고개를 끄덕였고 보다 주의 깊게 듣고 더 긴 시간 집중해주었다. 나는 더 이상 사람들의 관심을 붙들려고 애쓰지 않아도 되었다. 내 멘탈 훈련 프로그램은 긍정적인 확언이나 명언, 또는 새롭게 부상하는 명상법과 같은 부담스러운 멘탈 관리 목록과는 달리, 무엇을 하지 않고 말하지 않아야 하는지, 또 무엇에 에너지를 낭비하지 말아야 하는지에 보다 중점을 두었다. 훈련의 첫 단계에서 '무언가를 하지 않는다'는 것은 쉽다(적어도 무언가를 해야 하는 것보다는). 세이번이 감독을 맡고 나서 여섯 번이나 전국 대회 우승을 차지한 앨라배마대 미식축구팀을 교육하는 과정 초기에, 나는 선수들에게 단지 부정적인 혼잣말을 하지 말 것을 요청했다.

나는 곧 선수들에게 전달하고 싶은 핵심 메시지를 19세 축구 스타가 공감할 수 있는 문구로 다듬었다. "멍청이 같은 소리 지껄이지 말 것!" 다소 거친 말투이긴 하지만, 그 친구들은 그런 식으로 말하는 걸 더 좋아한다. 역시나 선수들은 곧바로 내 메시지를 이해하고 실천하기 시작했다.

그들은 왜 내 메시지에 공감하고 따라 췄을까? 쉽기 때문이다. 내 조언 속에는 그들이 힘들게 노력해서 이뤄내야 하는 그 무엇도 들어 있지 않았다. 반대 의견도 없었다. 자신이 가진 부정성이 미래의 성공에 장애물이 된다는 것과 과거의 성공을 제한해왔다는 사실을 모두가 인정했다.

나는 내 선수에게서 부정적 사고를 최소한으로 줄이는 일이 가장 중요하다고 생각했다. 그래서 훌륭한 습관 및 행동을 강조함과 동시에 부정적인 말을 하지 않도록 하는 훈련 또한 빼놓지 않았다. 올림픽 챔피언인 우사인 볼트Usain Bolt나 NFL 쿼터백 커트 워너Kurt Warner, 래퍼 드레이크Drake에게도 내 멘탈 훈련 방식을 적용하면서 사례 연구를 수행했다.

생각해보면, "자, 부정적이지 않은 사람이 됩시다!"라고 외치는 사람은 없다. 너무 끔찍한 슬로건이 아닌가! 그래서 부정적 사고방식을 버리자는 이 아이디어를 어떤 좋은 습관과 결합하는 방식을 선택한 것이다. 사실 그 두 가지는 서로 연관된 것이기 때문이다. 우리가 부정성을 버린다고 할 때, 그것은 컴퓨터의 램RAM을 지우는 일과 같다. 컴퓨터(우리의 두뇌)의 성능이 훨씬 개선되는 것이다. 그러나 그 개선된 성능을 보다 생산적으로 사용하는 프로그램 역시 중요하다.

나는 2007년에서 2015년 사이에(네 차례의 전국선수권대회를 포함하여) 닉 세이번 감독을 도와 앨라배마대학 팀 선수들의 멘탈 역량 강화를 위해 노력하는 과정에서 이 같은 훈련 방식을 적용했다. 우리는 선수들이 부정적인 말을 입 밖에 내지 않도록 단속했으며 챔피언전이나 시합의 우승에 대해서는 신경 쓰지 않도록 분위기를 조성했다. 감독인 닉은 이들 18세에서 22세의 학생 선수들이 오로지 지금 당장 해야 할 일에만 집중할 수 있도록 믿음을 주었다. 그 일이 게임이든 운동이든 아니면 시험공부든 말이다. 코치들 또한 전국 대회 우승에 대해서는 입도 뻥긋하지 않았다. 크림슨타이드(Crimson Tide: 앨라배마대학 팀의 별칭. 과거 경기 중 선수들의 흰색 유니폼에 상대 팀 유니폼의 붉은색 염료가 물들었던 일화에서 유래-옮긴이) 선수들이 매 순간 최선을 다한다면 우승이라는 보상은 자연히 따라올 거란 믿음이 있었다. 선수들의 시선이 저 멀리 떨어진 미래에 표류하고 있다면 바로 몇 초 앞 또는 몇 분 앞의 일을 어떻게 제대로 해낼 수 있겠는가. 닉 스스로도 이것을 잘 알고 있었지만 다양한 방식으로 이와 비슷한 메시지를 주장하는 다수의 목소리(나를 비롯해 동기부여 분야의 권위자 케빈 엘코Kevin Elko, 미시간주립대 정신의학 교수 로니 로즌Lonny Rosen, 그 외 수많은 감독, 베테랑 선수 등등)가 그의 믿음에 더욱 힘을 보탰다. 닉의 강점 중 하나는 모든 사람이 하나의 메시지를 하나의 의미로 받아들이지는 않는다는 사실을 이해하고 있다는 점이다. 그래서 그는 모든 수단을 동원해 선수들에게 '부정적인 생각은 떨쳐버리고 당장 해야 할 일에만 집중할 것'이란 핵심 메시지를 수도 없이 퍼부어댔다. 모든 감독은 자신의 팀이 한 경기 한 경기에 집중하길 바란다. 이런 메시지가 역사상 감독들의 입에 가장 많이 오르내리는 진부한 구호인 것도 그 때문이다. 하지만 대부분의 감독들은 선수들이 그 구호를 제대로 실천하게 만들지 못한다. 닉은 시즌 때마다 선수들이 한 경기 한 경기에 집중하도록 만들 뿐만 아니라 나아가 그들이 매 순간 삶에 최선을 다할 수 있도록 확신을 주는 감독이다. 그는 이러한 사고방식을 '과정The Process'이라는 명칭으로 브랜딩했다. (닉이 '브랜딩'이라는 말을 들으면 화를 내겠지만 어쨌든 그는 브랜딩의 '천재'다.) 닉의 '과정'을 따르는 선수는 멀리 떨어져 있는 앞날에 연연하지 않는다. 앨라배마대학 선수들은 이를 충실히 따랐고 그 때문에 이 프로그램은 현재도 계속 성과를 내고 있다.

그러나 닉의 프로그램에서 그 '과정'이라는 것은 전력을 다하는 삶의 방식에 가깝다. 물론 나 역시 내 고객이 그러한 경지에 이르게 되길 바라지만, 우선은 보다 소화하기 쉬운 방식으로 멘탈 훈련을 시작하게 하고 싶었다. 먼저 그 '과정'의 사고방식을 수용할 수 있는 두뇌로 변화시키고 싶었던 것이다.

그리고 그러한 사고방식을 갖춘 훌륭한 본보기로는 미식축구 선수인 러셀 윌슨을 말하고 싶다. 우리는 러셀이 IMG 아카데미에서 드래프트를 준비 중이던 2012년에 처음 만났다. 그의 에이전트인 마크 로저스Mark Rodgers는 원래 프로 야구 선수 담당이었다. (러셀은 2010년 드래프트에서 콜로라도 로키스Colorado Rockies의 4라운드 지명을 받았을 정도로 뛰어난 야구 선수였다.) 마크는 러셀이 멘탈 훈련을 통해 더 발전할 수 있다고 생각했고, 러셀은 NFL 성공에 도움이 된다면 무엇이든 마다하지 않을 준비가 되어 있었다. 그렇게 만나자마자 마음이 통했던 우리는 그 이후로 줄곧 함께하고 있다. 수년간 러셀을 지켜본 결과, 그는 엄청난 중압감을 느끼는 순간이든 대성공을 거둔 순간이든 의사결정 과정에서 절대로 감정을 앞세우지 않는다는 것을 확인할 수 있었다. 네 번 가로채기를 했든 네 번 터치다운을 했든 러셀은 늘 한결같은 모습을 유지했다. 그는 자신의 과거 플레이 분석을 통해 얻은 모든 데이터를 파악하고 있었지만, 다음 경기장에 발을 들여놓는 순간에는 오직 그 경기의 성과에만 집중했다. 그의 멘탈 코치로서 그가 계속 그런 사고방식을 유지하도록 만드는 것이 내 역할이었다. 나는 '다른 고객들도 그런 방식으로 세상을 바라보도록 도와주면 그들 스스로 삶을 변화시킬 수 있겠구나'라고 깨달았다.

그러나 이때까지만 해도 나는 아직 이러한 나만의 멘탈 훈련 방식을 뭐라고 불러야 할지 몰랐다. 나는 이 개념의 핵심 아이디어와 러셀 같은 엘리트 운동선수들에게서 목격한 특성들을 결합해 표현할 방법을 고민했다. 누구나 쉽게 이해할 수 있어야 했다. 부정적인 생각을 떨쳐내고 근거 없는 긍정적 태도를 피하며 사실을 추구함으로써 얻게 되는 일종의 내적 평정심을 강조하는 것이어야 했다.

'중립' 개념의 발견

2015년 6월의 어느 날, 나는 마침내 이러한 사고법을 뭐라고 불러야 할지 알아냈다. 그날 아침 7시 30분, 나는 가쁜 숨을 내쉬며 애리조나주 스코츠데일에 위치한 카멜백 산Camelback Mountain을 향해 차를 몰고 있었다. 이제는 남남이 된 전처 솔란지Solange와 함께 산행을 위해 서둘러 가는 중이었다. 배낭 가득 물과 쿨팩, 에너지 음료를 채워 넣긴 했지만 기온이 문제였다. 애리조나에 살고 있던 우리는 여름에는 그나마 더위가 덜한(그래도 여전히 30도에 가깝지만) 오전 5시에서 8시 사이가 실외 활동에 적합한 시간임을 알고 있었다. 8시 30분이 넘어 바깥에 나서면 한 걸음 내디딜 때마다 문 열린 뜨거운 오븐 여덟 개가 동시에 뿜어내는 듯한 열기가 전신을 감쌌다. 정말 가혹하다. 솔란지처럼 숙달된 등산가에게 카멜백 산의 선인장 지대는 그야말로 호적수였지만, 나 같은 평범한 사람한테는 고문실이 따로 없었다. 게다가 솔란지와 함께 가면 무조건 정상에 올라야 했다.

사실 나는 며칠 전 이미 뉴욕 양키스 스태프 열다섯 명을 이끌고 그 산에 다녀왔다. 그들은 다이아몬드백스Diamondbacks와의 경기 때문에 애리조나에 와 있었는데, 내 친구이자 전 동료였던 채드 볼링이 자신의 동료들과 등산 실력을 겨루고 싶어 했던 것이다. 우리는 팀이 머물고 있던 호텔에서 새벽 6시 15분에 출발했다. 이른 시간이라 더위에 대한 부담은 훨씬 덜했다. 그럼에도 나는 크로스피터로 변신한 전 메이저 리그 포수이자 양키스의 매니저인 조 지라디Joe Girardi를 쫓아가느라 애를 먹었던 걸로 기억한다. 그렇게 이른 아침의 비교적 선선한 날씨임에도 조는 내게 "당신 지금 힘든 거 알아요"라고 말하는 듯 자비로운 표정을 지어 보였다.

"트레버, 나를 안내하려고 애쓸 필요 없어요. 난 혼자 갈 수 있으니까 당신도 조심해서 오고 다른 동료들한테 신경 써 줘요." 그는 그렇게 말하며 눈을 찡긋했다. 나는 대답 대신 엄지손가락을 들어보였다. 숨이 가빠 말 한마디 내뱉기도 힘들었다. 내게는 그 산행이 거의 킬리만자로 등반처럼 여겨졌다.

솔란지와 함께 산어귀에 도착했을 때는 이미 오전 8시 15분이 지나고 있었다. 사정에 어두운 외지인이 아니고서야 그 시각이 돼서 느릿느릿 산에 오르기 시작하는 등산객은 없다. 차에서 뛰어내린 솔란지가 먼저 재빨리 사라졌다. 산 정상에 도달해서야 솔란지를 다시 만날 수 있었다. 그녀는 이미 30분이나 나를 기다리고 있었다. 나는 산꼭대기의 어느 평평한 바위 위에 자리 잡고 나서야 비로소 차 열쇠를 그녀에게 맡겼어야 했다는 생각이 들었다. 그랬다면 먼저 내려가(과장이 아니라 솔란지는 정말로 후다닥 뛰어내려갔다.) 열을 식힐 수 있었을 테니 말이다. 나는 그곳에서 스트레칭을 하면서 좀 더 휴식을 취했다. 시간 관리의 미숙함으로 인해 곤혹스러웠던 그날의 경험이 장차 내가 하는 일에 얼마나 중대한 영향을 끼치게 될지 그때는 꿈에도 몰랐다.

나는 입안이 바싹 말라 침도 삼키기 힘들었다. 비 오듯 흐르는 땀만이 내 몸에 아직 수분이 남아 있음을 알려주는 유일한 신호였다. 무슨 정신으로 산을 내려왔는지도 모르겠다. 도중에 화장실에 들려 물을 벌컥벌컥 들이켰다. 그러고는 느릿느릿 언덕을 내려와 차로 갔다. 아침 늦게 산행을 시작하는 것이 얼마나 어리석은 일인지 뼈저리게 깨달으면서.

이제 시곗바늘은 10시 40분을 가리키고 있었다. 그럼 기온은? 무려 43.9도. 그날 최고 기온이 47.8도까지 올라갔다. 솔란지는 트렁크부터 열어젖혔고 나는 땀으로 흠뻑 젖은 셔츠와 모자를 벗고서 뜻뜻미지근해진 물 4병을 연달아 들이켰다.

"아이고, 젠장." 곡소리가 절로 나왔다.

"죽을 것 같아, 정말." 솔란지가 응수했다.

차에 올라탔다. 솔란지가 앞 유리창에 올려둔 햇빛 가리개를 치웠다. 나는 고개를 떨군 채 천근만근이 된 몸을 운전대에 기댔다. 말할 기운도 없었다. 간신히 기어 변속을 하려고 손을 뻗었다.

집으로 출발하기 위해 후진 기어를 넣었지만 너무 지쳐서 바로 출발할 수가 없었다. 그래서 다시 기어를 중립으로 바꿨다. 내 랜드로버 차량은 기어의 중립을 표시하는 N에 노란색 불이 들어오게 되어 있었다. 그것을 바라본 순간 불현듯 한 단어가 뇌리를 스쳤다. '그래, 중립.'

중립 상태에 있는 차량은 운전자가 기어를 옮기기로 마음만 먹으면 어느 방향으로든 진행할 준비가 되어 있다. 인간으로 치면 에너지가 떨어져 동력을 잃었을 때 우리의 두뇌를 중립 상태에 두면 새로이 정신을 가다듬을 수 있다는 말이다. 차의 에어컨에서 마침내 시원한 바람이 불어와 내 얼굴에 닿자 정신이 번쩍 들었다. 바로 그 순간, '중립'이야말로 우리가 너무 늦게 산을 오르기 시작했다는 사실로 자책하며 우울해하는 현실을 극복할 수 있는 묘수처럼 느껴졌다. 더 일찍 출발했어야 한다는 후회로 스스로에게 화를 낼 수도 있었다. 엉망인 기분으로 불평을 늘어놓을 수도 있었다. 하지만 반대로 이미 일어난 일이니 받아들이고 생각을 가다듬어 앞을 향해 나아갈 자세를 취할 수도 있었다.

바로 그때가 내가 나만의 '유동 콘덴서flux capacitor(영화 〈백투더퓨처〉

에 등장하는 타임머신의 시간 변환 장치 - 옮긴이)'를 발명한 순간이었다. 내가 중립을 유지한 덕에 브라운 박사(〈백투더퓨처〉 속 타임머신 개발자 - 옮긴이)와 합류하기 위해 미래로 갈 수 있는 시속 88마일(141km/h)의 속도에 도달할 수 있었다. 드디어 나만의 멘탈 훈련법의 개념을 찾아낸 것이다.

2017년까지 나는 내가 가르치는 모든 내용에 중립적 사고 개념을 집어넣는 작업을 끝마쳤다. 사람들을 부정적 사고에서 벗어나 긍정적 사고보다 더 유용한 것으로 안내하기 위한 무언가를 찾아낸 것이다. 러셀은 중립적 사고의 가장 열렬한 전도자다. 아마도 본능적으로 그 개념을 이해하고 있기 때문이리라. 2020년 선데이나잇풋볼Sunday Night Football 경기에서 러셀은 패트리어츠Patriots를 상대로 시호크스를 35 대 30의 승리로 이끌었다. 경기 초반은 끔찍했다. 러셀의 패스 시도를 상대 팀 선수가 낚아채 터치다운으로 연결시키고 말았다. 경기 시작 81초 만에 러셀은 팀을 궁지에 몰아넣은 셈이었다. 그러나 중요한 건 막상 러셀 자신은 궁지에 몰리지 않았다는 것이다. 그 순간 그는 중립을 유지했다. 그리고 이후 패스의 75퍼센트를 성공시켜 다섯 번 터치다운으로 연결시키면서 경기를 마무리할 수 있었다. 경기 후 열린 기자 회견에서 패스 실패로 인한 참담한 상태를 어떻게 극복할 수 있었는지 묻는 기자에게 러셀은 애초에 참담한 상태에 빠지지 않았기 때문에 극복할 필요가 없었다고 답했다.

"확실히, 그 장면은 우리가 원했던 플레이는 아니었어요. 하지만 아직 시간이 많이 남아 있었기 때문에 전 곧바로 중립을 찾았습니다.

전 늘 중립적 사고를 강조하고 있는데, 중립을 유지함으로써 안 그럴 때보다 더 자주 성공적인 결과를 얻을 수 있다고 믿거든요. 전 절대적으로 중립적 사고방식을 신뢰합니다. 제 일과 삶에서도 힘들 때는 물론 기쁠 때도 역시 중립 사고법의 도움을 받고 있다고 생각해요. 중립을 유지하는 것만으로도 바로 다음 행동과 순간에 집중할 수 있게 됩니다."

운동선수가 아닌 일반 대중에게 중립적 사고를 가르치면서 초반부터 반발에 부딪힐 때가 종종 있다. 그럴 만도 하다. 머릿속에 오랫동안 "긍정적으로 생각하세요"라는 표어가 각인돼 있다 보니, 내가 긍정적으로 말고 중립적으로 생각하라고 권유했을 때 "전 로봇이 되고 싶지는 않은데요"라는 반응을 보이는 사람도 있다. 그러한 반발을 나는 십분 이해한다. 우리는 긍정과 부정을 감정과 연계시켜왔기 때문이다.

어떤 이들은 중립적 사고와 허무주의가 어떻게 다르냐고 묻기도 한다. 허무주의는 모든 신념 체계를 절대적으로 부정하는 것이다. 극단적 염세주의 및 회의주의가 결합된 허무주의를 신봉하는 사람은 인생을 덧없는 것으로 치부하는 경향이 있다. 그건 내가 사람들에게 중립적 사고를 가르치는 목적과 정반대의 결과다. 나는 당신이 중립적으로 생각함으로써 활기차고 의미 깊은 삶을 영위해갈 수 있도록 돕고 싶다.

중립적으로 생각하려면 의사결정의 순간에 감정을 개입시켜선 안 된다. 그러나 일단 결정을 내리고 나면 열정적으로 삶을 영위해야 한다는 것이 내 주장이다. 사랑하고, 기념하고, 또 신념을 가져라.

중립적으로 생각하면서도 그 모든 것들을 당연히 할 수 있다. 긍정적 사고를 피하라는 말이 낙관적으로 살지 말라는 말은 아니다. 사실, 자신의 능력을 최대로 끌어올리기 위해 중립적으로 사고함으로써 행동 습관을 개선한 사람은 앞날에 대해 지극히 낙관적인 사람임에 틀림없다.

러셀은 2020년 테드TED[4] 강연 도중 나의 이러한 사고방식을 한 문장으로 설명한 바 있다. "감정을 가져도 괜찮지만, 감정적이 되어서는 곤란해요." 다시 말해 사실만을 보고 결정을 내리라는 말이다. 러셀은 늘 스스로에게 두 가지 질문을 한다. 첫째, '다음 단계가 무엇인가?' 둘째, '지금 당장 어떻게 해야 하는가?' 이 두 가지 질문에 답하고 결정을 내린 후 그로 인한 결과에 도달했을 때는 울거나 환호하거나 또는 화를 내거나 덩실덩실 춤을 추어도 좋다. 우리는 인간이기 때문에 그러한 행동들은 전적으로 자연스러운 반응이다. 그러나 이어서 그다음 결정을 내려야 할 때에는 다시 중립으로 돌아가 상황을 객관적으로 평가하는 작업을 반복해야 한다.

내가 가르치는 현장에서 가장 효과적인 질문은 '우리 팀을 위해 내가 할 수 있는 일이 무엇인가?'이다. 팀이 아닌 개인 선수의 경우에는 '지금 당장 나 스스로를 위해 할 수 있는 일이 무엇인가?"이다. 이 간단한 질문은 다른 모든 사람들의 경우에도 해당되는 것이다. 당신도 다음의 순간에 대비하기 위해 스스로 행한 일들의 목록을 솔직하게 작성하고, 다음 결정을 내릴 때 그 정보를 활용할 수 있겠는가? 할 수 있다면 당신도 중립적으로 생각할 줄 아는 것이다.

《성공의 조건》을 이미 읽어 본 사람에게는 내가 이제부터 하려는 이야기들이 익숙하게 느껴질 것이다. 그렇다고 해도 나는 내 주장을 처음 접하는 독자들에게 그 책에 소개된 개념들을 먼저 확실히 이해시키고 싶다. 다음 장부터는 그 개념들을 보다 심도 있게 다루고자 한다. 하지만 먼저 기본 원리들을 짚고 넘어가는 것이 도움이 되리라 생각한다.

계획을 세워라

앞으로 달성하고자 하는 목표를 세우는 것이 중요하다. 중립적 사고방식이 맹목적 긍정과 다른 점은 사실에 근거해 목표를 정하고, 또 그 과정에서 달성 가능한 일련의 기준을 마련할 수 있다는 점이다.

누구든 "난 마라톤에 나갈 거야"라고 말할 수는 있다. 그러나 실제로 그들 중 42.195킬로미터를 완주할 수 있는 사람은 몇 명이나 될까? 긍정의 힘을 믿는 사람이라면 스스로에게 "나는 할 수 있어!"를 외칠 것이다. 그런데 정말 할 수 있다고? 언제 한 번 10킬로미터라도 쉬지 않고 달려본 적 있는가? 15, 25, 30킬로미터까지 물어볼 필요도 없다. 만일 위의 질문에 대한 대답이 "아니요"라면, 아마도 당신은 42.195킬로미터를 완주할 수 없다는 것이 진실인 것이다.

지금 당장은.

이게 핵심이다. 마법 같은 긍정적 사고의 힘을 믿는 사람은 몇 차례 장거리 달리기를 시도하다가 갑자기 "난 할 수 없어!"라고 소리치고는 시무룩해져서 부정적인 사람이 돼버리기 쉽다. 실제로 절차에 따라 필요한 단계를 밟아나가면 장거리를 달릴 수도 있는데 말이다. 반면, 중립적 사고를 하는 사람은 '지금껏 내가 쉬지 않고 가장 오래 달린 거리가 6킬로미터 정도였지. 42.195킬로미터를 달릴 수 있는 체력을 기르려면 정확히 뭘 해야 하지?'라고 생각할 것이다. 그러고 나서 연구를 시작해 체력 향상을 위한 최고의 방법을 알아낸다. 일주일간 최대한의 효과를 이끌어내기 위해 다양한 구간 거리를 달리며 연습하고, 마라톤 완주를 위해서 어느 정도의 훈련 기간이 필요할지 계획을 세우면서 자신감을 얻는다. 이러한 훈련법을 '파틀렉fartlek'이라고 한다. 스웨덴의 달리기 용어로 스피드 변화의 반복을 이용해 훈련하는 인터벌 달리기를 말하는 것이다. 훈련 첫날에는 5킬로미터 정도만 달린다. 한 달 경과 후에도 아직 16킬로미터 이상으로 발전하지 않았을 수도 있다. 하지만 마라톤 대회 당일 믿고 의지할 수 있는 데이터베이스를 매일매일 구축하고 있는 것이다.

마침내 42.195킬로미터를 달려야 할 날이 왔을 때, 완주 가능성에 대한 믿음 속에 마법 같은 것은 존재치 않는다. 그 어떤 부정적 요소도 들어 있을 수 없다. 중립적 사고를 하는 사람은 '몇 주 전 32킬로미터를 달려도 체력이 남았었잖아. 쿨팩과 단백질바도 챙겼어. 수분도 충분해'라고 생각하며 출발선에 서 있을 것이다. 남은 건 달리는 일뿐이다.

마라톤 완주처럼 목표가 거창할 필요도 없다. 직장에서 성가신 일을 마무리하는 것이 될 수도 있고, 아이들에게 패스트푸드를 사 먹이는 대신 일주일에 네 번 저녁을 만들어주기로 결심할 수도 있다. 계획을 세우고 필요한 단계를 따르다 보면 어느덧 당신의 두뇌가 중립을 유지하는 일을 더 쉽게 느끼게 될 것이다.

선택이라는 착각

강연 후에 사람들이 가장 많이 물어보는 것이 바로 이 개념이다. 가장 설명하기 쉬운 개념이지만 실생활에서 해내기는 가장 어렵기 때문이리라. 나는 청중에게 이 개념을 소개할 때 한 손에는 사과, 또 다른 손에는 도리토스 과자 봉지를 들고 있는 모습을 상상해보라고 권유한다. 둘 중 하나를 선택해보자. 그런데 이 경우에 정말로 선택의 여지가 있는 걸까? 우리는 당연히 도리토스 대신 사과를 먹는 것이 좋다는 것을 알고 있다. 그러나 실제로 사과를 선택할까?

솔직해지자. 우리 모두 종종 도리토스를 선택한다. 핵심은 대부분의 경우에 사과를 선택할 수 있는 경지에 이르도록 절제력을 키워야 한다는 것이다.

우리는 매일 이러한 선택 아닌 선택에 직면한다. 집에 가서 잠을 좀 잘까 아니면 맥주를 더 마실까? 운동을 하러 갈까 아님 계속 TV를 볼까? 서둘러 보고서를 마무리할까 아님 유튜브를 좀 볼까? 중립적으로 생각하는 사람은 잘못된 선택의 결과가 어찌될지 더 잘 파악하게 된다. 따라서 올바른 선택을 하는 것이 지금 당장의 만족은 포기하는 것일지라도 결국 자신에게 도움이 되는 일임을 알고 있다.

당신의 말이 중요하다

부정적인 생각보다 더 나쁜 것은 부정적인 말이다. 부정적 생각을 입 밖에 내면 그 영향력은 배가 된다. 그러니 "아주 형편없어"라든가 "더워 죽겠네" 또는 "우린 해낼 수 없을 거야" 등의 부정적인 말은 아예 하지 말자. 그런 말들은 당신은 물론 당신 주변의 사람들까지 훨씬 더 심하게 무너뜨린다. 그 대신 중립적으로 말해보자. "개선점이 있네"라고 하는 편이 "아주 형편없어"보다 더 생산적인 표현이다. "현재 34도인데, 난 전에 이런 날씨에도 많은 일들을 해냈었지"라고 말하면, "더워 죽겠네"라고 말했을 때와는 다른 마음가짐으로 임할 수 있다. "우리에게 아직 여력이 있고 시간도 많이 남아 있어"라는 말은 "우린 해낼 수 없을 거야"보다 훨씬 더 생산적인 목표 설정을 가능케 한다.

그러므로 내가 가르쳤던 모든 프로 선수들에게 했던 말과 똑같은 말을 당신에게도 하려 한다. "멍청이 같은 소리 지껄이지 말 것!"

외부 입력을 통제하라

나는 몇 년 전 나 자신에게 한 가지 실험을 해봤다. 실제 내 정신 상태에 얼마나 큰 영향을 미치는지 알아보려고 슬픈 노래, 헤비메탈, 케이블 뉴스 같은 온갖 부정적인 감정을 유발하는 외부 요소들을 내 주변에 포진시켜본 것이다.

결과는 끔찍했다. 그 실험은 한 달 예정이었는데 26일이 지나자 내 감정 상태는 기본적으로 진흙탕처럼 변해버렸다. 나는 항상 사람들에게 주변의 부정적 소음을 제한하라고 조언했었는데 그 실험을 통해 부정적 소음의 영향이 내가 고객들에게 설명했던 것보다 훨씬 더 심각하다는 것을 깨달았던 것이다. 그래서 내 고객들과 함께 외부의 부정적 요소들을 파악해 그것을 바꾸거나 아예 제거하는 작업을 시작했다. 이 점에 대해서는 이 책의 후반부에서 다시 이야기해보자.

코로나 팬데믹이 이러한 부정적 소음을 귀가 먹먹할 정도로까지 증폭시키고 말았지만 그럴수록 우리의 건강하고 중립적인 마음의 소리에 더 귀를 기울여야 한다.

너 자신을 알라

나는 예전 나의 저서에서 NFL 러닝백 프레드 테일러Fred Taylor가 어떻게 자신의 선수 생명을 되살렸는지 설명한 바 있다. 그는 프로 생활 초기에 스스로를 면밀히 돌아봄으로써 자신의 특출난 재능을 십분 활용할 수 있었다. 프레드는 NFL 진출 몇 년 만에 부상이 잦은 선수라는 오명을 쓰고 말았다. 그런 평판을 바꾸고 싶어 했던 프레드를 위해 나는 당시 내 동료 채드와 함께 프레드의 팀 동료들 중 (엄청나게 높은 보수를 받으며) 재계약에 성공한 선수들을 연구해 그들이 어떻게 그 일을 해냈는지 알아보았다. 그 결과 그들에게는 두 가지 공통점이 있었다.

첫째, 그 선수들은 새벽 6시 30분이면 훈련장에 나와 있었다. 둘째, 그들은 매일 운동이나 훈련이 끝나면 얼음찜질로 하루를 마무리하고 있었다.

별것 아닌 것 같지만 이러한 습관은 사실 일정한 수준의 훈련이 되어 있어야 가능한 일이다. 과거의 프레드는 그러한 훈련을 하고 있지 않았고 이는 곧 철저한 자아 성찰을 통해 왜 자신이 그런 훈련을 하지 않았는지 원인을 찾을 필요가 있음을 의미했다. 그는 자신이 과거에 굉장히 여유를 부렸고, 또 아주 늦은 시각까지 귀가하지 않았었다는 사실을 깨닫고 나서야 비로소 무엇을 해야 할지 알 수 있었다. 우선 매일 아침 6시 30분에 훈련장에 도착하고, 얼음찜질로 하루를 마무리하는 일부터 시작했다. 그리고 개선이 필요한 다른 습관들도 차례차례 고쳐나가자 어느 순간 모든 것이 달라졌다. 더는 부상으로 벤치 신세를 지지 않게 됐다. 그는 NFL에서 13시즌 동안 활약했고, 은퇴할 때까지 1만 1,695러싱야드(역대 17위)를 기록했다.

진정으로 중립적인 삶을 살아가기 위해서는 자기 자신을 솔직하게 평가할 수 있어야 한다. 그 일이 항상 유쾌하기만 한 것은 아니지만, 당신이 더 나은 습관을 형성하고 장차 더 괜찮은 결정을 내리기 위해 꼭 알아야 할 중요한 진실들에 닿을 수 있게 해준다. 그러면 빅토리아 아자렌카Victoria Azarenka(호주 오픈에서 2연패한 테니스 선수)처럼 대단한 인물이 된다.

언젠가 경기를 마친 비카(빅토리아 아자렌카의 별칭)가 "일이 완전히 꼬였을 때 우린 보통 '긍정적으로 생각하자, 긍정적으로!'라고 말하잖아요. 하지만 때로는 긍정을 유지하기 힘들 때가 있어요. 그래서 중립이 매우 유용하다는 거예요. 그건 부정적인 것과는 전혀 달라요. 매우 간단한 일 같지만 꾸준한 노력이 필요하기에 실제로는 매우 어렵죠.

그러나 중립적 사고법은 확실히 멘탈 관리에 도움이 돼요. 저는 늘 중립에서 시작해 더 좋은 에너지를 얻는 것 같아요"라고 말한 적이 있다.

당연하게도 중립을 찾기가 굉장히 어려운 때도 있다. 다음 장에서는 일이 완전히 꼬여버렸을 때 어떻게 해야 중립을 찾을 수 있는지 알아보자.

2장
감정의 흔들림을 최소화하는 중립 사고

이 책 내용의 대부분은 뛰어난 재능으로 세계적으로 성공을 거둔 사람들의 멘탈 전략을 탐구하는 것이다. 우리는 그들이 어떻게 역경을 이겨내고 발전해나가는지, 또 어떻게 계획을 세우고 시련을 헤쳐나가는지 연구하면서 우리의 삶에 도움이 될 만한 단서를 끌어내려고 노력하고 있다. 이번 장은 나의 이야기이다. 그러니까 자신의 삶을 180도 바꿔버린 질병과 싸우는 한 남자의 이야기다. 그러나 내가 실행해야 할 공식들은, 내가 슈퍼볼 진출을 노리는 쿼터백이나 팀 우승을 위해 노력하는 NBA 포인트 가드에게 가르치고 있는 공식들과 그렇게 다르지 않다. 다른 것은 결과다.

2019년 9월, 누렇게 변해버린 눈으로 잠에서 깨어난 나는 그로부터 몇 주 뒤 그 원인을 알게 됐다. 암이었다. 구체적으로 담관에서 생긴 담관암이었다. (이 단락 이후로 더는 이 단어를 사용하지 않을 생각이다. 이 단어 자체가 너무나 큰 부정적 영향을 미치기 때문에(충분한 근거가 있다) 다음부터는 'C로 시작하는 단어'로 표현하겠다.)

미국암학회American Cancer Society는 2021년 미국의 암 진단 건수가 약 190만 건에 달하며, 암으로 인해 매일 약 1,670명의 미국인이 사망하는 것으로 추정하고 있다. 암이라는 것은 잔인무도한 불굴의 살인마가 아닐 수 없다. 사람을 가리지 않고 시기도 안 따진다. 돈이 있든 없든 상관하지 않는다. 인스타그램 팔로워가 아무리 많아도 이 병을 피해 갈 수는 없다. 녹초가 돼서도 절대 기권하지 않는 헤비급 파이터 같다.

너무나 많은 사람들이 'C로 시작하는 단어'를 접하고 있다. 내 경험상 이 싸움은 단번에 끝나지 않을 수도 있다. 이번 장에서 설명할 개념을 당신이 나의 눈을 통해서, 그리고 나의 여정을 통해서 이해하게 되길 바란다. 나는 해군 특수부대 대원도, 세계적 수준의 운동선수나 백만장자 CEO도 아니다. 하지만 스스로 강인한 사람이라고 자부할 수 있다. 나는 먹고살기 위해 최선을 다하고 있고 앞으로도 계속 그럴 것이다.

응원은 없다. 당신 내면의 어떤 이질적 존재를 상대하는 것은 오직 당신 자신, 즉 당신의 정신과 육체뿐이다. 타인의 경험이나 결과, 또 인터넷에 떠도는 잡다한 헛소리들은 중요치 않다. 직접 세운 계획을 차근차근 이행해나가는 당신만의 과정이 중요한 것이다. 운동선수나 군 지휘관, 또는 어떤 능력자에게만 올바른 사고방식이 필요한 건 아니다. 누구나 올바른 멘탈 관리법을 익힐 수 있으며 이는 필수적이기도 하다.

그렇다면 이처럼 모든 일이 엉망진창인 것처럼 느껴질 때 어떻게 해야 중립을 찾을 수 있을까? 바로 연습이다. 2019년 9월 누런 눈으로 잠을 깬 그날 아침 이후, 불행히도 나에게는 생각했던 것보다 훨씬 더 많은 연습이 필요했다. 나한테는 2019년의 끝과 2020년의 시작이 진료 예약, 치료, 또 다른 부작용의 끝없는 반복처럼 느껴졌다. 여러 가지 검사를 수행하며 상당히 논리적 결론에 도달해 있기는 했지만, 세상 어느 누가 'C로 시작하는 단어'에 걸렸다는 말을 들을지도 모르는 상황에서 차분할 수 있겠는가. 2019년 9월 어느 화요일에 내 병명을 알게 되었을 때, 그 소식을 감당할 수 있는 유일한 방법은 흔들리는 멘탈을 잡고 중립을 찾는 것뿐이었다.

진료실에서 내가 앉을 의자를 선택하면서부터 중립 찾기가 시작됐다. 앞서 내가 어째서 보통 환자가 앉도록 돼 있는 커다란 의자에 앉지 않았는지는 이미 설명했다. 비록 앞으로 수개월 동안 꽤 자주 그렇게 생긴 의자에 앉게 되더라도 영원히 그런 의자에 앉는 신세가 되는 기분은 느끼고 싶지 않았다. 그 순간에 마음가짐을 제대로 유지하기 위해서는 '이건 단지 일시적인 방문일 뿐이야'라고 생각해야 했다. 간 및 췌장 관련 수술 전문의 니컬러스 니센Nicholas Nissen 박사가 진료실 한가운데 놓인 바퀴 달린 의자에 앉았다. 그 주변으로 세 명의 젊은 의사들이 둘러싸고 그의 모든 움직임을 지켜보고 있었다. 그들 옆으로 내가 앉아 있는 자리에서는 컴퓨터 화면이 보이지 않았다. 즉, 나는 내 차트를 볼 수 없었다. 그것 역시 내 계획의 일부였다. 모든 어려운 용어들에 대한 설명을 나 같은 환자를 수도 없이 치료해본 니센 박사로부터 직접 듣고 싶었다. 구글에서 어려운 용어를 검색하다 보면 두려움만 더 커질지 모르니까. 그러니 용어의 의미를 정확히 이해하고 있는 사람의 설명을 듣고 싶었다.

나는 스스로에게 당장 다음에 해야 할 일에만 집중하라고 계속 말을 걸었다. 나는 마라톤 기대주처럼 코스의 마지막을 생각할 수 없었다. 그 상황에서는 특히 그랬다. 안 좋은 소식을 듣게 될 거라 예상은 했다. 하지만 어느 정도로 나쁠지는 몰랐다. 내 병명을 알기 전인 그 상태에서 어떻게 결승선 통과를 걱정할 수 있겠는가. 이제 막 달리게 될 경주의 후반부에 대해 고민하는 일조차 불가능했다. 오직 출발선 바로 몇 발자국 앞의 일에만 집중할 수 있었다. 나는 니센 박사에게 내가 그렇게 할 수 있도록 도와달라고 부탁했다. 나는 바로 지금 이 순간에 꼭 필요한 정보만 듣고 싶었다. 너무 많은 가능성들을 탐색하다 보면 점점 더 커지는 두려움과 공포에 떨게 될 것이라 생각했다. 이미 중립적 사고방식에 관한 책을 한 권 썼음에도 불구하고 진료실에 앉아 'C로 시작하는 단어'를 듣게 될지 모르는 상황에서 내가 느끼는 두려움은 조금도 줄어들지 않았다.

중립적 사고방식은 우리가 이런 상황들에 대처할 수 있도록 도와주지만 두려움 또는 의심을 완벽히 없애주지는 않는다. 그저 우리가 바로 다음에 해야 할 일을 결정할 때 적절한 사고의 틀을 유지할 수 있도록 도와주는 것이다.

니센 박사가 현재 내 몸 안에서 일어나고 있는 일에 대해 설명해 주었다. "담낭과 담관에 생긴 걸 치료할 겁니다." 그의 입에서 '종양'이 란 단어가 나오지 않았음에도 나는 바로 알아들었다. 내 몸에 생긴 것은 상당히 드문 유형의 것이었는데, 당시의 내가 그런 사실까지 알아야 할 필요는 없었다. 그건 중요하지 않았다. 심지어 그것의 정확한 명칭조차 알 필요가 없었다. 5년 생존율처럼 꽤 멀리 떨어진 미래와 관련된 정보는 무엇이든 절대 듣고 싶지 않았다. 심리학적으로 나는 장기적 단계의 가장 낮은 위치, 즉 거의 정보에 노출되지 않은 상태에 머물러 있고자 했다. 그때 당시 나는 'C로 시작하는 단어'가 몇 기에 접어들었는지 묻지 않았는데 이후 진행된 치료 과정 중에도 역시 묻지 않았다. 인터넷 검색으로 알고 싶은 것은 뭐든 알아낼 수 있겠지만 그렇게 하지 않았고 다른 사람들에게도 추천하고 싶지 않다. 내 경험상, 의사들만 쳐다보고 앉아 있어야 하는 상황에서 중립을 찾기 위해서는 집중해야 하는 범위를 최대한으로 좁혀야 했다. 그 같은 상황에 처하면 우리는 본능적으로 전체적인 맥락을 파악하고 싶어 한다. 하지만 그러지 말고 오로지 바로 다음에 내가 해야 할 행동에만 집중하려는 노력이 필요하다.

그래서 나는 온 신경을 집중해 의사에게 말했다. "알겠습니다. 저는 선생님의 치료 계획 말고 다른 것은 알고 싶지 않습니다. 이제 제가 뭘 해야 할까요?"

니센 박사는 우선 내 복부 상황을 살피고 치료 계획을 세우려면 복강경 시술이 필요하다고 대답했다. 복부에 구멍을 내고 소형 카메라가 장착된 관을 사용해 잠재적인 문제들을 살펴보는 시술이다. 이후 수개월간 항암 치료를 받아야 한다고 했다. 항암 치료로 종양 크기가 작아지면 발병 부위를 제거하는 외과 수술을 시행할 거라고 했다. 언제쯤 제거 수술을 받을 수 있는지 물었더니 박사는 항암 치료 효과에 달려 있다고 답했다. 빠르면 두 달 후도 불가능한 것은 아니라고 했다. 우선 한 달간 항암제의 효능을 지켜본 뒤에야 수술할 시기를 가늠해볼 수 있다는 것이다.

"절 돌봐줄 사람이 없어요. 제가 혼자 할 수 있는 최선의 선택이 뭘까요?" 내가 니센 박사에게 물었다. 나는 그가 대답하기 전에 내가 무슨 일을 하는지 알려주었다. 내가 연구한 멘탈 관리에 관한 사고방식이 자산이 될 수도 있다고 말했다. 또 내 목표는 부정적인 외부 자극을 최소화시키는 것이라고도 했다. 이어서 덜 부정적인 것의 힘, 그리고 중립 찾기에 관한 짧은 연설을 했다. 니센 박사도 내 주장에 공감했다.

"저한테 지금 그런 식의 삶이 필요한 것 같네요." 내가 다시 말했다.

박사는 내 말에 동의한 다음 나와 함께 일하는 최고의 코치들 입에서 나올 만한 격려의 말을 들려주었다. "계속 활동적으로 생활하세요. 과정을 믿으시고요." 그러면서 그동안 여러 유사 사례를 경험하면서 이 치료 계획의 효과에 확신을 갖게 됐다고 설명했다. 박사의 계획이 내게는 매우 중립적인 대응법처럼 여겨졌다. 니센 박사는 사실과 경험에 따라 냉정하게 나를 위한 단계별 치료 계획을 세운 것이다. 외과의사는 엘리트 운동선수와 크게 다르지 않다. (일의 성공 여부에 따라 타인의 목숨이 왔다 갔다 한다는 점만 제외하면.) 외과의사도 굉장한 중압감을 이겨내고 보통 사람은 할 수 없는 능력을 보여줘야 하는 사람이다. 이런 유형의 직업에 종사하는 사람이 과정 중심의 중립적 사고방식에 끌리는 것은 충분히 이해할 만하다. 만족할 만한 결과를 얻기까지의 모든 과정이 제대로 이루어져야 하므로 너무 요원한 앞날의 일을 생각해봐야 대체로 별 도움이 되지 않는 것이다. 니센 박사는 내가 하루라도 빨리 치료를 끝내고 싶어 한다는 것을 알면서도 전체 치료 과정 중 어느 한 단계도 생략하지 않을 생각이었다. 항암 치료가 먼저 성공적으로 이루어진 뒤에야 내가 수술을 받을 수 있을 터였다. 니센 박사의 기본 성향이 중립적 사고법에 가깝다는 사실을 알고 나니 내 치료를 믿고 맡길 수 있는 적임자라는 확신이 들었다. (해당 분야에서 국내 최고로 인정받는 의사를 만나기도 어렵지만.) 진료실에서 환자가 사실에만 집중할 수 있도록 만드는 의사는 그리 많지 않다. 나는 긍정적 편견도 부정적 편견도 원치 않았다. 앞으로 나를 치료할 팀도 내게 그런 편견을 주지 않을 것이 분명했다. 그 사실이 너무 감사했다.

나는 박사가 해준 충고에 내 것을 조금 덧붙여 되뇌었다. "계속 활동적으로 생활하면서 과정을 믿어라. 중립을 유지하라."

나는 박사에게 일을 쉬지 않을 생각이라고 말했다. 불독스와 합류하기 위해 조지아를 비롯해 SEC에 속한 나머지 지역들로 출장을 가야 했다. 시애틀에 있는 러셀과도 약속이 되어 있었다. 메츠의 춘계 훈련 때는 플로리다에 있을 예정이었다. 니센 박사는 "치료 방침은 개인마다 다 다릅니다. 계속 일을 해도 체력에 무리가 없다면 해도 좋습니다"라고 말했다.

시더스 사이나이Cedar-Sinai 메디컬센터 밖으로 걸어 나왔을 때, 나는 내 몸 안에 자라고 있는 것이 무엇인지 확실히 인지한 상태였다. 하지만 내가 바로 다음으로 해야 할 일이 뭔지 알게 됐다는 사실이 그보다 더 중요했다. 항암 치료를 받으며 굳건히 버틸 수 있는 방법에 온 정신을 집중해야 했다. 치료와 건강 회복이 내 우선순위 목록에서 1위가 되어야 했다. 비서인 존Jon에게 전화를 걸어 내 집에 걸어둘 커다란 표지판 4개를 만들어달라고 부탁했다. 표지판의 문구는 '준비는 끝났다!'가 될 것이다. 그리고 똑같은 문구를 내 출장 가방에도 달아달라고 말했다. 출장 중에도 내가 늘 볼 수 있도록.

그런 다음 로렌스 프랭크에게 전화했다. 치료 기간 동안 늘 옆에서 든든하게 힘이 돼준 친구다. 고교 농구팀에서 활동한 적이 없었음에도 불구하고 그는 늘 농구계의 스타였다. 뉴저지에서 고등학교를 다녔던 로렌스는 엘리트 선발 캠프에서 만난 코치들을 관찰하며 메모하곤 했다. 인디애나대학 시절에는 불같은 성미로 악명 높은 보비 나이트Bobby Knight 감독 밑에서 학생 매니저로 활동한 바 있다. 로렌스가 굉장히 마음에 들었던 나이트는 케빈 오닐Kevin O'Neill에게 소개시켰고 1992년에 오닐은 한 번도 풀타임 코치를 맡아본 적 없던 22세의 로렌스를 마켓대학 코치로 고용했다. 로렌스는 오닐을 따라 테네시대학으로 옮겨갔고 1997년에는 NBA에 뛰어들어 코치로서 승승장구했다. 33세였던 2004년에는 뉴저지 네츠New Jersey Nets의 감독으로 임명됐다. 2016년에 로렌스는 벤치를 떠나 경영직으로 갔다.

로렌스를 알게 된 건 클리퍼스와 일하면서부터였는데 우리는 금세 친구가 됐다. 그래도 나는 치료 기간 동안 로렌스로부터 이토록 크게 도움을 받게 될 줄은 몰랐다. 로렌스의 아내 수전Susan이 만성질환으로 수년간 고생을 해서 로렌스는 진료와 치료가 반복되는 삶이 어떤 것인지 누구보다 잘 알고 있었다. 그는 내가 인내심을 잃지 않도록, 중립을 유지하도록 도와줬다. 로렌스에게 전화를 걸어 니센 박사의 얘기를 전하자 그는 박사의 치료 계획을 따르는 것이 옳다고 말해주면서 니센 박사가 내 병의 치료를 맡을 적임자라는 확신에 더욱 힘을 실어주었다. 당신이 중립을 유지하는 데 도움이 될 팀을 구축하는 문제에 관하여는 나중에 상세하게 다룰 예정이지만 로렌스는 내가 구축한 팀에서도 최고 스타라 할 만하다.

로렌스와 전화를 끊고 나서 리돈도 비치Redondo Beach와 롱비치 Long Beach 사이 서쪽 태평양으로 돌출된 지역인 팔로스 버디스Palos Verdes 반도로 차를 몰고 갔다. 그곳의 언덕들에서 바라보는 해변 전망은 아주 장관이다. 사람들이 언덕까지 쉽게 오를 수 있도록 여러 곳에 계단이 설치돼 있다. 나는 그 계단을 걸어 올라가면서 땀과 함께 지난 몇 주간의 스트레스를 전부 날려버리고 싶었다. 그리고 저 광활한 대양을 마주하고 싶었다. 니센 박사의 조언대로 나는 계속 일할 생각이었다. 외과 수술을 받는 것이 목표이기는 했지만 우선은 수술이 가능한 몸으로 만들어가는 과정 자체에 집중해야 했다. 하지만 이미 약속된 일이 있었다. 당장은 다른 일을 생각할 여력이 없었다. 29시간 뒤에는 로키스와의 경기를 앞둔 메츠와 합류하기 위해 콜로라도행 비행기에 올라야 했다. 의사의 충고를 마음에 새기고 남은 하루 동안 정신을 가다듬는 일이 내가 할 수 있는 전부였다.

몇 년 전 NBA 결승전에서 르브론 제임스LeBron James가 '마법의 약은 없다'라고 새겨진 모자를 쓰고 나온 일이 있었다. 농구에 관한 한 그 모자의 문구는 100퍼센트 옳다. 그리고 내 긴 치료 과정에 비추어 봐도 매우 타당한 말이다. 우리에게 닥친 모든 문제를 단번에 해결해주는 치료약은 어디에도 없다. 내가 감내해야 할 여러 가지 의학적 치료 과정에 대해 알면 알수록 그 사실을 납득하지 않을 수 없었다. 나는 내 인생에서 가장 힘든 시간을 이겨내기 위해 중립 사고로 마음의 중심을 잡아야 했다. 이 병의 치료를 위해 필요한 단계들을 아무리 곱씹어봐야 앞으로 몇 달을 버텨내기 위해서는 중립적으로 '살아야' 한다는 사실을 재확인시켜줄 뿐이었다. 시도 때도 없이 두려움이 찾아올 것이므로. 또 고통도 찾아올 것이었다. 필연적으로. 그러나 내게는 그것들을 버텨낼 수단이 있었다.

초반에 의사들이 정확히 뭘 해야 하는지 알아내려고 하는 동안 나를 가장 힘들게 한 것은 눈의 황달 증세를 감추는 문제였다. 누구에게도 내 누런 눈을 들키고 싶지 않아서 웬만해선 선글라스를 벗지 않았고 외출할 때면 꼭 모자를 푹 눌러썼다. 마치 그늘 속에 살고 있는 듯한 기분이었다. 그래도 내 눈이 내 고객의 집중력을 조금이라도 흐트리게 하고 싶지 않았다. 황달 증상 발현 후 덴버에서 메츠와 합류했을 때도 늘 내 갑옷(선글라스)을 잘 챙겼는지 특별히 신경을 썼다. 메이저리그 야구 선수들과 일하다 보면 그들이 정교하게 조율된 정신 상태를 유지하는 사람들이라는 걸 알게 된다. 하지만 그들도 종종 굉장히 비판적으로 변하기도 한다. 그래서 나는 그들이 내 개인적 사정이 아닌, 그들 자신에게만 집중할 수 있도록 해주고 싶었다.

선수들과 회의할 수 있는 공간이 마땅치 않아 우리는 창고 또는 그때그때 비어 있는 옆방을 사용하고 있었다. 내 노트북에는 우리 팀의 모든 훈련 계획이 들어 있었고 일은 생각대로 착착 진행됐다. 몇 차례 창고 회의를 가진 뒤, 우리 팀은 경기를 위해 선수 대기석으로 이동했다. 훈련장에는 나 혼자만 남아 있었으므로 약간 마음이 느슨해졌다. 무방비 상태로, 누군가에게 들킬지 모른다고 생각할 새도 없이 나는 모자와 선글라스를 벗어버렸다.

1루수 피트 알론소Pete Alonso는 신인 선수로서 환상적인 시즌의 마지막을 향해 달려가고 있었다. 혜성처럼 메이저리그에 데뷔한 그는 이제 신인상을 노리고 있었다. 그날 피트는 메츠의 신인 선수 안타 프랜차이즈 기록에서 타이 위긴턴Ty Wigginton과 동점을 기록했다. 그때까지 홈런 48개를 터뜨렸다. 2년 전 양키스의 애런 저지Aaron Judge가 세운 메이저리그 신인 홈런 기록까지 앞으로 4개만을 남겨두고 있었다.

나는 훈련장의 TV를 통해 피트가 뛰고 있는 메츠의 경기를 관람 중이었다. 쿠어스필드Coors Field 야구장, 6회 주자 없는 상황에서 피트가 때린 공이 포물선을 그리며 좌익수 뒤로 날아갔다. 이 홈런으로 메츠는 3 대 2로 열세를 만회하며 결국 7 대 4의 승리로 경기를 마무리했다. 또한 이 홈런으로 피트는 메츠 신인 안타 기록을 깨버리는 동시에 메이저리그 신인 최다 홈런 순위 2위로 올라서며 마크 맥과이어Mark

McGwire와 동률을 이루었다. (이후 피트는 결국 53호 홈런을 터뜨리며 애런 저지의 기록을 경신했다.) 피트가 49호 홈런을 날렸을 때 도저히 기쁨을 주체할 수 없던 나는 홈플레이트를 밟은 피트를 축하하기 위해 곧장 선수석으로 뛰어갔다. (모자, 선글라스 따위는 안중에도 없었다.) 단번에 선수석 계단을 뛰어올라 피트와 시원하게 하이파이브를 하고는 뒤돌아 다시 계단을 내려가 훈련장의 내 자리로 향했다. 30초쯤 흘렀을까. 목소리 하나가 들려왔다….

"트레버!"

누구의 소리인지 알 수 없었다.

"트레버, 나야!"

피트였다. 그는 나를 향해 "이봐, 괜찮아?"라고 물었다.

"그럼, 괜찮고 말고." 내가 대꾸했다.

"근데 눈이 왜 그래? 정말 괜찮은 거야?" 피트가 재차 물었다.

놀라웠다. 아니, 방금 홈런을 날려서 새 역사를 쓴 사람이 내 눈을 걱정할 정신이 있다니.

"그냥 알러지도 있고 좀 피곤해서 그렇지, 뭐. 괜찮아지고 있어."

거짓말을 해서 좀 그랬지만, 그를 걱정시키고 싶지 않았다. 나는 "걱정해줘서 정말 고맙네, 친구. 어서 계속 축하를 나누라고"라고 말했다.

피트는 다시 한마디 덧붙였다. "우리를 그렇게 잘 돌봐주는 데 우리도 당연히 신경을 써야지." 순간 어리벙벙해졌다. 의식하지 못하고 있는 순간에도 내가 그들에게 영향을 미치고 있다는 사실을 깨달은 것이다. 그래서 내가 직면한 상황의 해결을 위해 하루라도 빨리 공격적으로 임해야겠다고 마음먹었다.

나의 경우 불행히도 치료 과정 중에 늘 적극적일 수만은 없었다. 복부 상태를 정확히 파악하기 위한 시술 후에 의사들은 내게 안정을 취할 것을 주문했다. 항암 치료는 11월이나 돼야 시작할 수 있었고 첫 시술의 후유증에서 회복하는 일이 먼저였다. 나는 '안정을 취하는 일'에 영 소질이 없어서 부정적인 생각과 두려움이 스멀스멀 밀려와 몸서리칠 때도 있었다. 평소 운동을 중요 일과로 삼고 달리기를 즐겼던 내게 갑자기 천천히 걷는 행동만이 허용된 것이었다. 복부 근육 회복 때문에 턱걸이도 금지됐다. 요가도 당분간 쉬어야 했다.

나는 이전 저서에서 먼저 습관을 만들면 그 습관이 당신을 만들 것이라고 설명했다. 그러나 가끔은 우리가 전혀 통제할 수 없는 요인으로 인해 일상이 파괴되는 경우가 생긴다. 특히 우리의 정신은 그러한 상황에서 육체보다 더 심한 타격을 받기도 한다. 나한테는 그때가 바로 그런 상황이었다.

어떤 때는 "준비는 끝났다!"를 외치며 금방이라도 세상을 정복할 준비가 된 사람처럼 자신만만하기도 했다. 또 어떤 때는 울면서 무너져내렸다. 조금만 방심해도 사정없이 흔들리는 유리 멘탈로 인해 중립을 잃기 쉽다. 그래서 그 점을 끊임없이 내게 일깨워줄 뭔가가 필요했다. 10월 말경 마침내 다시 요가 수업에 참여할 수 있게 됐을 때 나는 그것을 찾아내 돌파구를 마련했다.

28분간의 수업이 엉망으로 지나갔다. 내 엎드린 개 자세는 조잡한 똥개 자세라 할 만했다. 다리를 양쪽으로 벌리고 상체를 직각으로 유지하는 자세를 시도했지만 제대로 각도가 나오지 않았다. 그래도 어쨌든 해냈다. 그러자 처음으로 내 몸 안에서 엔도르핀이 솟구쳤고, 순간 나는 엔도르핀이 나오지 않을 때에도 이런 느낌을 끌어낼 수 있도록 내 정신을 가다듬어야겠다고 생각했다. 스스로 정신을 고양시켜야 한다. 충분히 좋은 하루를 보낼 수 있도록. 그제야 비로소 내 자신이 온전히 작가이자 CEO인 트레버 모아와드처럼 느껴졌다. 요가 학원을 걸어 나오면서 나는 아주 오래간만에 다시 내 자신을 찾은 듯한 기분이 들었다. 내가 항상 환자일 필요는 없다는 사실을 깨닫고 나자 희망이 샘솟고 기운이 펄펄 났다. 이제부터는 하루하루를 즐겁게 보낼 생각이었다. 너무 오랫동안 잊고 있었기에 나한테 그날의 깨달음은 정말 필요한 것이었다.

나는 단 한 번도 최악의 상황을 가정해본 적이 없다. 그건 내 가치관에도 위배되고 성미에도 맞지 않는다. 정보를 처리할 때 그런 태도는 아주 형편없고 비효율적이며 비능률적인 결과로 이어진다. 그러나 쉽게 대처할 수 없는 어떤 정보를 접했을 때는, 우리 머릿속에 가장 부정적인 상황이 그려지는 것을 막지 못할 때도 있기 마련이다. 정보가 너무 극단적일 때는 삶이 완전히 변해버린 듯한 기분에 휩싸이기도 한다. 그럴 때 우리의 상상력은 지나치게 부풀려지고 결국은 공황상태에 빠지게 된다.

당신이 미래에 접하게 될 어떤 정보는 앞으로의 삶에 긍정적이든 부정적이든 중대한 변화를 가져올 수도 있다. 내 경우에는 'C로 시작하는 단어'가 그랬다. 여전히 항암 치료와 큰 수술, 방사선 치료가 나를 기다리고 있었다. 그리고 그건 최선의 시나리오였다. 내 삶에 있어 너무 많은 것들이 굉장히 빠르게 변해 갔다. 변한 것은 내 몸이었는데, 나는 그것들이 내 정신까지 흔들어놓도록 방치했던 것이다. 요가 수업 후 내가 '모든 게' 변해버린 것은 아니라는 사실을 깨닫고 나서 돌파구가 찾아왔다. 나는 여전히 같은 사람이었다. 내게는 여전히 친구가 있었고 미래가 사라져버린 것도 아니었다. 내 삶에 다른 기쁨이 없는 것도 아니었다. 명심해라. 중립적 사고는 감정 없는 사고가 아니다. 중립적 사고방식은 더 나은 결정(행복한 일, 기념할 일로 이어지는 결정)을 내리는 데 도움이 되는 정보 처리 방식이다.

내가 2019년 9월부터 2020년 3월까지 겪은 일이 어느 누구에게도 일어나지 않길 바랐다. 그러나 그 3월을 시작으로 모든 미국인이 내가 치료 과정 중 겪어야 했던 정신적 싸움과 아주 유사한 싸움을 벌여야 했다. 이미 수개월을 두려움, 무료함, 외로움 등과 싸워온 덕분에 아마도 그 무렵의 나는 곧 벌어질 일에 대해 남들보다 더 잘 준비돼 있는 상태였을 것이다. 그리고 우리의 대부분은 앞으로 삶이 얼마나 극적으로 변하게 될지 제대로 인식하고 있지 못한 상태였다. 나는 내 전 고객 중 한 명의 경기가 취소된 일을 계기로 그렇게 확신할 수 있었다.

체서피크 에너지 아레나Chesapeake Energy Arena가 수많은 관중으로 들썩였다. 오클라호마시티 선더Oklahoma City Thunder를 응원하는 치어리더들이 관중석에서 응원가에 맞춰 수술을 흔들어댔다. 선더와 유타 재즈

Utah Jazz의 경기 시작을 기다리면서 팬들도 따라서 박수를 치고 춤을 췄다. 그날은 2020년 3월 11일이었다. 이 팬들은 이제 곧 또 하나의 '역사적 순간'을 직접 목격하게 될 운명이었다. (비록 그 순간이 농구와 전혀 관계는 없었지만.)

나는 더 이상 선더와 일하고 있지 않았지만 선더의 감독 빌리 도노번Billy Donovan과는 친밀한 관계를 유지하고 있었다. 이때 빌리는 그의 팀이 어떻게 해야 재즈의 스타 선수 도노번 '스파이더' 미첼Donovan 'Spider' Mitchell을 막아낼 수 있을지 계속 고민 중이었다. 유타의 센터 뤼디 고베르Rudy Gobert가 와병으로 결장한다는 소식이 전해진 것이다. 선더의 코치진과 선수들은 이 일이 재즈 측 공격에 어떤 변화를 가져올지 그림을 그려보며 회의를 했다. 천장에 매달린 스피커를 통해 계속해서 강렬한 전자 음악이 흘러나왔지만 아래쪽 코트에는 뭔가 일이 생긴 듯했다. 선수들이 경기 시작을 위해 코트 중앙에 나와 있지 않고 여전히 벤치 근처에만 머물러 있었다. 한편 심판들은 점수판 근처에 모여 있었다.

해외에서는 치명적일 것으로 추정되는 신종 코로나바이러스 소식이 이미 한 달 넘게 돌고 있었다. 최초의 발병 보고를 한 곳은 중국 우한이었다. 2월에는 미국인 소유 크루즈선 '다이아몬드 프린세스Diamond Princess 호'가 선내 발병으로 일본에서 격리 조치를 당했다. 3월 초에는 유럽이 봉쇄됐고 미국에서도 여러 확진 사례가 보고됐다. 그런데도 미국인들은 여전히 그 의미를 파악하지 못하고 있었다. 재즈와 선더의 경기가 예정된 그날 오전에는 영화배우 톰 행크스Tom Hanks와 그의 아내 리타 윌슨Rita Wilson이 호주에서 코로나에 감염됐다는 소식이 전해졌다. 해외 각국이 바이러스의 확산 속도를 늦추기 위해 자국 국민들에게 집에 머물러달라고 호소하는 형편임에도 불구하고 미국 내의 삶은 여전히 평소와 별반 달라 보이지 않았다.

그리고 그날 밤, 오클라호마시티에서 사정은 완전히 바뀌었다. 심판들이 빌리와 재즈 감독 퀸 스나이더Quin Snyder를 부르더니 각 팀의 라커룸으로 돌아갈 것을 주문했다. 선수들이 모두 코트를 뜨자 빌리와 퀸은 경기장 아래에 위치한 방으로 불려가 NBA 관계자를 만났다. 그는 두 감독에게 고베르가 코로나19 양성 판정을 받아 그날 밤 경기에 결장한 것이라 말했다.

"코로나19가 뭡니까?" 두 감독의 입에서 나온 질문이었다.

당시만 해도 의료인이 아닌 사람은 '코로나바이러스'라는 단어밖에 알지 못했다. 몇 주 후면 모든 사람이 코로나19와 제2형 중증급성호흡기증후군 코로나바이러스SARS-CoV-2가 뭔지 알게 될 예정이었지만, 아무튼 2020년 3월 초에는 아주 생소한 단어였다. 경기장 아래에서 이들의 대화가 진행되는 동안 코트로 이동한 치어리더들은 도대체 무슨 상황인 건가 궁금해하기 시작한 팬들의 관심을 돌리기 위해 관중석으로 티셔츠를 던지기 시작했다. 잠시 뒤, 장내 아나운서의 안내방송이 들려왔다.

"오늘 밤 경기는 연기되었습니다. 여러분은 모두 안전합니다. 여유롭고 질서 있게 경기장을 벗어나주시기 바랍니다. 오늘 밤 와주셔서 감사합니다."

그날 밤 NBA 시즌이 중단됐다. 다음 날 미국 대학체육협회(NCAA)가 3월의 광란으로 알려진 대학농구선수권대회를 취소했고 각종 대학 리그도 남아 있던 지역 토너먼트를 중단했다. 미국 내 다른 영역도 스포츠계의 이런 움직임을 따르기 시작했다. 미국 전역의 학교들이 폐쇄됐고 식당이 문을 닫았다. 상점이나 체육관도 마찬가지였다. 그 달 말쯤에는 필수 인력을 제외하고 거의 대부분의 사람들이 집에 머물며 외출을 최대한 자제하게 됐다. 집 밖을 나서는 이유는 제한적으로 운영되는 식료품점이나 약국에 들르기 위해서였다. 돌이켜 보면, 미국인들은 오클라호마 시에서 경기가 중단된 바로 그 시점부터 삶의 극적인 변화를 목전에 두고 있다는 사실을 점차 깨닫기 시작한 것 같다.

팬데믹은 그렇게 사람 간 대면적 상호작용의 부족, 건강 및 고용 안정성에 대한 불안을 야기하며 철저하게 제한된 생활 방식을 탄생시켰다. 전 세계에 공포라는 폭탄을 떨어뜨렸다. 내가 고객들에게 최대한 피하라고 누차 강조해왔던 부정적 생각들이 눈 깜짝할 사이에 피할 수 없는 것이 돼버리고 말았다. 정말 위험한 시기였다. 그건 전 세계 수백만 명의 목숨을 앗아갈지 모르는 질병이 등장한 때문만은 아니었다. 팬데믹을 둘러싼 상황들이 사람들을 우울증에 빠지기 쉽게 만들었기 때문이다. 두려움, 무료함과 결합된 절망감이 관리가 시급한 아주 유해한 환경을 조성했다. 우리에게는 사고방식을 중립으로 전환하는 방법이 절실해졌다.

팬데믹 초기에는 많은 사람들이 순전히 선의로 긍정적 사고를 유지하는 것이 도움이 될 거라 제안하곤 했다. 그 제안이 보통은 무해한 조언인 것은 맞으나 이처럼 특수한 상황에서는 오히려 독이 될 수도 있었다. 2020년 3월 말 어쩌면 4월까지도 우리는 곧 어떤 일이 벌어질지 진정 몰랐다. 의료 전문가들조차 이 질병에 대해 이제 알아가는 중이었기 때문에 어떠한 명확한 답변도 내놓을 수 없었다. 그러니 이런 새로운 형태의 삶이 얼마나 오래 지속될 것인지 누구도 알지 못했다. 이런 현실로 인해 온갖 유형의 공포가 스멀스멀 모습을 드러내고 있었다.

- 내가 코로나에 감염되면 어쩌지?
- 직장을 잃게 되면 어쩌지?
- 어머니를 언제쯤이면 다시 만날 수 있을까?

날마다 수많은 사람들이 끝이 보이지 않는 상황 속에서 이런 물음들을 스스로에게 되물었다. 만약 당신이 세상이 권한다고 해서 긍정적으로 생각하기 위해 노력하는 사람이라면, "금방 모두 다 괜찮아질 거야"라고 말했을 것이다. 그러나 실상 그렇게 되지 않았을 때 무슨 일이 벌어졌을까? 많은 사람들이 코로나19에 감염됐다. 많은 이들이 직장을 잃어버렸다. 이 질병으로 수도 없이 많은 사람들이 부모를 잃었다.

잘못된 희망을 대응 전략으로 받아들이면 우리는 더 깊은 수렁에 빠질 수밖에 없다. 팬데믹 동안 모든 것이 잘될 거라 장담했던 사람은 월급이 삭감되거나 사업 부진 여파로 직장에서 해고당했을 때 더 심한 절망감에 빠질 뿐이었다. 아무런 근거 없이 다 잘될 거라 추정했던 사람은 병원에서 죽어가는 부모를 볼 수도 없게 되자 훨씬 더 고통스런 슬픔을 견뎌야 했다. 아무리 건강한 멘탈을 유지하고 있다 해도 그런 일들을 버텨내는 건 절대로 쉽지 않다. 다시 말해, 어떤 마법 같은 힘이 모든 불행을 어떻게든 제거해줄 거라고 스스로에게 최면을 걸어온 사람은 감정적으로 취약할 수밖에 없다.

내게는 팬데믹 초기의 나날들과 내가 병 진단을 받고 난 이후의 시간들이 매우 흡사하게 느껴졌다. 나는 내 삶이 극적으로 변할 거라는 것을 잘 알았다. 하지만 정확히 어느 정도로까지 또 얼마나 오랫동안 지속될 것인지는 확신할 수 없었다. 그로 인한 불안감이 부정적인 생각들을 불러들였다. 그래서 내가 이전과 같은 삶을 더 이상 유지할 수 없다고 해서 행복해질 수 없는 것은 아니라는 사실을 깨닫는 데 조금 시간이 걸렸다. 앞으로 우리에게 또 다른 팬데믹이 찾아오지 않길 희망하지만, 지금의 기억은 우리 마음속에 생생하게 남아 훌륭한 교훈이 되어줄 것이다.

우리 모두 팬데믹 초기에 어떤 기분이었는지 기억하고 있을 것이다. 정말 뒤숭숭했다. 거리가 고요했다. 원래는 사람들로 북적여야 할 고층 건물들이 거의 텅텅 비어 있었다. 대부분의 사람들이 넷플릭스에서 호랑이나 기이한 사람 등에 관한 다큐멘터리를 시청하며 시간을 보냈다. 초반에는 몇 주 안으로 상황이 해결되리라 기대했다. 의학 전문가들이 말한 대로 '바이러스 확산을 잡고' 다시 일상으로 돌아갈 수 있기를 바랐다. 그러나 그 전문가들이 이 바이러스에 대해 더 많은 사실을 알게 됐을 때는 어땠나. 우리가 생각했던 것보다 훨씬 더 오랫동안 고립된 생활을 이어가야 한다는 사실이 명확해졌다.

오랫동안 다시 일상으로 돌아갈 수 없다는 것을 깨달았을 때 정확히 어떤 기분이었는지 아마도 여러분은 기억하고 있을 것이다. 불편한 기분이긴 하지만, 중립으로 내려가는 법을 연습해보기 위해 잠시 그때의 기분으로 돌아가 보자.

처음 몇 주간은 두려움이 지배했다. 개인마다 약간씩 다르겠지만 대체로 사람들이 주로 걱정하는 문제는 다음과 같았다.

가. 바이러스 그 자체. 당시에는 코로나19에 대한 지식이 거의 없었다. 전염력이 매우 강했지만 사람에 따라 다르게 영향을 미치는 듯했다. 어떤 사람은 코로나에 걸려도 무증상이었다. 어떤 사람은 수일 만에 사망해버렸다. 아직 의사들이 최선의 치료 방법을 모르는 상태였고 국내 의료 체계가 붕괴되지 않을까 하는 두려움이 컸다.

나. 실업. 생필품을 구하거나 치료를 받아야 할 때를 제외하고 집 밖에 나갈 수 없다면 어떻게 일을 할 수 있겠는가? 일을 못 하면 고용주는 어떻게 돈을 벌 수 있겠는가? 고용주가 돈을 못 벌면 무슨 수로 우리한테 월급을 줄 수 있겠는가?

다. 소중한 사람들. 초기에도 코로나19가 젊은 사람보다 나이 든 사람에게 훨씬 치명적이라는 것이 확실해보였다. 그래서 우리는 코로나

취약 계층에 속하는 가까운 사람들이 위험에 처할까 봐 걱정했다.

라. 아이들. 학교 폐쇄로 아이들이 집 안에 계속 머물러 있어야 했다. 의료인이나 긴급구조요원 등 여전히 직장에 나가야만 하는 부모의 경우에 자녀는 누가 돌봐야 할까? 모든 부모들이 학교가 문을 닫은 상태에서 어떻게 자녀를 학습시켜야 할지 고민이었다. 그리고 집에서 자녀를 돌봐야 하는 경우 어떻게 일을 할 수 있겠는가?

이것들은 각각 그 자체만으로도 커다란 고민거리다. 그런데 이 전부가 한꺼번에 우리에게 몰아닥친 것이었다. 그러니 두려움을 갖는 것도 당연하다. 부정적 사고가 도처에 퍼져 있었다. 그래도 여전히 중립적으로 생각하는 일이 가능했다. 다음에 소개하는 것은 두려운 시기에 중립을 찾아가는 데 도움이 될 수 있는 (그리고 실제 도움이 됐던) 내면의 독백들이다. 지금 와서 보면 대부분이 사후 약방문 같다는 생각도 들지만 실제로는 미래에 비슷한 상황이 눈앞에 펼쳐졌을 때 좋은 생각을 하게 하는 데 도움을 주는 것들이다. 세상을 살다 보면 크고 작은 어려움이 계속 찾아오게 마련이다. 다음과 같은 중립적 생각들이 당신이 그러한 시간들을 헤쳐나갈 수 있도록 도와줄 것이다.

가. 드러난 사실이 부족할 때는 사실에 접근하기가 결코 쉽지 않다. 불행히도 팬데믹 초기가 바로 그런 경우였다. 그래도 우리가 알고 있는 것으로 계획을 세우기에는 충분했다. 사람들이 많이 모이는 장

소는 반드시 피한다. 사람이 많지 않더라도 낯선 사람들과 밀폐된 장소에 머무르는 일 역시 피해야 한다. 그런 상황들을 만들지 않는 것이 코로나에 걸릴지 모른다는 두려움을 줄이는 데 도움이 된다. 그런데 우리는 사회적 교류가 제한된 채 집 안에만 머물러 있는 행위가 심리적으로 어떤 위험을 초래할 수 있는지도 잘 알고 있다. 그러므로 두뇌와 신체를 자극할 수 있는 방법을 찾아야 한다. 그러면 중립 찾기에도 도움이 된다. 또한 사람들과 계속 연락을 유지해야 한다. 안전하게 외출할 수 있다면 그렇게 하라. 신선한 공기를 마셔라. 걷고 달리고 몸을 움직여라. 밖으로 나갈 수 없다면 요가 앱이나 호텔 이용자를 위해 설계된 운동 프로그램(굉장히 많다)을 다운받아라. 한편, 친구와 가족에게 전화하기 위한 알람을 설정하라(페이스타임으로 하면 훨씬 좋다). 당신이 그들의 목소리를 듣고 싶어 하는 것처럼 그들도 당신의 목소리가 듣고 싶을 것이다.

나. 당신이 직원이라면 경영진과 계속 연락하면서 당신이 집에서 도울 수 있는 일이 무엇인지 물어라. 사무실에 나가지 않고 할 수 있는 일이 있다면 누가 요청하지 않아도 그 일을 계속하라. 회사가 위기에 처했을 때 당신이 기꺼이 기여할 사람이라는 것을 보여줄 수 있다. 또한 당신의 능력을 제대로 뽐낼 수 있는 기회다. 무료함에 빠지지 않는 방법이기도 하다.

당신이 경영진이라면, 직원들에게 전화를 걸어 안부를 물어라. 그들이 잘 있는지 확인하라. 그들의 건강과 행복이 당신의 주된 관심임을 보여주어라. 보통 극단적 상황은 일시적이지만, 그 시기에 경영진이 직원들을 어떻게 대우했는지는 영원히 기억에 남을 것이다. 당신이 배려하고 있다는 사실을 알게 되면, 직원들은 당신을 위해 더 열심히 일할 것이다. 그리고 또 다른 유능한 인재에게 당신의 회사를 추천하게 될 것이다.

다. 전화, 문자, 스카이프, 줌 기타 등등 소중한 사람들과 계속 소통하기 위해 필요한 것은 무엇이든 시도하라. 그들이 두려움에 떨며 식료품점이나 약국에도 못 가고 있는 상태이고 당신이 근처에 살고 있다면 그들의 집을 찾아가라. 그러면 당신이 뭔가 기여할 수 있는 일도 생기고 그들의 두려움을 달래줄 수도 있다.

라. 직장에 출근해야 하는 부모들에게는 자녀를 돌봐줄 사람을 구하는 일이 매우 중요한 문제였다. 그럴 때 가족, 친구, 이웃은 서로에게 큰 도움이 됐다. 재택근무가 가능한 부모들은 자녀가 줌 수업에 접속하지 못할 때마다 IT 전문가로 변신하기도 했다. 그리고 줌 수업에 무사히 연결된다 해도 수업이 하루 종일 진행됐던 것은 아니었다. 그러나 집 안에서 중립을 유지하는 데 도움이 되는 또 다른 방법이 있었다. 아이들의 창의력을 북돋워주는 일은 늘 좋은 해결책이 된다. 아이들에게 종이와 마커펜을 건네며 냉장고에 붙일 그림을 부탁하면, 아이들의 두뇌 자극에 도움이 된다. 안 쓰는 스마트폰을 주면서 동영상을 찍고 직접 편집해보도록 유도하는 것도 마찬가지다. 아이들은 회

복력이 강해서 어떠한 상황에서도 즐거움을 찾으려 애쓴다. 그런 면에서는 어른들의 모범이기도 하다.

위의 사례들에서 보듯이 전체 그림이 아닌 눈앞에 닥친 일에 집중하는 것이 핵심이다. 팬데믹으로 이 개념이 얼마나 중요한지 입증됐다. 처음에 우리는 실제 그 전체 그림의 규모가 어느 정도인지 가늠해볼 수조차 없었다. 전체 그림을 생각했다면 온갖 부정적인 상황들로 인해 감정적으로 굉장히 취약한 상태에 빠졌을 수도 있다. 유리 멘탈이라면 산산이 부서졌을 수도 있다. 긍정을 위한 긍정은 경우에 따라 훨씬 더 위험했다. 우리에게는 중립을 찾아 내려가든가 아니면 위험을 무릅쓰고 깊은 수렁 속으로 돌진하든가 두 가지 선택만이 있었다.

니센 박사가 내게 'C로 시작하는 단어'에 걸렸다고 말했을 때 나도 정신적으로 굉장히 흔들렸다. 그래서 박사에게 "이제 제가 뭘 해야 할까요?"라고 물었던 것이다.

다음에 또다시 당신을 둘러싼 세상이 무너지는 듯한 기분이 들 때는 머릿속의 변속 기어를 꽉 붙잡고 스스로에게 그 비슷한 질문을 해보라. 전체적 상황은 걱정하지 말고 이렇게 질문해라. "그렇다면 내가 지금 해야 할 일이 뭘까?"

그러면 감정의 흔들림 없이 중립의 위치에서 어느 방향으로든 움직일 준비가 되어 있는 자신을 발견하게 될 것이다.

3장
올바른 다음 단계로 가라

사이 프랜스Si France가 의대에 지원했을 때 누군가 그에게 불합격하면 뭘 할 생각인지 물었다. 사이는 "축구감독이 될 겁니다"라고 대답했다. 그는 워싱턴주 터코마Tacoma에 위치한 퓨젓사운드대학교University of Puget Sound에서 이제 막 축구를 그만둔 터였다. 질문한 사람은 그가 농담을 하는 거라 생각했지만 사이는 진심이었다. 결국 그는 다트머스대학교 의과대학에 입학하게 되면서 감독의 꿈을 접었다.

이후 사이는 실리콘밸리에서 컨설턴트로 일하다가 창업했다. 사이의 회사 웰비헬스Welbe Health는 요양원의 대안으로 노인이 계속 자신의 집에 살면서도 24시간 돌봄을 받을 수 있는 서비스를 제공한다. 비록 감독의 꿈을 이루지는 못했으나 사이는 항상 스포츠계를 주시하며 사업에 응용할 만한 인사이트를 찾고 있다. 사이에게 스포츠 정신과 기업가 정신은 동일한 것이었다.

2020년 2월, 크로스컨트리 스키를 타며 휴가를 즐기고 있던 사이는 내 팟캐스트를 접하고서 책을 읽게 됐다. 그러고 나서 불과 몇 주만에 그는 내가 전작을 집필할 당시에는 전혀 예상치 못한 방식으로 내 책을 이용했다. 나 역시 내 사고방식이 비즈니스에도 통할 거라는 것은 예상하고 있었지만, 사이는 성공이냐 실패냐로 생사의 기로에 놓인 시기를 헤쳐나가기 위해 내 사고법을 활용했던 것이다.

3월 어느 날, 사이가 새너제이공항San Jose airport 근처에 있는 자신의 회사 시설을 살피고 있었는데, 그 공항 직원 중 몇 사람이 코로나19 확진 판정을 받았다는 뉴스가 터졌다. 코로나19에 관해 아직 알려진 것은 별로 없었지만 사이와 웰비헬스 사장 맷 패터슨Matt Patterson은 엄중한 경계 상태에 돌입했다. 그들 회사의 주 고객층이 질병에 가장 취약한 사람들이었기 때문이다. 사이는 "우리가 돌보는 사람들은 아주 허약한 노인들이죠. 현재 우한의 통계를 분석하고는 있는데 당장 어떻게 해야 할지 모르겠네요"라고 말했다. 고객을 돌보면서 동시에 스스로의 안전에도 신경 써야 했던 웰비헬스의 직원들은 전염병에 맞서 최전선에서 싸워야 하는 셈이었다. 사이는 자신의 형제인 델Del에게 전화를 걸었다. 병원 중환자실 및 응급실용 장비를 생산하는 GCX코퍼레이션이라는 회사를 운영하고 있던 델은 사이에게 밤낮을 가리지 않고 전화가 빗발친다고 말했다. 아시아와 유럽에서 하룻밤 새 10년 치에 해당하는 장비 주문 요청이 들어오고 있다는 거였다. 그럼, 사이와 델이 가장 두려워했던 것은 무엇일까? 미국 국내에서는 아직까지 그런 주문 전화가 걸려오지 않고 있다는 사실이었다. 다시 말해 미국은 앞으로의 일에 전혀 준비돼 있지 않다고 추정할 수 있었다. "우리는 공포에 질려 있었어요. 그리고 순식간에 중립을 찾기 시작했죠"라고 사이는 그때를 언급했다.

웰비헬스 사장 맷은 미 해군특수전본부Naval Special Warfare Center에서 의료 책임자로 근무한 이력이 있다. 따라서 이미 중압감이 심한 상황에 충분히 대처해본 경험이 있던 그는 즉각 행동에 나섰다. 매주 전 직원 회의를 소집하기 시작했고 웰비헬스의 직원들이 시시각각 변하는 상황과 정확하지 않은 정보로 인한 혼란에 대처하기 위한 최선의 방법은 사고방식을 중립으로 전환하고 그 상태를 유지하는 것이라 결론을 내렸던 것이다.

당시엔 중립적 사고만이 채택 가능한 선택지였다. 상황의 엄중함을 감안하면 도저히 긍정적이 될 수가 없었다. 그보다는 중립적 사고법이 실질적으로 희망을 불어넣는 구명줄이 될 수 있다. 나는 'C로 시작하는 단어'와 싸우면서 그것을 확인했다. 도저히 긍정을 유지할 수 없다고 느낄 만한 상황이 자꾸 펼쳐질 때 감정 상태는 최악이 된다. 인간의 본능이다. 아무도 부정적이 되라고 권하지 않는데도 때로는 지구상의 모든 에너지가 나를 부정적인 쪽으로 몰아가는 듯한 기분이 든다. 마치 이 세상에 오로지 부정적 사고방식만 존재하는 듯이 느껴진다.

이해한다. 나는 이미 겪어 봤으니까. 그러나 부정적 사고방식은 결코 유일한 길이 아니다. 또 다른 길이 있다. 중립은 당신이 사고를 당하지 않도록 막아준다. 어둠 속에서 빛을 밝혀줄 수 있다. 희망을 갖기 위해 긍정적이 되어야 한다는 말은 순전히 헛소리다. 치료 기간 동안 중립적 사고방식 덕분에 나는 하루하루(심지어 도저히 긍정적일 수가 없었던 날에도) 중심을 잡으며 희망을 품을 수 있었다. 내게 희망은 'C로 시작하는 단어'에 맞서기 위한 무기다. 세계적으로 바이러스가 기승을 부리고 있고, 회사가 바이러스와 고객들 사이에서 어려움에 처해 있을 때도 마찬가지다.

앞서 언급한 웰비헬스의 전 직원 회의에서 사이는 중립을 유지하는 방법을 소개했다. 그는 직원들에게 직접 통제할 수 있는 일에만 집중하라고 주문하면서 모든 결과를 통제할 수는 없음을 상기시켰다. 그리고 부정적이 되는 걸 피하고 싶다면 신문이나 뉴스를 보지 말라고 조언했다. 대신 "궁금하면 재미로만 보세요. 하지만 회사가 더 훌륭한 정보를 갖고 있고 그것을 여러분과 공유할 거라는 사실을 명심하세요"라고 말했다. 또한 사이는 직원들에게 긍정적 환상에 의존하지 말라고도 조언했다. 쉽지 않은 일이었는데, 잘한 일이었다.

　사이와 임원들은 전 직원에게 일별 체크리스트를 배포했다.

• 오늘의 계획을 확인할 것.
• 맡은 임무를 수행할 것.
• 가족을 챙길 것.

일단 침착하게 중립을 찾았다면 이제 다음 할 일을 찾아야 할 때다. 사이의 회사에게 그 일은 비즈니스 모델을 임시로 변경하는 것이었다. 웰비헬스는 노인들에게 요양원과 유사한 서비스를 제공하는 여러 시설을 운영하는데 독특한 점은 노인들이 시설에 입주하는 게 아니라 각자의 집으로 돌아간다는 점이다. 사이를 비롯한 임원들은 전염성이 매우 강한 질병이 유행하는 상황에서 특히 취약한 고객들을 한 장소에 수용할 수 없다는 사실을 깨달았다. 그래서 일주일 만에 사업을 완전한 자가 기반 모델로 전환시켰다. 이전과 동일한 수준의 돌봄 서비스를 제공하기 위해 웰비헬스는 고객과 간병인이 필요한 정보에 접근할 수 있도록 각 고객의 가정에 태블릿을 공급했다. 또한 코로나 신속 항원 진단키트를 조달해 제한된 만남을 가능하게 만들었는데, 즉 고객과 간병인이 먼저 자가 진단을 한 후 서로 접촉할 수 있었다.

사이와 직원들은 일이 년 뒤를 생각할 여유가 없었다. 계속 '오늘 최선을 다하자'라는 주문을 되뇌었다. 스스로의 정신 건강을 위해 그렇게 하지 않을 수 없었다. 사이는 "우리에게 달려 있는 것을 생각하면 부담감이 이만저만이 아니죠. 직원 수백 명과 환자 천여 명을 책임지고 있으니 말이에요"라고 말하기도 했다. 팬데믹 초기에 사이의 회사 고객들의 사망률은 30퍼센트에 가까웠다. 의사들도 이 병의 양상과 치료법을 매일매일 배워나가는 형편이었기에 거시적인 상황을 상상하면 정말 무서웠다.

사이는 중립적 사고방식을 유지한 덕분에 그의 회사가 수많은 생명을 구할 수 있었다고 믿고 있다. 통계에 따르면, 2021년 4월 기준으로 웰비헬스의 고객 중 60명이 코로나19에 감염됐다. 하지만 실제 사망자는 10명에 그쳤다. 사이는 "현재 나머지 50명은 살아 있어요"라고 덧붙였다. 사이와 그의 헌신적인 직원들이 올바른 다음 단계를 행동에 옮겼기 때문에 그들이 지금 살아 있는 것이다.

여기서 '올바른 다음 단계'란 무엇일까? 일단 침착하게 중심을 잡고 중립적 사고로 편견 없이 모든 사실을 검토한 이후에 내린 결정을 말한다. '올바른 다음 단계The next right step'라는 관용어구를 처음 사용한 사람은 UCLA 여자 농구팀 감독 코리 클로스Cori Close이다. 그녀는 팬데믹이 시작된 뒤로 올바른 다음 단계를 아주 많이 생각해내야 했다.

내가 코리를 알게 된 건 그녀가 플로리다주립대에서 농구 코치로 일하고 있을 때였다. 나는 축구팀에서 일하고 있었지만 캠퍼스 안의 다른 코치들이 아이디어 공유를 위해 이따금씩 나를 찾아오곤 했다. 코리는 수 셈라우Sue Semrau 감독의 수석코치였는데 머지않아 감독이 될 수 있으리라는 것만은 분명해보였다. 그래서 2011년에 코리가 UCLA 여자 농구팀 감독을 맡기 위해 탤러해시Tallahassee를 떠났을 때 나는 그다지 놀라지 않았다.

2020년에 코리의 연락을 받고 나는 놀랍고 기뻤다. 코리의 코치인 타샤 브라운Tasha Brown이 내 전작을 읽고서 코리에게도 그 책을 추천했다는 것이다. '내가 아는 사람이잖아'라고 생각한 코리는 내게 연락을 해왔고 최악의 오프시즌을 보내고 있던 그녀의 팀에게 줌Zoom으로 멘탈 훈련을 시켜줄 수 있는지 물었다.

코로나19로 인한 여러 가지 제약 때문에 UCLA 브루인스Bruins
는 전국에서 가장 늦게 훈련에 복귀한 팀이 돼버렸다. 평년 같으면 여름과 초가을 내내 실전 대비 훈련에 매진했을 터였다. 하지만 UCLA는 9월 말까지 훈련을 할 수 없었다. 선수 세 명이 이미 시즌에서 빠졌고 설상가상으로 코리가 선수 명단에 추가하려고 했던 정상급 외국인 용병 선수들, 젬마 포터Gemma Potter와 이지 앤스티Izzy Anstey는 팬데믹 관련 입국 제한 문제로 호주에 발이 묶인 상태였다. 계산해보면 코리의 기대 선수 명단에서 5명이나 빠진 셈이었다. 농구는 선수층이 그렇게 두껍지 않다. 그런 까닭에 브루인스에 남은 선수는 8명뿐이었다. UCLA팀 관계자들은 이구동성으로 "여덟 명이면 충분해"를 외쳤지만, 정작 코리는 코로나19 방역 지침 때문에 훈련 중 그 8명 전부를 만나지 못할 때가 많았다.

훌륭한 팀이 되기 위한 신체 훈련이 비정상적으로 어렵게 됐음을 깨달은 코리는 대신 팀의 정신 훈련을 늘리기로 결심했다. 먼저 선수들에게 내 책을 읽도록 권했다고 한다. 그들이 다 읽은 다음에는 또 한번 읽도록 만들었다. 그리고 나서 선수들을 그룹으로 나눠 책에서 얻은 인사이트를 서로 발표하게 했다.

코리가 그녀의 팀을 위해 내 책을 선택한 건 영광이다. 코리가 최고에게서 배웠다는 것을 알기 때문이다. 과장이 아니다. 코리는 수년 동안 많은 감독들이 미국 스포츠 역사상 가장 위대한 감독으로 인정하는 사람에게서 많은 걸 배웠다. 코리가 브루인스 남자팀 전 감독 존 우든John Wooden과 관계를 맺은 것은 UCLA에서 코치를 맡았던 1990년

대였다. 2010년에 세상을 떠난 우든은 1964년부터 1975년까지 10번이나 전국 대회 우승을 차지했었다. 그의 팀은 1967년부터 1973년까지 7연승을 기록했으며, 그 기간 동안 205승 5패의 성적을 거뒀다. 그러나 대부분의 미국 감독들 책꽂이에 존 우든의 책이 꽂혀 있는 이유는 그가 굉장히 많은 우승을 기록해서가 아니다. 그가 우승을 차지한 '방법' 때문이다.

우든은 대단히 중립적인 사고방식의 소유자였다. 그의 가치관을 표현하는 대표적 시각 자료로 '성공 피라미드'라는 것이 있다. 이것은 15개의 네모 칸으로 채워진 삼각형으로, 가장 아랫줄에 5개의 네모 칸이 있고 꼭짓점 방향으로 올라가면서 한 칸씩 줄어 4칸, 3칸, 2칸, 1칸이 된다. 가장 아래에 있는 네모 칸에는 각각 근면, 우정, 충실, 협력, 열정이라는 기본 원칙이 적혀 있다. 피라미드의 위로 올라갈수록 보다 구체적인 특성들이 적혀 있는데, 바로 위인 넷째 줄에 자제력이 있고 기술이 셋째 줄에, 평정심과 자신감은 둘째 줄에 등장한다. 피라미드의 가장 위에 있는 네모 칸에는 위대한 경쟁력이 있다. 승리가 아니라 위대한 경쟁력이다. 존 우든은 선수들이 점수판에 신경 쓰는 걸 바라지 않았다. 우든은 자신의 선수들이 피라미드의 모든 칸을 완벽히 숙지한다면 승리는 저절로 찾아오리라 믿었다. 또한, 모든 칸을 숙지한 선수는 결국 위대한 팀원, 위대한 경영인, 위대한 부모, 그리고 기본적으로 위대한 사람이 될 수 있다고 생각했다. 그의 가르침은 보편적이기 때문에 여전히 소중하게 기억되고 존경받고 있다. 진취성과 기민함을 숙지하고 그것을 바탕으로 기술과 단체정신까지 갖춘 사람은 어떠한 환경에서도 성공할 수 있는 사람이다.

나에게 어떤 형태로든 가르침을 준 감독들 거의 모두가 우든의 전매특허로 여겨지는 과정 중심 사고의 영향을 받았다. 그러나 코리는 원조에게 직접 배운 것이다. 그녀는 UCLA, 그리고 나중에는 모교 캘리포니아대학교 샌타바버라UC-Santa Barbara에서 코치로 일했던 화요일마다 우든을 만나 그의 지혜를 보고 배웠다. 한 번은 코리가 감독으로서 자신이 좀 부드러워져야 할지 물어봤더니 우든이 "당신은 독창적으로 당신만이 가능한 감독이 되면 되는 거야"라고 말하며 절대 그러지 말라고 했다고 한다.

우리가 기억해야 할 중요한 포인트는 바로 그것이다. 당신이 차분한 성격이든 불같은 성격이든 조용하든 시끄럽든, 또 내성적이든 외향적이든 그건 전혀 중요치 않다. 우든 감독의 피라미드가 모든 사람에게 통용될 수 있는 것처럼 중립적 사고방식도 모두에게 효과적일 수 있다. 당신은 이미 필요한 모든 것을 갖추고 있다. 그것들을 활용해 지휘하기만 하면 되는 것이다.

2020년과 2021년 시즌 동안 코리의 팀은 여러 가지 상황에 직면했는데 그때마다 중립적 접근법이 요구되곤 했다. 긍정은 도움이 되지 않았다. 긍정을 유지한다고 해서 정부가 마음을 바꿔 호주 선수들을 입국시켜주진 않을 테니 말이다. (정부를 상대로 소송을 걸었지만 그것도 효과가 없었다. 포터와 앤스티를 포함 UCLA의 외국 선수들이 집단으로 소송을 냈는데 기각되고 말았다.) 그렇다고 부정으로 돌아서는 건 아주 위험한 일이었다. 특히 당시 브루인스가 헤쳐나가야 할 엄청난 장애물들을 생각하면 말이다. 코리에게도 시즌 준비를 방해하는 그런 장애물들을 극복할 수 없을 것 같은 생각이 들 때도 있었다. 하지만 코리는 그때마다 다시 중립을 찾아야 한다는 것을 잘 알고 있었다. 코리와 선수들은 중립을 찾는 법을 배운 이후로 그들의 바로 다음 행동을 결정하기 위한 사실에만 집중할 줄 알게 됐다.

코리는 이렇게 말했다. "저는 중립적 사고방식이 우든 감독이 말한 관점과 아주 유사하다고 생각해요. 감독님도 마지막 단계에 대해서는 단 한 번도 언급하지 않았으니까요. 그건 중요한 게 아니었어요. 당장 우리가 하는 일과 사실상 아무 상관없는 문제였죠."

일단 중립으로 내려가는 법을 배웠다면 이제 중립적 생각들을 유용하게 사용할 수 있다. 점수판은 쳐다보지도 않는다. 지금 즉시 해야 할 일을 결정하려고 노력한다. 과거에 이미 벌어졌던 일은 그냥 받아들인다. 그러나 미래가 정해져 있지 않다는 사실 역시 받아들인다. 먼저 부정과 무조건적 긍정이라는 양극단에서 가능한 한 멀리 떨어지기 위해 이동하는 법을 배워야 한다. 이것은 계속해서 중립적으로 살아가고 싶다면 반드시 익혀야 하는 가장 중요한 기술이다. 즉, '올바른 다음 단계'를 결정할 수 있어야 한다.

코리의 팀은 힘든 시즌을 치러나가면서 점점 더 훌륭하게 그 일을 해내고 있었다. 브루인스는 팀의 과거 경기들로부터 데이터를 수집, 분석해 중립적 관점에서 팀의 성공과 실패에 관한 토의를 거쳤다. 그런 토의의 목적은 경기 중 일이 생각처럼 풀리지 않을 때 재빨리 중립을 찾고 올바른 다음 단계를 위한 옳은 선택을 내리기 위함이었다.

코리는 2021년 1월 3일 오리건주 유진Eugene에서 그녀의 선수들이 이 기술을 완벽하게 실행에 옮기는 모습을 실시간으로 지켜봤다.

브루인스가 8승 0패 전적의 오리건과 맞붙은 상황이었다. 이 오리건주립대와의 경기는 코로나 방역 지침으로 한 번 취소되는 바람에 선수들이 2주 동안은 경기를 뛸 수 없었다. 그런 까닭에 UCLA 측 선수들과 코치진은 61 대 49로 패한 2020년 12월 21일 스탠퍼드와의 경기를 오랜 시간 분석할 수 있는 여유가 있었다. 브루인스는 4쿼터에 3점차로 좁히긴 했으나 그 경기에서 단 한 번도 우위를 점하지 못하면서 결국 난관을 극복하지 못했다. 나중에 코리와 선수들은 그 경기에서 스탠퍼드(결국 당해 시즌 전국 대회 우승 차지)가 더 강하고 더 단결된 팀이었음을 인정했다. 그러나 브루인스는 그 경기에서 잘 해내지 못한 모든 것을 분석할 수 있었다. 이미 벌어진 일에 대해서는 변명하지 않았다. 당시 그들은 리바운드에서 51 대 37로 열세였다. 리바운드 싸움에서 더 잘 해낼 여력이 있는 거였다. 스탠퍼드는 페인트 존에서 34점을 득점했다. 브루인스는 공이 안쪽으로 떨어졌을 때 골대 앞에서 손쉬운 득점 찬스를 놓치지 말아야 할 필요가 있었다.

유진에서는 UCLA 브루인스가 중립을 지킬 것이므로 더 강하고 단결된 팀이 될 것이다. UCLA가 4쿼터에서 무려 10점이나 앞선 상황이긴 했지만 오리건 덕스가 점수차를 좁히며 계속 매서운 공격을 몰아쳤다. 결국 경기 종료 2분 25초를 남겨놓고 UCLA를 2점차까지 따라잡았다. 곧 미디어 타임아웃이 시작돼 브루인스는 벤치 주변으로 모였다. 그때 가드를 맡고 있는 린지 코사로Lindsey Corsaro가 목소리를 높였다. "지금이 중립적 사고가 필요한 때야. 바로 지금 말이야. 우린 매일매일 훈련해왔잖아. 모두 지금 당장 스스로한테 '이 상황에서 내가 뭘 해야 할까?'를 물어봐."

리바운드가 중요했다. 그리고 수비 쪽에서 공을 뺏겼을 때는 자신이 맡고 있던 선수를 재빨리 바꾸는 것도 중요했다. 또한 UCLA가 큰 승리를 거두려면 미국이 자랑하는 브루인스 최고의 선수 미카엘라 오니엔웨이어Michaela Onyenwere의 손에 공이 들어가야 했다.

오리건이 자유투 2개를 성공시켜 동점을 만들었고 오니엔웨이어에게 드디어 기회가 왔다. 그녀는 3점슛 위치에서 몸을 일으켜 공을 날렸다.

실패였다.

하지만 오니엔웨이어는 공을 쫓아가 리바운드(이 경기에서만 10번째)를 잡았다. 그러고는 레이업슛을 성공시키면서 마침내 팀을 승리로 이끌었다. 22점을 넣은 UCLA 가드 카리스마 오즈본Charisma Osborne은 경기 후 브루인스가 오리건의 후반전 득점 공세에도 무너지지 않고 버틸 수 있었던 이유를 묻는 기자들에게 이렇게 대답했다. "우린 그 상황에 흔들리지 않았어요. 중립을 지키고 다음 플레이만 생각하자고 서로 이야기했어요."

이제 그다음 플레이란 것에 주목하자. 올바른 다음 단계를 선택했다면 당신은 충분히 승리할 수 있는 위치에 서 있는 것이다. 코리는 그 경기 이후로 앞으로 라커룸에서 "중립 사고!"라는 구호가 자주 들려올지도 모른다고 말했다. 그러니 중립적으로 생각하지 못하고 여전히 감정에 휘둘리는 사람은 그 '구호'를 한번 외쳐 보자.

린지 코사로가 팀원들에게 요청했던 질문은 우리가 일단 중립을 찾은 다음 스스로에게 물어야 하는 바로 그 질문이다. '이 상황에서 내가 뭘 해야 할까?' 이 질문은 문제의 핵심을 찌른다. 주의를 흩트리는 온갖 외부 요소도 차단한다. 다른 팀원들이나 상사 또는 자녀의 교사가 지금 뭘 하고 있는지는 이 질문과 아무런 관련이 없다. 그런 것들이 우리가 처한 상황에 궁극적으로는 영향을 끼칠 수도 있겠지만 어쨌든 그런 것들은 우리가 통제할 수 있는 문제가 아니다. 우리가 통제할 수 있는 것은 오직 우리의 다음 할 일뿐이다.

만약 당신이 과거에 심각한 건강상의 어려움을 경험했거나 또는 현재 경험 중이라면 아마 그렇지 않은 사람보다 내 이야기에 더 많이 공감할 것이다. 어떻게, 왜 그 일이 일어났는지 더 잘 파악하고 더 잘 해결하고자 하는 광범위한 욕구는 외부의 문제다. 나는 그런 질문들은 다른 사람에게 더 적합한 것이라고 생각한다. 그에 대한 답은 의사가 할 수 있는 것이다. 나는 좀처럼 그런 질문을 하지 않았다. 솔직하게 당신이 실제 통제할 수 있는 것이 무엇인가? 나는 내가 영향을 미칠 수 있는 것이 무엇인지 잘 알고 있다. 그것이 바로 나의 다음 단계다. 혈액검사라든가 회의, 운동, 검사, 치료, 화상회의 등등.

나는 내 감정을 제어할 수 있다. 내가 중립적으로 살아가는지 확인할 수 있는 사람도 나 자신이다. 나는 내가 제어할 수 있는 것들을 모두 모아놓고 가능한 한 내 통제하에 두려고 노력한다. 그리고 막강한 책임감을 느낀다. 나는 내 회사의 CEO이기도 하지만 나 자신의 CEO이기도 하다. 이렇게 한다고 해서 내가 직면한 상황에 대한 절박감이나 중압감이 줄어들지는 않는다. 생존을 위한 싸움이 축구 경기나 줌 회의, 벤처 사업과 같을 수 없다는 것은 안다. 그러나 바로 다음의 행동을 관리하는 일은 보편적 문제다. 경우에 따라서는 실행이 더 중요할 때도 있겠지만, 올바른 다음 단계를 확인하는 일은 성공의 가장 훌륭한 가늠자이다. 그렇게 올바른 다음 단계를 실행함으로써 어려운 상황을 이겨내고 그다음 단계에 도달했을 때의 만족감은 말로 표현할 수 없을 정도다. 그런 만족감은 쉽게 얻어지는 것이 아니다.

자, 그럼 이제 가상의 상황을 통해 다음 단계를 정하는 연습을 해보자. 매일 당신을 괴롭히는 끔찍한 직장 동료가 있다고 상상해보자. 오늘따라 유난히 야박하게 굴고 있다. 방금 이 사람 때문에 엄청난 모욕감을 느낀 당신은 지금 당장 다음에 해야 할 행동을 결정해야 한다. 우선 잘못된 물음의 예부터 보자.

- 이 사람이 나한테 왜 이럴까?

나중에는 이 문제를 진지하게 검토할 시간이 필요할 수도 있겠지만 지금 당장 이유는 중요하지 않다.

- 여기서 어떻게 벗어날 수 있을까?

당신의 깡패 동료와 마찬가지로 당신도 그곳에 머물 권리가 있다. 절대 그 일로 직장을 떠나선 안 된다.

• 내가 받은 모욕감을 그대로 되갚아주려면 무슨 말을 해야 할까?

일을 확대시키면 상황만 더 악화된다.

올바른 물음(이 가정뿐만 아니라 스트레스가 심한 모든 상황에서)은 바로 '이 상황에서 내가 뭘 해야 할까?'이다.

이 물음은 깡패 같은 동료를 당신의 의사결정 과정에서 최대한 배제시킨다. 당신이 신경 쓸 것은 당신 자신과 '당신의' 다음 행동이다. 당신이 마법으로 동료를 착해지게 할 수는 없지만 현재의 상황에 즉시 대처할 수는 있다. 즉 깡패 같은 동료에게 이렇게 말하는 것이다. "내가 이렇게 기분 나쁜 말을 들을 이유는 없으니까 이제 그만해요. 그만두지 않으면 증거를 모아서 상부와 인사처에 보고할 겁니다. 지금 일도 포함해서 말이에요."

이 세 문장으로 당신은 최대한 중립적으로 이 상황에 대처한 것이다. 상대방에게는 선택권이 주어졌다. 당장 행실을 개선할 것인지 아니면 깡패 짓을 계속할 것인지. 상대방이 후자를 선택한다 해도 당신은 이미 다음 단계를 계획해놓았다. 그러니 괴롭힘이 계속된다면 이제 어떻게 해야 할지 알게 됐을 것이다.

2020년에 나는 앞으로 어떻게 상황이 변할지 모르는 어려움 속에서 올바른 다음 단계를 선택하는 문제와 관련된 특별한 사례를 목격하게 됐다. 앨라배마, 조지아, 콜로라도에서 코치로 함께 일한 적 있는 멜 터커가 미시간주립대의 감독직을 수락했는데, 내게 팀의 멘탈 훈련을 도와달라고 부탁해왔다. 유례없이 복잡한 여러 상황들 때문에 멜은 가장 최악의 시기에 주요 대학팀 감독을 맡게 된 것이었다.

2020년 2월에 콜로라도 버펄로스Colorado Buffaloes의 감독으로서 첫 시즌을 마친 멜은 그의 두 번째 선수 영입 절차를 마무리 짓는 중이었다. 22년간 코치로서 전국을 누빈 끝에 처음 맡은 감독직이었다. 첫해에 5승 7패의 성적을 거둔 그는 좋은 선수들을 영입하고 있었으며 따라서 팀을 완전히 다른 팀으로 변신시킬 준비가 된 듯 보였다.

한편, 미시간주 이스트랜싱East Lansing에 위치한 미시간주립대 감독 마크 단토니오Mark Dantonio는 자신이 더 이상 영입 선수들의 선수 생명을 끝까지 책임져줄 수 있는 감독이 될 수 없음을 자각하고 있었다. 단토니오는 이제 은퇴를 하고 다른 사람에게 자리를 물려줄 때가 됐음을 깨달았다. 이런 종류의 결정은 보통 대학이 막 시즌을 끝낸 여러 후보들 중에서 새로운 감독을 물색하기 쉽도록 일반적으로 11월에 내려진다. 퇴임을 앞둔 감독이 볼 경기(bowl game, 대학 미식축구 포스트시즌 경기─옮긴이)까지 팀을 이끌며 유종의 미를 거둔 뒤 곧바로 매끄럽게 인수인계가 이루어지는 식이다. 미시간주립대의 경우, 단토니오 감독은 고교 선수가 주요 대학 미식축구팀 계약서에 서명하는 날인 '전국 서명의 날National Signing Day' 전날인 2월 4일에 퇴임이 예정돼 있었다. 이는 곧 이미 기존의 대학팀에서 신입 선수 구애 활동까지 마친 감독들 중에서 새 감독을 물색해야 함을 의미했다.

당연히 미시간주립대 미식축구팀을 이끌 만한 실력의 감독들 중에서 이런 상황에도 불구하고 기꺼이 자리를 옮길 만한 사람은 많지 않았다. 멜 역시 다르지 않았다. 그는 미시간주립대의 스파르탄스Spartans가 처음 접촉해왔을 때 제의를 거절하고 계속 콜로라도에 남기로 마음먹었다. 그러나 미시간주립대 측은 며칠 뒤 다시 연락을 해왔다. 이번에는 두 배가 넘는 연봉을 제시했다. 그리고 멜이 원하는 뛰어난 코치들을 데려와 다른 대학에 빼앗기지 않고 묶어둘 수 있을 정도의 엄청난 예산도 보장해주겠다는 것이었다. 게다가 멜이 팀을 새로이 이끌어가는 과정에서 필요한 모든 자원 역시 지원해주기로 약속했다. 1년 만에 콜로라도를 떠난다고 비난받을 게 뻔하다는 사실은 멜도 잘 알고 있었지만 이건 거절하기 너무 힘든 제안이었다. 더군다나 멜은 오하이오 주 출신으로 위스콘신에서 선수 생활을 한 사람이다. 기본적으로 그의 몸에는 빅텐 콘퍼런스(Big Ten Conference: 미시간주립대, 위스콘신대, 일리노이대 등 14개 대학 연맹 – 옮긴이)의 피가 흐르고 있었다.

결국 멜은 감독직을 수락했다. 다른 1년차 감독들과 달리, 신입 선수를 직접 선택할 수는 없었다. 그 선수들은 이미 단토니오 감독과 함께할 생각으로 서명을 마친 상태였으므로. 그는 아직 훈련에 중요한 시기인 비시즌 동안 운영할 체력 단련 프로그램을 마련하지 못한 상태였다. 춘계 훈련 기간에 즉흥적으로 모든 것을 준비하면서 새로 맡게 된 선수들을 파악하는 일에도 전력을 다해야 했다.

그런데 멜이 감독직을 수락한 지 한 달 정도가 지나고 또 춘계 훈련 시작을 4일 앞둔 시점에서 팬데믹으로 빅텐의 모든 스포츠 활동이 정지되었다. 춘계 훈련이 물 건너갔다. 비시즌 체력 단련 프로그램 역시 마찬가지였다. 그리고 이것은 드라마의 시작에 불과했다.

　6월에 선수들이 사회적 거리두기 지침에 따라 조정된 훈련을 위해 다시 돌아왔고, 빅텐에 속한 대학팀들은 그들만의 축소된 정규 시즌을 치를 계획으로 준비를 시작했다. 그런데 8월에 이 계획에 차질이 생겼다. 인디애나대학의 한 선수가 코로나19에 걸렸다가 회복된 뒤 심근염(심장 근육에 생긴 염증) 진단을 받은 것이다. 심근염은 모든 심각한 호흡기 감염의 부작용이긴 하지만, 빅텐 지도부는 코로나19의 상황이 나아질 것이라는 확실한 정보도 없이 미식축구 시즌을 밀어붙이기가 걱정스러웠다. 결국 2020년 8월 11일에 빅텐 대학 미식축구 시즌 중단이 결정됐다. 시즌은 무기한 연기됐다. 다시 시작한다 해도 이듬해 봄이나 돼야 할 것 같았다.

　이러한 때 신임 감독인 멜은 많은 과제를 안고 있었다. 아직 선수들에 대해 전부 파악하지 못한 상태였고 이는 선수들도 마찬가지였다. 게다가 계속 경기를 뛰고 싶었던 선수들은 시즌이 연기된 것에 화가 나 있었다. 또 다른 선수들은 캠퍼스에 남아 훈련을 계속하는 것에 불안을 느끼고 있었다. 자신이 코로나19에 감염되는 것도 싫었지만 가족 중 취약한 사람에게 병을 옮기게 될까 걱정됐기 때문이다. 실제 몇몇 선수들의 부모 또는 가까운 친지들 중에 증세가 심각한 사람들이 있었다. 한편 의학적 정보 및 방역지침은 매일 달라졌다. 절대 과장이 아닌 것이, 지난 몇 달간 멜은 자신을 비롯한 코치진이 끊임없이 바뀌는 방역지침을 잘 준수하고 있는지 각별히 신경을 써야만 했다.

그것도 미시간주와 잉엄카운티Ingham County, 미시간주립대학교, 빅텐, NCAA에서 각각 하달된 방역지침을 말이다. 멜은 코치진에게 계속 바뀌는 지침에 대해 따지지 말라고 입이 닳도록 말했다. 방역지침이 옳은지 나쁜지, 아니면 그저 그런지는 전혀 중요하지 않았다. "사실에 집중하자고. 선수들이 캠퍼스에 모일 수 있나? 안 돼? 그럼, 선수들이 집 주변에서 체력 단련을 할 수 있는 방법을 알아보자고. 체육 시설들은 전부 폐쇄됐을지도 모르니까. 선수들이 캠퍼스에 올 수 있게 되면 근력 운동을 해도 되나? 해도 되지만 사회적 거리두기 때문에 소규모로만 가능하다고? 좋아. 그럼 그대로 따라야지."

멜은 지침을 준수하면서 감염을 우려하는 선수들과 그 가족들을 안심시켜야 했고 그러는 와중에 잇따른 경기 취소로 팀 전력에 대해 충분히 알아볼 새 없이 새로운 선수를 영입하기 위해 노력하고 있었다(NCAA는 선수 영입 규칙에도 수시로 조정을 가했다). 여름 캠프도 중단되는 바람에 멜과 코치진은 다음 몇 해 동안 그들의 영입 대상이 될지도 모를 고교 선수들을 직접 만나 평가할 수 있는 기회도 잃어버렸다. 신임 감독이 해야 할 모든 일들이 멜에게는 허용되지 않았던 거다. 그러나 적어도 제대로 파악도 못한 팀을 데리고 한 시즌을 치러야 한다는 걱정은 없었다. 잠시 동안은.

2020년 9월 16일, 한 달 넘게 선수들과 부모들, 그리고 팬들의 불만 속에서 ACC와 빅12, NFL이 시즌을 그대로 진행하는 것을 지켜보던 빅텐 지도부는 그만 긴장이 누그러져 시즌 중단 결정을 철회해버렸다. 졸지에 빅텐 소속 팀들은 갑작스럽게 10월 24일에 시작하는 이번 시즌 동안 8경기를 치러야만 했다. 준비가 됐든 안 됐든 멜과 스파르탄스는 그대로 경기에 출전하게 됐다.

그들은 뒤죽박죽인 지침에 얽매인 채 기이하고 불완전한 상태로 비시즌 훈련 기간을 보냈다. 더군다나 코로나19 양성 판정 및 역학조사로 인해 선수들이 제대로 훈련에 임할 수도 없었다. 10월 24일 마침내 경기장에 들어선 그들의 상대는 빅텐의 최하위 럿거스Rutgers 대학 팀이었다.

멜의 첫 경기는 최악이었다. 럿거스 스칼릿나이츠Scarlet Knights는 터치다운을 위해 전력을 다했다. 미시간주립대 스파르탄스 선수들이 공을 놓친 사이 스파르탄스의 1야드 선에서 공을 잡은 럿거스가 몇 번의 플레이 끝에 득점에 성공했다. 그로부터 잠시 뒤 럿거스가 미시간주립대의 패스를 가로채 미시간주립대의 23야드 선으로 되돌렸고, 두 번의 플레이 후에 또다시 득점했다. 38 대 27로 패한 스파르탄스의 앞날에 빨간불이 켜졌다. 미시간주립대 팀은 결코 럿거스대 팀에 져서는 안 되었다. 그러나 그다음 주, 미시간주립대 쿼터백 로키 롬바르디Rocky Lombardi가 323야드를 던지며 스파르탄스가 숙적 미시간대를 27 대 24로 물리치자 어두운 앞날에 대한 두려움이 좀 가라앉았다. 잠시 위기감은 앤 아버Ann Arbor에 있는 미시간대학으로 옮겨갔다. 미시간대학 팀을 이끄는 베테랑 감독 짐 하보우Jim Harbaugh도 멜과 똑같이 힘든 시간을 보내게 된 것이다. 더군다나 그에게는 팬데믹이 덮치기 불과 몇 주 전에 감독으로 임명되었다는 핑곗거리도 없었다.

그러나 멜의 팀이 아이오와Iowa에 49 대 7로, 또 인디애나에 24 대

0으로 패하자 팀을 엄습했던 공포가 되살아났다. 인디애나전에서는 초반부터 고전을 면치 못했다. 1쿼터에서 미시간주립대의 패스를 가로챈 인디애나 후지어스Hoosiers가 필드를 질주해 터치다운을 성공시킨 것이다. 이어서 공을 점유한 스파르탄스가 놓친 공을 인디애나가 획득해 또다시 터치다운을 만들었다. 인디애나의 훌륭한 수비와 미시간주립대의 일관성 없는 공격을 볼 때, 이변이 없는 한 승리는 두 번 먼저 터치다운에 성공한 인디애나의 것이었다. 갑자기 미시간대학을 물리친 후 얻었던 모든 추진력이 사라져버렸다.

도대체 어떻게 된 일인가? 미시간대학 울버린Wolverines과의 경기에서는 스파르탄스가 그저 운이 좋았단 말인가? 그다음 상대는 노스웨스턴대학 팀이었다. 멜의 팀이 정상궤도를 찾으려면 대등한 경기가 절실했는데 노스웨스턴대학은 너무 벅찬 상대였다.

노스웨스턴대학 와일드캣츠Wildcats는 5승 0패를 기록 중이었고 이제 막 위스콘신대학을 물리쳐 빅텐 서부 지구 우승에 바짝 다가가 있었다. 그때까지 미시간주립대학이 만나본 상대 중 단연코 최강이었다.

추수감사절 이틀 전, 멜은 기자로부터 노스웨스턴대학과의 경기에 대한 질문을 받았다. 멜의 답변 속에는 지금쯤이면 당신에게도 익숙할 단어가 들어가 있었다. "우리 선수들과 코치진은 지금의 환경에서 매일매일 훈련, 연습, 실전, 그리고 지도를 계속하며 뉴노멀에 대처하기 위해 엄청난 노력을 기울여왔습니다. 우리는 중립을 지켜왔습니다. 사실과 진실이 뭔지 잘 알고 있습니다. 정보는 충분히 가지고 있습니다. 어떻게 해야 미식축구팀으로서 연습과 실전에 나설 최고의 기회를 얻을 수 있을까요?"

멜이 한 말에서 "연습과 실전"에 주목해보자. 때로는 연습만으로도 전력을 다한 것처럼 여겨지기 때문이다. 그러나 멜은 스파르탄스를 단결된 팀으로 만들기 위해 최선을 다하고 있었다. 감독 교체 시기 때문에 공동체 문화를 형성할 수 있는 소중한 기회를 놓쳐버렸고 팬데믹 때문에 더 중요한 기회를 빼앗긴 것이 문제였다. 이제 멜은 유대감에 있어 전국 최고라 해도 과언이 아닌 팀을 상대로 자신의 팀을 내보내야 하는 처지에 몰려 있었다.

노스웨스턴대학의 미식축구팀인 와일드캐츠는 최고 실력의 신입 선수들을 데리고 있진 않아도 명장 팻 피츠제럴드^{Pat Fitzgerald}가 2001년부터 모교에서 팀을 이끌고 있었다. 그는 필드에서 뛸 선수와 라커룸에 머물러야 할 선수를 정확히 골라낸다. 와일드캐츠는 거의 100년 전부터 선배 선수가 후배 선수에게 올바른 다음 단계를 가르치는 방식으로 팀을 운영해왔다. 그게 바로 와일드캐츠가 꾸준히 기대를 넘어서는 경기력을 보여줄 수 있는 이유이다.

멜이 이스트랜싱에서 구축하고 싶은 것도 바로 그것이다. 자신이 한동안 팀을 이끌고 나서는 스파르탄스도 그러한 루틴을 갖추게 되길 원했다. 멜은 "성공하고 싶다면 하루도 빠짐없이 이행하는 특별한 것이 있어야 합니다. 거기에는 선택의 여지가 거의 없죠"라고 말했다. 심지어 "선택이라고 착각할 뿐입니다"라는 말까지 덧붙였다. 멜이 이스트랜싱에서 몇 년을 보내고 난 후에는 그의 선수들도 올바른 다음 단계를 잘 알게 되고, 그러면 그의 말처럼 사실상 선택이 아닌 선택에 대해서 올바른 결정을 내릴 수 있게 될 것이다.

그러나 멜에게는 지금 당장 과정과 한정된 선택에 관한 자신의 주장이 결국엔 결실을 맺게 될 것이라는 확신을 그의 팀에게 심어줄 수 있는 계기가 필요했다. 그래서 멜은 영상 자료를 분석해 진실을 찾아냈다. 인디애나전의 전반전에서는 점수가 보여주듯이 끔찍할 정도로 경기 운영이 형편없었다. 하지만 후반전에서는 좀 달랐다. 스파르탄스는 후지어스와 0 대 0으로 비겼다. 후반에서는 미시간주립대의 수비가 인디애나대학의 공세를 플레이당 3.3야드로 막아냈다. 그것은 괜찮은 정도가 아니었다. 아주 훌륭했다. 어떤 경기에서든 우리가 잘한 부분이 있고 우리는 그 부분을 기반으로 발전할 수 있다. 어떤 일에서든 완전한 패배란 없다는 것이다.

멜은 스파르탄스의 다음 단계를 그 후반전 수비 전술에 걸어 보기로 했다. 시즌 전체를 망칠 수는 없었다. 미시간주립대학 팀에 여러 가지 약점이 있긴 했지만 경쟁력 있는 부분에서는 충분히 분발할 수 있었다. 그 분발 요소를 계속 확장시켜 결국 승리를 만들어내는 것이 멜의 전략이었다.

멜은 내가 능력의 단계를 설명해놓은 책《성공의 조건》의 한 부분을 떠올렸다. 아마도 당신이 알고 있는 능력의 단계는 다음과 같을 것이다.

- 무의식적 무능: 자신이 성공하는 법을 모른다는 것을 의식하지 못하는 상태.

- 의식적 무능: 자신이 성공하는 법을 모른다는 것을 의식하고 있는 상태.
- 의식적 유능: 현재 성공하고 있지만 제대로 능력을 발휘하기 위해서는 의식적으로 집중해야 하는 상태.
- 무의식적 유능: 전혀 의식하지 않고도 능력을 성공적으로 발휘하는 상태.

스포츠 분야에서 성공하려면 굉장히 많은 의식적 반복이 요구되기 때문에 이 단계가 그대로 적용되지는 않는다. 따라서 중립적 삶이 요구되는 세상에서는 마지막 두 가지 유형이 다음과 같이 달라진다.

- 무의식적 유능: 성공할 수 있는 능력이 있지만 자신이 언제, 왜 성공하는지 잘 모르는 상태.
- 의식적 유능: 성공하기 위한 방법을 알고 그것을 반복적으로 이행할 수 있는 상태.

인디애나전의 후반전 영상을 반복해 관찰하던 멜은 자신의 팀이 '무의적으로 유능한' 유형에 속한다는 사실을 발견했다. 그런데 스포츠에 있어 무의식적 유능의 장점은 일단 성공했을 때(설사 자신이 성공한 이유를 모른다 해도) 나중에 녹화된 영상을 철저히 분석하면 자신이 특정 상황에서 왜 성공했는지를 정확히 알아낼 수 있다는 점이다. 멜은 수비라인이 종종 굳건히 버텨주는 것을 눈으로 확인했다. 그리고 수비 라인맨들이 공격 지점을 봉쇄했을 때 경기 중 의사소통을 통해 공격의 틈을 눈치챈 라인배커들이 좋은 움직임을 보여주는 것도 확인했다.

멜은 의도적으로 부정적인 생각을 회피했다. 선수들은 인디애나 전에서 완봉패를 당한 사실을 이미 잘 알고 있다. 그것에 위축될 필요는 없었다. 멜은 긍정적인 생각 역시 피했다. 이길 수 있다는 믿음 하나로 스파르탄스에게 와일드캐츠를 이길 수 있는 능력이 생기는 것도 아니었다. 그의 팀에는 계획이 필요했다. 그리고 그 계획은 팀이 잘하는 것을 반복적으로 강화해나가는 것이었다. 선수들이 의식적 유능을 향해 한 단계 한 단계씩 발전할 것이라는 희망을 가지고서 말이다.

이 계획을 시험해볼 수 있는 최초의 기회는 노스웨스턴대학의 첫 번째 드라이브 때 찾아왔다. 와일드캐츠는 꽤 수월하게 공을 이동시켜 스파르탄스의 20야드 선 안까지 진입했다. 3번째 공격 2야드 상황에서 1야드 더 전진했다. 피츠제럴드 감독은 4번째 공격 1야드에서 공격을 시도하기로 결정했다. 그는 승기를 잡고자 했다. 그러나 승기를 잡은 것은 스파르탄스였다. 스파르탄스의 수비수들이 와일드캐츠의 공격라인을 뚫었고 세 명의 선수가 모두 쿼터백을 향했다. 와일드캐츠의 아이제이아 바우저Isaiah Bowser가 공을 건네받았으나 기회는 오지 않았다. 스파르탄스의 라인배커 앤투안 시먼스Antjuan Simmons가 수비라인에 생긴 틈으로 재빨리 움직여 바우저의 득점 시도를 봉쇄했다.

두 번의 플레이 후에 롬바르디가 75야드 터치다운을 위해 왼쪽 사이드라인의 제일런 네일러Jalen Nailor에게 공을 던졌다. 스파르탄스는 가로챈 공을 두 번이나 필드골 득점으로 연결시켰고 상대 팀이 놓친 공을 획득해 터치다운으로 성공시키면서 마침내 와일드캐츠를 상대로 29 대 20으로 승리했다.

멜이 옳았다. 경기 내내 스파르탄스의 수비는 인디애나전 후반전에서의 성공 전술을 반복해 재현해냈다. 그 결과 승리를 거두었으며 이를 계기로 선수들은 끔찍한 그해 시즌도 전적으로 가치 없는 것은 아니라고 믿기 시작했다. 이 승리는 멜이 미시간주립대에서 구축하게 될 훈련 프로그램의 토대가 되었다. 그래서 스파르탄스가 그다음 주에 개최된 최강팀 오하이오주립대와의 경기에서도 승리했을까? 그럴 리가. 52대 12로 졌다. 그러나 오하이오주립대 미식축구팀은 빅텐 우승, 슈거볼Sugar Bowl 우승, 그리고 전국 대회 타이틀까지 노리는 팀이었다. (그리고 빅텐 결승전에서 노스웨스턴대는 오하이오주립대에게 미시간주립대와의 경기 때보다 훨씬 더 무서운 경기력을 보여줬다.)

멜이 감독을 맡은 첫해에 스파르탄스를 우승팀으로 만들 거라 기대한 이는 아무도 없었다. 그러나 그들이 인디애나전에서의 대패에 이어 노스웨스턴전에서도 무기력한 경기력만을 보여줬다면 멜이 과연 스파르탄스를 다시 영광의 길로 이끌 만한 적임자인지에 대해 많은 이들이 의문을 제기했을 것이다. 그러나 멜은 침착하게 중립을 유지했다. 올바른 다음 단계를 선택했다. 그리고 스파르탄스가 감독을 신뢰하는 한, 더 밝은 미래가 그들을 기다리고 있음을 입증해냈다.

4장

가치관을 점검하라

스타 쿼터백 러셀 윌슨은 NFL 선수 생활 내내 자기주장이 강하지 않은 사람으로 유명했다. 그것은 러셀 자신이 의도한 바였다. 선수로서의 성공이 자신을 대변하는 것으로 충분했다.

그러나 2020년 여름, 러셀은 더 이상 가만히 있지 않겠다고 마음먹었다. 조지 플로이드George Floyd가 미니애폴리스 경찰에 의해 연행되던 중 사망하는 일이 벌어진 뒤로 전국적 시위가 이어졌고 러셀은 자신도 무언가 목소리를 내야 한다고 생각했다. 그래서 자신의 SNS에 분노와 두려움이 담긴 글을 올렸다. 러셀은 그보다 두 세대나 앞선 할머니가 자식들에게 가져야 했던 걱정을 자신이 똑같이 하고 있다는 사실에 슬퍼했다. 그의 트위터에는 "우리 할머니가 내 아버지를 비롯해 다른 자식들의 인생을 걱정하며 사셨는데 제가 지금 그러고 있네요. 제 아이들의 인생이 너무 걱정이에요. 아이들의 그 아름다운 초콜릿색 피부 때문에 말입니다"라고 적혀 있었다.[1]

그리고 곧바로 열린 기자회견에서는 더욱 큰 목소리를 냈다. 그는 버지니아주 리치먼드에서의 어린 시절을 묻는 기자의 질문에 답했다. 아이비리그 출신 변호사였던 러셀의 아버지는 러셀에게 도둑으로 의심받지 않으려면 주머니에 손을 넣고 있지 말라고 가르쳤다. 그 당시 러셀은 나중에 자신의 아이들에게까지 그런 식의 교육을 해야만 할 거라고는 생각하지 못했다. 그런데 이번에 화상으로 진행된 기자회견에서 러셀은 그런 교육의 필요성을 절감한 사건이 있었다고 밝혔다. 아직 아이가 생기기 전인 5년 전 캘리포니아 남부의 어느 식당에서 말이다.

2015년 초였다. 몇 주 전에 러셀의 시호크스는 제49회 슈퍼볼에서 패트리어츠에게 패배를 맛보았다. 러셀은 시애틀 시호크스의 세 시즌 연속 슈퍼볼 진출을 위한 노력의 일환으로 캘리포니아 남부에 훈련 장소를 마련했다. 장소 선택에 도움을 준 사람은 나였는데 아주 완벽하게 근사한 곳처럼 여겨졌기 때문이었다. 어느 날 아침, 우리는 식사를 하기 위해 러셀이 임차한 집 근처에 위치한 한 식당으로 들어갔다. 굉장히 오래된 곳 같았고 백인들만 있었지만 1952년의 앨라배마도 아니고 2015년의 캘리포니아였기에 우리는 별다른 생각은 하지 않았다. 그런데 뷔페 줄에서 차례를 기다리는 러셀에게 바로 뒤에 서 있던 한 백인 남성이 오더니 "여긴 당신이 올 데가 아니에요"라고 말을 걸었다. 처음에 우린 그 남자가 장난치는 줄 알았다. 라이벌 팀 선수를 보니 지분거리고 싶어진 포티나이너스⁴⁹ers의 팬인가 보다 생각했다. 그러나 곧 장난이 아님이 분명해졌다. 이 백인 남자는 2015년에도 흑인이 자신과 같은 식당에 있는 게 정말로 싫어서 말을 건 것이었다. 러셀은 그냥 그의 말을 무시하고 음식을 덜어 자리로 돌아왔다.

우리 일행은 세 명이었는데 말은 안 해도 속은 부글부글 끓고 있었다. 말문이 막혔다. 방금 벌어진 일이 영 믿기지 않았다. 21세기 미국에 아직도 이런 말을 하는 사람이 있다니. 결국 러셀은 참지 못했다. 자리에서 벌떡 일어난 그는 그 백인 남자에게 걸어갔다.

"나한테 아까 한 말 너무 무례한 거 아닙니까? 당신이나 나나 똑같이 여기 있을 권리가 있어요."

나는 식당 이름은 공개하지 않을 생각이다. 당시 식당의 직원들은 이 소란에 매우 신속하고 프로답게 대응했었다. (그리고 분명히 그 백인 남자의 생각에 동조하지 않았다.) 그러나 이 일은 러셀에게 굉장한 충격을 안겼다. 나도 무척 충격을 받아서 그에게 해줄 말이 도무지 떠오르지가 않았다. 불행히도 이 일이 러셀에게 어린 시절 아버지의 가르침을 다시 상기시키고 말았다. 우리가 그 시절에서 크게 벗어나지 않은 세상을 살고 있음을 깨닫게 한 것이다. 2020년 기자회견 중 이러한 일화를 공개한 러셀은 "그때의 일로 저는 정말 괴로웠어요. 현실은 여전히 달라진 게 없어요"라고 말했다.

러셀은 그 기자회견 전에는 그때의 소란에 대해 단 한마디도 언급한 적이 없다. 그럼 왜 뒤늦게 말을 꺼냈을까? 바로 자신의 가치관에 따라 살고자 했기 때문이다. 러셀은 자신의 아이들이 그런 편견을 겪지 않아도 되는 세상을 원했던 것이다. 그리고 그건 그에게 굉장히 중요한 문제였다. 그래서 미식축구가 아닌 문제에 대해서는 여간해선 입을 열지 않는 그였지만 이번에는 목소리를 내기로 결심했던 것이다. "저는 제 아이들이 밖에 나갈 때마다 그런 무거운 짐을 짊어지지 않아도 되는 세상에서 자라게 되길 간절히 희망합니다." 러셀의 말이다.

우리는 때때로 스스로의 가치관에 따른 삶을 살고 있는지 점검해볼 필요가 있다. 그러한 삶이야말로 진정으로 중립을 유지하기 위한 유일한 방법이기 때문이다. 만약 자신이 그러한 삶에서 벗어나 있다면 스스로 내린 결정과 행동일지라도 그것이 옳은 것이라고 느껴지지 않을 것이다. 그런 결정과 행동이 목표 달성에 도움이 될 턱이 없다. 가치관이란 우리가 평생 습득해온 정보를 기초로 형성된, 삶의 어느 한 순간에 우선시하게 되는 그 무엇을 말한다. 우리는 의식적으로든 무의식적으로든 그것을 기준으로 삼고 있다. 대개 사람들이 성공 또는 실패의 이유로 가치관을 들먹이는 걸 좋아함에도 불구하고, 사실 '옳은' 가치관이란 존재하지 않는다. 가치관은 우리 안에 존재하면서 우리의 결정을 이끄는 것이다. 그것은 부유함일 수도 있고, 건강이나 종교, 신념, 가족, 성공, 탐욕 또는 성장일 수도 있다. 그것은 우리의 사회화 과정에서 계속 변하지만 대체로 일단 형성되고 나면 우리의 현재와 미래를 위한 결정을 조종하게 된다. 본질적으로 가치관은 우리가 중요하다고 믿는 어떤 것이다.

중립적 행동에 있어 가치관은 매우 중요하다. 우리가 알고 있든 모르고 있든 늘 우리의 과거와 현재의 행동을 이끌고 있기 때문이다. 가치관은 우리의 행동을 조종하면서 궁극적으로 어떤 사람이 될지 결정한다. 생각해보면 좀 오싹하기도 하다. 신경과학자 조 디스펜자Joe Dispenza에 의하면, 스스로의 가치관을 자각하는 것이 아주 중요하다고 한다. 그렇지 않으면 삶이 '반복된 행동'의 연속(매일 똑같은 날의 연속)이 돼버릴 수도 있다는 것이다. 매일 똑같은 가치관이 똑같은 생각을 하게 하고 똑같은 생각은 똑같은 결정으로 이어진다. 그리고 그 똑같은 결정은 똑같은 행동을 낳고, 결국 똑같은 행동으로는 늘 똑같은 결과밖에 얻을 수 없는 것이다. 우리는 행동을 교정함으로써 이 순환을 끊어버릴 수 있다. 하지만 먼저 우리를 조종하는 것이 무엇인지 알아야 한다.

나는 1994년에서야 비로소 진정한 인생의 쓴맛을 알게 되었을 정도로 꽤 행복한 어린 시절을 보냈다. 대학 신입생 때 대상포진에 걸렸는데 그것 때문에 면역 체계에 문제가 생겨 학교를 휴학해야 했고 궤양성 대장염(2019년부터 나를 괴롭히고 있는 의학적 문제의 단초가 됐을지도 모른다)까지 생겼었다. 그 일로 그해 여름 나는 깊은 상념에 사로잡혀 보내야 했다.

그 이전까지의 삶은 평탄하기만 해서 나는 확실히 무의식적으로 내 가치관에 의해 자동 조종되는 삶을 살고 있었다. 그러나 그해 여름의 깊은 상념은 내가 통제권을 갖고 그때까지 살아온 방식과 이유를 검토하도록 만들었다. 그때 나는 내 삶의 궤도를 수정함으로써 앞으로 나에게 일어날 일들을 스스로 통제할 수 있기를 바랐다.

그로부터 25년이 흐른 2019년 9월의 바로 그날에도 나는 똑같은 기분이었다. 병원을 다니면서 온전히 일 년 동안은 축구와 농구를 쉬어야 한다는 사실을 알고 난 후, 나는 치료와 신체 건강에 있어서는 옳은 길을 가고 있다는 결론을 내렸다. 이제 다음 문제는 건강한 정신을 되찾는 일이었다. 내가 처음으로 대장 내시경 검사를 받고 돌아온 날, 내 방 창문에 "미래는 나 자신에게 달려 있다"라는 아버지의 메모가 붙어 있었다. 그랬다. 내 인생에 나보다 큰 영향을 미칠 사람은 없다. 내가 아주 어린 시절부터 내 안에 깊이 각인된 이러한 원칙들을 가지고 자랐다는 데 아주 감사한 마음이 들었다. 나는 내 대학 첫해가 내게 남긴 물음에 대한 진지한 해답을 찾기 위해 계획을 세우기 시작했다. (아직 확실하게 정립되지 않은 가치관을 형성하는 곳이 바로 대학이다.) 내게 중요한 것이 무엇인지 결정할 필요가 있었다.

'나는 왜 교회에 다닐까? 내가 믿는 건 뭐지? 열아홉 살인데 어째서 절제된 삶을 살아야 하지? 졸업을 하고 싶은데도 좀처럼 학업에 집중할 수 없는 이유가 뭘까? 나한테 중요한 게 도대체 뭐야?'

나는 이런 물음들에 대해 도통 답을 할 수 없었다. 일일이 다 조사를 해야만 알 수 있을 것 같았다. 이상하게 들리겠지만, 그래서 나는 농구 캠프에서 일하면서 아주 철저한 검토에 들어갔다.

내 첫 계획은 높은 수준의 신체 기능을 유지하는 일이었다. 그래야 대학 스포츠팀에 복귀했을 때 금방 적응할 수 있을 테니 말이다. 내가 찾은 답은 NBC 캠프였다. NBC에는 두 가지 의미가 있었는데 북서부 농구 캠프Northwest Basketball Camps와 북서부 성경 캠프Northwest Bible Camps였다. 태평양 연안 북서부 지역 출신의 선수들이 참여하는 이 캠프에는 NCAA와 NAIA(미국대학선수협회) 소속 남녀 대학 선수들 수십 명이 지도자로 일하고 있었다. 그들 지도자(나도 그들 중 하나였다)의 목적은 여름 방학 동안 계속 경기 감각을 유지하면서 타인을 돕고 또 기독교 신앙심을 기르는 것이었다. 대학팀 동료나 고교 시절 AAU(아마추어선수연합)에서 활동한 친구와 함께 온 선수들이 대부분이었다. 아이다호에서 열린 이 3주간의 캠프에 나는 홀로 참가했다. 이곳에 내가 아는 사람은 단 한 명뿐이었다. 센트럴워싱턴대학교Central Washington University의 남자 농구팀 감독 길 콜먼Gil Coleman으로, 내 아버지의 친구이자 아버지의 캠프에서 내가 성장하는 모습을 지켜본 사람이었다.

이 캠프는 내게 그야말로 낯선 곳이 주는 신선한 충격을 안겼다. 전에도 캠프에서 일해본 적은 있었지만 이런 곳은 처음이었다. 농구 선수로서의 성장과 기독교인으로서의 성장이 동등하게 중시되는 곳이었다. 매일 아침 6시부터 7시까지 성경 공부를 하고 나서 각 시설로 흩어져 훈련 준비를 했고 이후 몇 시간 동안 농구 연습을 지도했다. 저녁에는 친목을 나누면서 간증 시간을 가진 뒤 저녁 식사를 했다. 즉석이지만 꽤 격렬한 농구 경기가 후식이었다.

천주교 신자인 나는 성경을 들고 가진 않았다. 나도 한 권 가지고 있긴 했지만 신앙은 아주 사적이고 은밀한 것이 아닌가. 지도자로 참여하긴 했지만 나는 여기 모인 사람들과 전혀 다른 사람이었다. 해박한 성경 지식을 바탕으로 편안한 대화를 주고받는 이들의 모습을 보고 색다른 흥미를 느꼈다. 처음 일주일간 나는 그저 가만히 앉아서 듣기만 했다. 어쩐지 부끄럽기도 하고 굉장히 어색한 기분에 휩싸인 채로.

농구 시간은 역시 즐거웠다. 나는 캘리포니아주립대학 프레즈노 스테이트Fresno State의 가드인 브랜던 바키Brandon Bakke 같은 대단한 친구들을 알게 됐고 저녁에는 아이들을 위해 짧은 연극도 했다. 사교성을 기르면서 운동도 하고 모든 것이 만족스러웠지만 내 가치관에 대한 궁금증은 점점 커져만 갔다.

나는 그 답을 샨 퍼치Shann Ferch의 주도로 진행된 어느 토론회에서 찾았다. 몬타나에서 고등학교 시절부터 이름을 떨친 샨은 몬타나주립대학에서 선수 생활을 하다가 페퍼다인대학Pepperdine University으로 자리를 옮겼다. 이후 독일에서 프로 선수로 활동했었고 지금은 워싱턴주 스포캔Spokane에 위치한 곤자가대학교Gonzaga University에서 리더십 연구 교수로 재직하고 있다. 샨은 소설과 시집도 여러 권 집필했으며 학술지 편집도 하고 있다. 그는 정말 대단한 사람인데 아마 과거 캠프에서 나와 만났던 사실을 기억하고 있진 않을 것이다. 그러나 나는 샨을 분명히 기억하고 있다.

샨은 캠프의 어느 토론회에서 '열렬한 신앙과 함께하는 경기'를 주제로 이야기한 적이 있다. 샨에게 경기는 (결과의 좋고 나쁨을 떠나서) 신앙과 관련된 문제였다. 샨은 그 자신보다 훨씬 심오한 주님의 의도가 존재한다고 믿기 때문에 경기의 승패에 초연할 수 있으며 성경에서 많은 해답을 찾았다고 말했다. 당시에는 그의 말을 하나도 알아들을 수 없었다. 그때까지 단 한 번도 신앙을 운동과 연결지어 생각해본 적이 없었기 때문이다. 경기 전후로 기도해본 경험은 수없이 많았어도 신앙을 경기의 일부로 생각했던 적은 단 한 번도 없었다.

샨의 말을 듣고 보니 그가 몹시 부러웠다. 대학 농구를 하면서 나는 마음에 큰 상처를 입을 때가 많았다. 매 경기를 앞두고 두려웠을 정도로. 경기 중에도 두려움은 사라지지 않았다. 두려움에 대한 회피 심리는 나를 코트에서 주저주저하는 선수로 만들었다. 그런데 샨은 전혀 그렇지 않았던 것이다. 물론 샨의 농구 실력은 나보다 훨씬 뛰어났지만 우리를 가른 것은 실력이 아니었다. 샨의 신앙심이었다.

캠프에서 2주가 지난 어느 날, 나는 간이 농구 시합이 끝난 후 샨을 따로 불러냈다. 그의 비법을 알고 싶어서였다. 샨의 해답은 '순명'이었다. 자신은 경기의 결과나 외적인 이익을 내려놓았다는 것이다. 나도 그러고 싶었다. 그래서 노력했다. 캠프에서의 성경 공부 시간을 즐겼고 공부가 끝나면 새사람이 되어 걸어 나왔다. 하지만 그런 다짐은 몇 시간 만에 사라져버리곤 했다. 나도 샨처럼 '주님을 위한 경기'를 하려고 애를 썼지만 어쩔 수 없이 여러 날을 우왕좌왕했다.

그 여름에 앞서 내가 옥시덴털대학에서 뭔가 성취한 일이 있다고 한다면, 그건 홀로 맬컴 엑스Malcolm X에 관해서 깊이 파고들었던 일이다. 그 사람과 그의 성장 및 리더십을 향한 내 존경심은 오늘까지도 여전히 내 마음 속에 살아 있다. 나는 그의 수많은 연설을 찾아봤고 그의 여정에 깊은 감동을 받았다. 나의 그 독자적 연구와 기독교 농구 캠프

사이에 어떤 연결점이 있을 것이라고는 꿈에도 생각해본 적이 없었지만 실제로 그 둘이 교차하는 일이 일어났다. 내가 NBC 캠프에 참여한 지 마지막 6주째에 접어든 어느 날 아침, 성경 공부 중에 한 발표자가 기독교 신앙의 기본 교리를 받아들이지 않는 사람은 천국에 갈 수 없다는 말을 꺼냈다. 나는 캠프에서 알게 된 이 젊은 목사를 붙들고 맬컴 엑스에 관해 이야기를 나눴다. 미국 역사에 있어 맬컴 엑스가 얼마나 중요한 존재인지에 대해서는 그도 공감했다. 그러나 그는 맬컴 엑스가 천국에 가지는 못했을 거라고 덧붙였다. 나는 깜짝 놀랐다. 나한테는 말도 안 되는 소리였으니 말이다.

그해 늦여름에 학교로 돌아간 나는 불교, 도교 외에도 서아시아의 여러 종교에 관한 강의를 들었다. 배우면 배울수록 점점 더 혼란스럽기만 했다. 그러다 대학 3학년이 되기 전 고향에 잠시 머무르는 동안에 마침내 뭔가 명확한 실마리를 찾은 것 같았다. 마법(어쩌면 신의 섭리였는지도 모른다)처럼 그때 그 젊은 목사와 다시 만나게 된 것이다. 그는 샌타클래라대학Santa Clara University에서 한때 축구 선수로 활동한 적이 있을 만큼 만능 스포츠맨이었다. 그리고 내가 과거 몇 달간의 내 여정을 편하게 공유할 수 있는 몇 안 되는 사람 중 한 명이기도 했다. 그래서 어느 날 나는 그와 농구를 하다가 불쑥 캠프 이야기를 꺼냈다. 열렬한 신앙이 함께하는 경기를 해보려고 노력했지만 잘 되지 않는다고 말이다. 맬컴 엑스와 천국에 대한 이야기도 꺼냈다. 그리고 학교에서 다른 여러 종교들도 연구를 해봤지만 내가 뭘 믿고 있는지에 대해서 전보다 더 혼란스러울 뿐이라고 털어놓았다. '대체 어떻게 해야 그렇게 할 수 있는 걸까?' 후회는 없었지만, 나는 여전히 스스로 제기한 물음들에 대한 답을 찾지 못하고 있었다. 캠프에서 만난 그들처럼은 되지 못할 것 같았다. 그들이 진심으로 부러웠다. 너무도 확신에 찬 그들 모습이. 자신에게 중요하고 토대가 되는 것이 무엇인지에 대해서 나보다 더 많은 답을 찾은 것 같은 수많은 또래들과 인연을 맺을 수 있었던 점은 너무 감사했다. 그러나 정작 나 자신은 여전히 홀로 답을 찾아 헤매고 있었다. 공을 튀기고 있던 그가 갑자기 멈춰 섰다. 그러고는 내 눈을 응시하며 그때까지 내가 들어본 말들 중 가장 심오한 말을 하기 시작했다.

"그 질문들 속에 인생이 있는 거야, 트레버. 의문을 품는 건 좋은 거야. 그런 질문들을 하려면 정신적으로 많이 힘들겠지만, 네가 옳아."

나는 순간적으로 멍해져서 고개만 끄덕였다.

"정말이야. 내 경우에는 내가 찾는 모든 질문에 대한 해답이 성경 속에 있었어. 전부. 그냥 그게 너한테는 아닌 거야. 이제 너도 확실히 알잖아. 그리고 네가 스스로에 대해 알고자 하는 것은 이 세상에서 찾아야지. 어떤 학교에서도 그런 것을 가르쳐주지는 않아."

나는 다시 고개를 끄덕였다.

그는 계속 말을 이어갔다. "확실한 건 너에게 중요한 개인적 가치를 찾아서 그것을 지키며 살아가야 한다는 거야. 그게 바로 생각과 행동이 정돈되고 일치된 삶이지. 그렇게 하면 삶의 토대가 튼튼해지고, 또 스스로 설정한 길에서 벗어나지 않고 살아갈 수 있게 되는 거야. 그러면 설사 건강이 악화되는 일이 생긴다 해도 꿈과 목표를 향해 달려가는 자신을 막을 수는 없을 거야."

바로 그거였다.

내 인생에 있어 아주 중요한 순간이었다. 마치 시궁창에서 빠져나온 듯한 기분이었다. 이 일을 계기로 나는 더 나은 행동, 성공할 수 있는 행동을 할 수 있게 됐다. 우리가 이 책을 통해 탐구하고자 하는 행동이 바로 그것이다. 위대함과 실패는 서로 공존하고 있었다. 대학 농구 1부 리그에서 활동하던 샨 퍼치에게 중요했던 가치는 완전한 순명이었다. 샨은 승패가 아닌 자신만의 이유로 경기에 임했기 때문에 승패의 중압감을 잊을 수 있었던 것이다. 그 방법은 나한테는 효과가 없었다. 그러나 내게 맞는 방법이 무엇인지 찾으면 되는 거였다.

그 여름이 끝나갈 무렵 나는 내 가치관을 찾아냈다. 내게 중요한 것이 무엇인지 알아낸 것이다. 학문적 성취가 중요했다. 운동이 중요했다(꼭 선수로서의 성공은 아니었다). 다재다능한 사람이 되고 싶었고 정신 건강도 중요했다. 내 인생에서 나에게 힘을 북돋워줄 선한 사람들과 관계를 맺는 일도 중요했다. 그런 사람은 어떤 사람일까? 나의 자질을 빼앗고 이용하는 게 아니라 오히려 향상시켜주는 사람을 말한다. 샨은 자신에게 효과가 있는 방법을 잘 알고 있었다. 나도 시행착오를 거치긴 했지만 결국 내게 효과적인 방법을 알아냈다.

그 일을 겪은 뒤로 내 세상은 훨씬 더 넓어졌다. 내 앞길에 어떤 일(좋든 나쁘든)이 있더라도 이제 나는 훨씬 더 견고한 디딤돌 위에 서 있을 수 있었다. 이후의 대학 생활에서도 내가 매일매일 나만의 가치들을 계속 탐구함에 따라 이전과는 비교도 할 수 없을 만큼 발전해나갈 수 있었다. 무엇보다도 내가 내 가치관에 따라 살아갈 수 있게 됐다는 점이 중요했다.

비단 개인뿐만 아니라 팀이나 단체, 기업, 국가에 있어서도 가치관은 정체성의 주축을 이룬다. 가치관에 종교적 신념이 포함돼 있기도 하지만 또한 세속적 신념이 포함될 수도 있다. 가치관은 우리가 어떤 일을 왜 하는지에 관한 우리의 신념을 정의한다. 정체성이 흔들리는 상황에 처하게 되면 우리는 매우 불안정한 상태가 될 수 있다. 그럼 어떻게 극복해야 할까? 자신의 가치관을 돌아보고 재정립하라. 아무나 할 수 없는 일이다. 대학 시절의 나는 열심히 찾아 헤맨 끝에, 나에게 맞는 가치관을 재정립한 뒤에야 비로소 극복할 수 있었다.

그런 상황의 가장 흔한 예로, 돈을 자신의 정체성에 있어 중요한 가치로 여기는 사람에게 경제적 어려움이 닥친 경우를 들 수 있다. 그런데 우리의 정체성은 무엇인가? 대부분의 사람들이 동의하지 않으려 함에도 불구하고 거의 모든 사람이 자신의 정체성을 소득 수준으로 포장하고 있다. 그렇게 하지 않는 사람은 진정 행복한 사람이지만 그런 경지에 이르기는 결코 쉽지 않다. 중립적, 비판단적, 편견 없는 가치관이 상황을 바꿀 수 있다고 주장하는 이유가 여기에 있다. 우리가 올바른 렌즈를 통해 현실을 평가할 수 있도록 만들어주기 때문이다. 나에게 건강은 과거에도 그랬고 현재에도 여전히 엄청나게 소중한 가치다. 지금보다 젊었을 때는 어떻게 운동하고, 먹고, 시합을 하는지가 중요했다. 나이가 들어감에 따라 경쟁적인 스포츠 대신 규칙적 운동에 더 높은 가치를 부여하게 됐다. 2019년과 2020년에 수술, 항암 치료, 방사선 치료를 받을 때는 내가 원하는 방식으로 운동을 할 수가 없었다. 한동안 길을 잃은 기분이었다. 소중한 내 일부를 잃어버린 것 같았다. 내 가치관에도 조정이 필요했다. 이제 내 입장에서 '건강'은 무조건 달리기나 하이킹 또는 요가를 의미하지는 않았다. 실밥이 터져 피가 나는 일이 없도록 가만히 앉아 있는 것도 내게는 건강이었다.

그렇다면 나만의 가치를 갑자기 잃어버렸을 때는 어떻게 극복해야 할까? 더 이상 내가 생각하던 나 자신이 아니게 돼버렸을 때는? 안타깝게도 누구나 쉽게 가치관을 조정할 수 있는 것은 아니다.

중학생 시절에 나는 아버지로부터 아주 충격적인 이야기를 전해 들은 적이 있다. 아버지와 한 동네에 살았던 한 친구의 이야기였는데, 나중에 아버지는 1990년대에 직접 만든 〈잠재력 발휘하기Unlocking Your Potential〉라는 제목의 동영상 시리즈나 강연 등을 통해 이 이야기를 대중에게 공개하기도 했다. 이 이야기의 주인공은 모범적인 고등학생의 전형이라 할 만한 스타 쿼터백이다. 그의 학교 점퍼에는 미식축구부, 농구부, 육상부를 나타내는 마크가 붙어 있었다. 근사한 외모의 이 학생에게는 똑똑하고 아름다운 여자 친구가 있었다. 모든 면에서 뛰어난, 누구나 한 번쯤 동경해 마지않는 그런 사람이었다. 그런데 세상 사람들이 모르는 사실이 있었다. 그가 여자 친구와의 관계에 과도하게 얽매여 있다는 것이었다.

그의 여자 친구는 신입생이었고 그는 2학년이었다. 그는 여자 친구에게 푹 빠져 있었다. 2학년 시기는 물론 3학년이 되기 전 여름에도 자유 시간의 대부분을 여자 친구와 함께 보냈다. 그의 3학년 미식축구 시즌을 앞두고 여자 친구는 고민이 깊었다. 이제 곧 남자 친구는 대학에 진학할 텐데 자신은 고등학교에서 2년을 더 보내야 했으니 말이다. 서로에게 좋은 관계로의 전환이 필요하다고 생각한 그녀는 남자 친구와 대화를 나누고 싶어 자리를 마련했다.

"데이브, 내가 너를 얼마나 생각하는지 알지?" 그녀가 물었다.

"그럼 알지, 리사. 나도 너와 똑같은 마음이야." 그가 대답했다.

"이번 여름 동안 많이 생각해봤는데 말이야. 너는 멋진 미래를 바라보고 있는 3학년이야. 앞으로 대학에서 미식축구 선수로 활약할 수도 있어."

"일이 잘 풀리면 그렇게 되겠지. 그런데 네가 무슨 말을 하려는 건지 모르겠어, 리사."

"그러니까, 나는 고등학교 2학년 수준에서 최선으로 너를 사랑한다는 거야. 하지만 이제 너는 3학년이고 나도 2학년이니까 그냥 친구로만 지냈으면 좋겠어. 나는 나 자신에 대해 알아야 할 게 너무 많고, 너도 3학년으로서 해야 할 굉장히 많은 일들이 있잖아. 나는 진심으로 우리가 그래야 한다고 생각해."

깜짝 놀란 그는 "다른 사람을 좋아하는 거야? 도무지 이해를 못하겠어"라고 말했다.

"다른 사람은 없어, 데이브. 절대로." 그녀가 대답했다.

"그럼, 왜 그래. 내가 뭐 잘못했어?" 그가 다시 물었다.

"아니, 전혀 그런 것 없어. 이건 내 결심일 뿐이야. 그게 다야."

"하지만 난 너 없이는 살 수 없어, 리사!" 그는 그렇게 소리치고는 미식축구 연습을 하러 자리를 박차고 나가버렸다.

리사는 지금껏 자신이 남자 친구에 대해 잘 안다고 생각했다. 경기장에서, 교실에서, 그리고 일상에서도 그는 늘 안정된 사람으로 보였다. 그래서 리사는 데이브의 마지막 말을 심각하게 받아들이지 않았다. 리사도 데이브를 실망시키고 싶진 않았지만 그게 서로를 위해 최선이라고 믿었다. 그리고 다른 3학년들처럼 데이브도 곧 새로 생긴 자유를 만끽하게 될 거라고 생각했다. 그러나 데이브가 자신의 정체성에 있어 리사의 존재를 얼마나 중요하게 생각하고 있는지에 대해서는 미처 알지 못하고 있었다. 이별 후 데이브의 가치관은 완전히 엉망진창이 됐다. 자신이 가진 모든 장점과 핑크빛 미래에도 불구하고 데이브는 자기 존재의 의미가 리사의 남자 친구라는 사실 하나에만 달려 있다고 생각했다.

그날 밤, 리사가 숙제를 하고 있을 때 전화벨이 울렸다.
"여보세요?" 리사가 전화를 받았다.
데이브였다. "리사, 아까 한 말 진심이야?" 정말로 헤어지게 될지도 모른다는 사실을 깨달은 듯했다.
"그래, 데이브. 내가 널 얼마나 좋아하는지 알잖아. 나도 정말 오랫동안 생각해서 힘들게 결론을 내린 거야. 이렇게 하는 게 우리 둘한테 최선이라고 믿어. 너도 곧 깨닫게 될 거야." 리사가 대답했다.

"아니, 나는 아니야, 리사. 난 절대 아니야. 난 지금 앞날이 너무 막막하기만 해." 데이브가 말했다.

"무슨 말이야?" 리사가 물었다.

"한 시간 있다 창밖을 좀 봐. 너희 집 나무에 내가 매달려 있을 테니까." 데이브는 그렇게 말하고 리사가 미처 대꾸를 하기도 전에 전화를 끊어버렸다.

리사는 말문이 막혔다. 지금까지 학교에서 제일 강인해보였던 남자 친구와 정말 좋은 관계로 지내왔다. 그런데 어떻게 그런 말을 내뱉을 수 있단 말인가? 자신이 매일 봐왔던 데이브가 아닌 전혀 다른 사람과 통화한 것 같았다. 당황하긴 했지만 리사는 누구에게도 알리지 않았다. 그냥 진심이 아닐 거라고 생각했다. 하지만 공부를 하고 있는 중에도 계속 시계로 눈이 가는 건 어쩔 수 없었다. 한 시간 뒤 다시 전화벨이 울렸을 때 리사는 창밖을 내다보고 있었다.

데이브였다. "리사?"

"응." 리사가 대답했다.

"봤어?" 데이브가 물었다.

"무슨 짓이야? 왜 이러는 거야?" 리사가 소리를 질렀다.

"한 시간 뒤에 창밖을 보라고. 이번에는 내가 정말 나무에 매달려 있을 테니까." 또다시 데이브는 리사의 대답을 기다리지도 않고 전화를 끊었다.

또 한 시간이 흘렀다. 리사가 창밖을 내다봤을 때 전화벨이 울렸다. 다시 데이브였다. "리사, 봤어?"

"데이브, 제발 그만해. 이건 그동안 내가 알던 네 모습이 아니야." 리사가 대답했다.

"아니, 맞아, 리사. 한 시간 뒤에 다시 봐. 정말로 내가 나무에 매달려 있을 거야." 데이브가 조용히 말했다.

"데이브, 제발 그만…."

전화는 또 끊겼다.

리사는 기가 막혔다. 그들 관계의 끝이 이런 모습이라니. 그리고 더 이상은 데이브의 응석을 받아주지 않기로 마음먹었다. 다시 한 시간이 지났지만 리사는 창밖을 내다보지 않았다. 전화도 더 이상 울리지 않았다. 65분, 이어서 70분이 경과했다. 여전히 전화는 없다. 마침내 리사는 창문 쪽으로 뛰어가 커튼을 제쳤다. 데이브가 있었다. 학교 점퍼를 입은 채 매달려 있었다. 리사는 비명을 지르며 계단을 뛰어 내려갔다. 곧바로 리사의 아버지가 달려나가 줄을 끊고 데이브를 아래로 내렸다. 하지만 너무 늦었다. 혼수상태에 빠진 데이브는 다음 날 숨을 거뒀다.

어떻게 이런 일이 일어날 수 있을까? (그런데 이런 일은 일어난다. 그것도 꽤 자주.) B학점을 받은 학생에게 일어나고, 유명 운동선수에게, 그리고 회사에서 밀려난 CEO에게도 일어난다. 외부에서 볼 때는 모든 일이 잘 풀리는 사람처럼 보여도 막상 뭔가 잘못되었을 때 딱 부러지고 마는 사람에게 그런 일이 벌어진다. 대개의 경우, 이런 사람은 자신의 정체성에 있어 어느 특정한 한 부분에 너무 커다란 가치를 부여하고 있는 탓에 그 부분이 사라지거나 손상되었을 때 망가지고 만다. 스스로의 어느 한 부분에만 너무 몰두한 나머지 다른 것 전부를 보지 못하는 것이다.

우리는 종종 사실이라고 믿는 것에 따라 행동하지만 그것이 항상 사실과 부합하지는 않는다. 외부에서 볼 때 착각은 분명히 허구다. 그러나 당사자의 마음속에서는 착각이 실제처럼 느껴지는 것이다. 몇년 전 정치권에서 '대안적 사실alternative facts'이란 개념으로 세상을 시끄럽게 한 적이 있다. 그게 도대체 무슨 말일까? 세상에는 사실 아니면 거짓 둘 중 하나가 있다. 그러나 끊임없이 자신의 가치관을 검토함으로써 건전한 균형을 유지하지 않으면 우리의 마음은 대안적 사실이라는 독특한 것을 창조해내기도 한다. 자신이 믿는 것을 사실이라 믿어버리는 것이다. 해결책은 마음을 중립 상태로 만드는 것이다. 사실에 기초한 중립적 사고방식 속에서는 스스로 창조해낸 허구의 대안적 믿음이 오래 지속될 수 없기 때문이다.

시호크스의 감독 피트 캐럴Pete Carroll과 코치진은 '월요일에는 진실을 말하자'라는 방침을 따르고 있다. 월요일은 코치와 선수들이 함께 모여 최근 경기 영상을 같이 시청하는 날이다. 선수가 자신의 플레이에 대해서 어떻게 생각하고 있든 녹화된 경기 영상은 아무런 편견 없이 실제 모습을 보여줄 거라는 뜻이다. 동료가 실수를 해 팀이 졌다고 생각하고 있던 라인맨은 실제로 실수를 한 건 바로 자신이었음을 깨닫게 될지도 모른다. 공을 받지 못해 화가 나 있던 리시버는 자신의 성공적인 블로킹이 경기의 흐름을 완전히 바꿔 결정적 터치다운을 만들어냈다는 사실을 깨닫게 될 수도 있다. 한편, 발레 무용수나 권투 선수는 편견 없는 실시간 정보를 수집하기 위해 연습 중 거울을 사용한다. 거짓말을 하지 않는 거울은 선수가 완벽하지 않은 기술을 수행하면서도 이만하면 괜찮다고 스스로를 속이는 일이 없도록 도와준다. 이처럼 스스로에게 사실을 마구 주입시키면 우리 마음속에 착각이 설 자리는 사라진다.

자신이 가치를 두는 것, 믿는 것, 우선시하는 것이 무엇인지 알면, 사실은 모으고 착각은 버리는 데 도움이 된다. 건강이 중요하다면 지난 몇 주 동안 몇 시간이나 운동을 했는지 헤아려볼 수 있다. 그 시간이 얼마 되지 않는다고 해보자. 그런데도 만약 당신이 건강 유지라는 목표를 잘 달성하고 있다고 믿는다면 지금 자신을 속이고 있는 것이다. 아이들과 보내는 시간을 소중하게 여긴다면 언제 정말 아이들과 시간을 보냈는지, 또 언제 TV를 보느라 그 기회를 날려버렸는지 정확한 목록을 작성해볼 수 있다. 그런 식으로 사실을 수집해보자.

중립적 사고방식은 우리가 스스로에게 거짓말을 하도록 내버려두지 않는다. 우리가 가치관에 따라 살고 있는지 아닌지를 말해준다. 만약 가치관에서 벗어난 삶을 살고 있는 경우 자기 평가를 해야 할 사람은 바로 자신이다. 스스로 "나에게 정말 중요한 것이 무엇이지?"라고 물어보자. 일단 그 답을 결정했다면 자신의 가치관에 따라 살기 위해 구체적으로 무엇을 했는지 목록을 만들어보자. 그런 식으로 자신의 목표와 습관을 조정할 수 있다. 이 모든 것은 서로 연관돼 있다.

가치관은 스스로 자신의 주춧돌로 여기는 것을 말한다. 우리는 가치관에 따라 살기 위해 목표를 설정한다. 그리고 목표를 달성하기 위해 습관을 형성한다. 이 모든 것이 일직선으로 정렬되었을 때 우리가 성공에 이를 수 있는 것이다. 실패했을 때는 가치관과 목표, 습관을 점검해 어느 지점에서 어긋났는지 찾아내면 된다. 우리는 이미 모든 정보를 가지고 있으며, 또 그 정보의 사용법도 알고 있을 것이므로 어긋난 부분이 있다면 그것을 수정할 수도 있을 것이다.

개인의 가치관이 중요한 것과 마찬가지로 그 개인이 속한 집단의 가치관도 중요하다. 다만, 약간 차이가 있다. 우선 인간은 자신이 가치관에 따라 살아가는 데 도움이 되고, 그 가치관을 함께 공유할 수 있는 집단에 소속되고자 하는 본능을 지닌다. 직장이든 자녀의 학교든 또는 종교적 모임이나 어떤 사회단체든 간에, 나에게 가장 중요한 가치가 내가 선택한 그 집단의 다른 구성원들에게도 중요한 것이기를 바란다. 한편, 자녀가 있는 사람은 자신의 자녀가 탄탄한 가치관을 갖고 그 가치관을 분명하게 인식하고 이해한 채 성장하기를 바란다. 직장에서는 타인을 이끌어가는 위치에 있는 사람이 단단한 가치 체계를 정립해놓아야 그 아랫사람도 성공할 수 있는 법이다.

지금까지 내가 일을 해오면서 지켜본 중에 가장 모범적이었던 사례 하나를 소개한다. 바로 앨라배마대학 감독인 닉 세이번의 미식축구팀 이야기다. 닉은 2007년에 감독을 맡으면서 나를 비롯해 몇몇 멘탈 코치들을 채용했다. 우리의 역할은 닉을 도와 지속 가능한 승리의 문화를 구축하는 일이었다. 이전에 LSU(루이지애나주립대학)에서 비슷한 프로젝트를 진행했던 닉은 이미 자신이 만들고 싶은 루틴의 구체적인 모습을 잘 알고 있었다. 하지만 새로 맡은 팀에는 더 많은 노력이 필요했다. 결국 이전의 코치진이 해고됐다.

닉은 팀의 코치진이 스스로에게 기대되는 일이 무엇인지 정확히 이해할 수 있도록 작업 환경을 조성했다. 닉은 우선 그런 환경부터 만들어놓아야 자신이 빌 벨리칙Bill Belichick 밑에서 배운, '맡은 일에 충실하라'라는 주문을 외쳤을 때 코치진 각자가 진정 자신의 할 일을 제대로 알고 수행할 수 있다고 생각했다. 또한 닉은 선수들을 위한 팀의 가치 체계도 마련하고 싶어 했다. 지속적인 승리를 가능하게 하는 것이 무엇인지 선수들이 이해할 수 있도록 말이다.

닉이 감독으로 부임한 첫해에 크림슨타이드는 7승 6패를 기록했는데 그중 몇몇 경기는 처참하기까지 했다. 가장 초라했던 때는 그해 11월 루이지애나대학 먼로캠퍼스Louisiana-Monroe 팀에게 21 대 14로 패했을 때였다. 해당 팀은 앨라배마 팀의 자원이나 실력 근처에도 미치지 않는 최약체 팀이었다. 이어서 비시즌에는 경기 외의 사건으로 최악의 상황에 내몰렸다. 이전 감독 체제에서 영입된 한 선수가 체포되고 급기야 코카인 판매로 유죄 판결까지 받은 것이다. 심지어 이 선수는 앨라배마 축구장 주차장에서 마약 거래를 하는 모습이 목격되기도 했다.

문제의 심각성을 깨달은 닉은 근본적인 가치 체계를 재정립함으로써 팀을 확 바꿔놓길 원했다. 승리할 수 있는 팀이라는 확신을 선수들의 마음속에 심어주기 위함이었다. 2008학년도 신입 선수들(장래 NFL 스타 선수가 될 훌리오 존스Julio Jones, 단테 하이타워Dont'a Hightower, 마크 잉그럼Mark Ingram이 여기에 속해 있었다)은 전적으로 닉에 의해 영입된 첫 선수들이었다. 이들이 닉과 함께 새로운 기준을 정립하며 대학 미식축구의 최고 명문 팀의 탄생에 일조하게 될 터였다. 앨라배마의 신입 선수들과 그들의 선배 선수들이 2008년 시즌 준비를 위해 모였을 때 첫 번째로 전달받은 것은 바로 정신 수련 안내문이었다. 그것은 내가 닉의 여러 가지 철학을 문서화해 작성한 것이었는데 그 목차에 모든 조직이 마땅히 길러야 할 다음의 가치를 담고 있었다.

- 인내
- 직업 윤리
- 연대 의식
- 팀에 대한 개인의 책임감
- 주도력
- 중압감 극복

나중에 우리는 팀의 가치관으로 정의될 수 있다고 생각하는 개념들을 몇 가지 더 추가했다. 이번에는 선수들이 이전에 전달받은 추상적 가치에 따라 살기 위해 길러야 할 실질적 습관과 관련된 것들이었다. 이 개념들은 감독은 물론 선수들도 굉장히 중요하게 받아들여야 할 가치이기도 하다.

- 휴식
- 숙면
- 시간 관리

이전의 코치진은 이와 같은 것들을 거의 강조하지 않았었다. 일부 기본적 개념(인내, 직업 윤리, 연대 의식)은 선수들을 거쳐간 모든 감독들이 강조했던 것이었음에도 불구하고 지속적으로 팀 내에서 강화되지 못했다. 그들의 정신 수련 안내서에는 숙면을 위한 17가지 제안 같은 것들이 담겨 있지 않았기 때문이다. 그중 몇 가지를 소개해본다.

- 잠자리에 든 지 20분이 지나도 잠이 오지 않는다면 일어나라. 긴장이 풀릴 만한 다른 일을 찾아라. 가능하면 침실이 아닌 다른 공간에서 하는 게 좋고 나중에 잠이 오면 다시 침실로 돌아가라. 정신을 깨우는 활동(비디오게임, 운동, TV시청 등등)이나 밝은 빛은 피하는 것이 좋다.
- 배고픈 상태로 잠이 드는 것도 안 좋지만 자기 전에 과식도 금물이다. 긴장 해소에는 우유나 땅콩(또는 땅콩버터), 요구르트, 아이스크림, 닭고기가 도움이 된다. 따뜻한 우유 한 잔이나 땅콩버터를 바른 토스트가 좋다. 잠들기 전 매운 음식은 피해라.
- 누운 상태에서는 평화롭고 편안하고 고요한 장소를 생각하라. 가장 편안했던 순간을 떠올려라. 긴장을 풀어주는, 자신이 가장 좋아하는 장소를 떠올리면서 호흡을 편안하고 일정하게 유

지하는 것이 좋다.

이런 것들이 LSU나 오번Auburn 팀을 물리치는 데 도움이 되냐고? 물론 되고 말고. 실제로 이 모든 게 도움이 된다. 이렇게 세세한 부분이 중요한 것이다. 닉은 이 일을 아주 훌륭하게 해내서 팀의 가치관이 무엇인지 제대로 인식한 선수들이 그 가치관에 맞는 목표를 설정하고 좋은 습관을 형성할 수 있도록 만들었다.

나는 새롭게 '앨라배마의 길'을 형성해가는 과정에서 특히 정신적 부분에 초점을 맞추고 싶어 몇몇 유능한 전문가들과 상당한 고민을 거듭한 후 2008년 초 훈련에 들어간 선수들에게 이 안내서를 전달했다. 여름에도 거의 그대로 반복했으며 굉장히 중요한 시즌을 앞두고도 분위기를 계속 유지할 수 있도록 도왔다. 그리고 시즌 개막전에서 인기 대학팀인 클렘슨Clemson을 상대해야 했던 우리의 다음 단계는 강도 높은 훈련이었다.

미식축구팀에게 시간은 굉장히 소중하다. 닉의 신뢰 덕분에 나를 비롯한 멘탈 코치들은 선수들에게 사고방식의 핵심을 제대로 교육할 수 있는 충분한 시간을 확보했고 마침내 팀에 의미 있는 변화를 만들어낼 수 있었다.

나는 늘 자신에게 중요한 것이 무엇인지 아는 일이 가장 먼저 해야 할 일임을 선수들에게 상기시켰다. 우리는 코치진의 가치관을 선수들에게 억지로 주입시키기보다는 탄탄한 가치 체계가 왜 중요한지 설명함으로써 선수들이 각자 자신에게 효과적인 가치 체계를 설계할 수 있도록 도왔다.

앨라배마대학 팀과 일하면서 가장 만족스러웠던 때는 선수 본인이 자신만의 가치관을 발견하는 것을 지켜봤을 때, 그리고 선수들이 코치의 지도가 없어도 되는 문화를 스스로 구축해가는 것을 목격했을 때였다. 결국 2008년에 팀은 첫 경기에서 클렘슨대학을 물리쳤으며 이후로도 12경기 연승을 이어나갔다. 그다음 해에는 1992년 이후 처음으로 전국 우승까지 차지했다. 내가 2015년 앨라배마에서 마지막 해를 보내고 있을 무렵에는 (코치가 아닌) 선배가 후배에게 팀이 추구하는 가치를 직접 설명해주는 경지에 도달해 있었다. 선배들이 자발적으로 팀의 가치 체계를 발동시키고 모든 선수가 그것에 따라 행동하도록 관리했다. 2015년의 그 팀도 전국 우승을 차지했는데 조직의 구성원 전부가 동일한 가치 체계를 공유하며 한 방향으로 나아갔던 것이 승리의 가장 큰 비결이었다.

2019년 여름, 캘리포니아주 사우전드오크스Thousand Oaks에 위치한 맘바아카데미Mamba Academy에서 나는 영광스럽게도 농구계의 전설인 코비 브라이언트Kobe Bryant에게 다수의 팀을 위해 고안한 내 멘탈 훈련 기술의 일부를 소개한 적이 있다. 코비는 내가 여러 팀에서 진행했던 훈련에 대한 설명을 관심을 갖고 경청해주었다. 그때 코비가 내게 해준 말 중에서 가장 좋았던 부분을 언급하려 한다. "당신은 선수들과 함께 일할 때 그 선수들이 당신이 바라는 결론에 자연스럽게 도달하는 것을 가장 중요하게 생각하는 것 같네요. 억지로 도달하게 하는 게 아니라요. 어느 팀이 그 정체성을 형성해나갈 때는 수많은 의견을 들어야 할 필요가 있다는 거군요. 어떤 사람은 시즌 중에 SNS가 유용한 이유를 댈 수도 있고, 또 다른 사람은 훈련 시간이 적을수록 좋다고 말할 수도 있다는 거죠. 아무리 이상한 의견일지라도 당신은 모두가 함께 고민해나가는 걸 원하는 거군요."

코비의 말에는 타인을 관리하는 입장에 있는 사람이라면 반드시 고려해야 할 중요한 내용이 담겨 있다. 어떤 가치가 나에게 중요하다고 해서 반드시 내가 관리하는 사람들에게도 그것이 똑같이 중요하다고 말할 수 없다는 것이다.

조직에 있어 가장 중요하다고 생각되는 가치를 제시하라. 그런 다음 구성원들이 그 테두리 안에서 똑같이 자발적으로 하나의 가치 체계를 구축할 수 있도록 도와라. 그러면 2015년의 앨라배마대학 팀이 그랬듯, 조직의 모든 일원이 자신이 힘을 보탰던 그 가치관에 따라 행동하고자 할 것이다.

이러한 가치관의 조정 과정은 스포츠, 가정, 비즈니스를 따지지 않고 모든 영역에서 유효하다. 나는 한창 사업 확장에 열심인 기업가 크리스티안 노바코우스키Christian Nowakowski와 함께 일한 적이 있다. 개인 투자자로서 성공을 거둔 크리스티안은 시간이 흐를수록 자신의 회사를 더욱 대규모의 투자 회사로 키우고 싶다는 생각에 휩싸였다. 그는 자신의 개인적 가치관이 회사의 가치관과 어떻게 조화를 이룰 수 있는지 알아보기 위해 검토 작업에 들어갔다.

우선 크리스티안은 잠재력을 최대한으로 끌어내는 것을 중요하게 여긴다. 그냥 잘하는 것은 그가 원하는 것이 아니다. 그는 가능한 한 최고가 되고 싶어 한다. 그는 젊어서 하키와 골프를 할 때도 그런 감정을 느꼈고 가능성을 보여주기도 했다. 그러나 대부분이 그렇듯 프로 선수가 되기에는 충분치 않았다. 크리스티안은 "난 NHL(북미아이스하키리그)에 관심 없어요"라거나 "난 PGA(미국프로골프) 경기에 관심 없어요"라고 말한다. (그러나 그는 분명 보통 사람보다 훨씬 뛰어난 기량의 골프 실력을 갖추고 있었다.)

회사를 확장하면서 직원들이 늘어남에 따라 크리스티안은 이 잠재력 극대화라는 사고방식이 회사 전체에 자리 잡도록 만들고 싶었다. 이런 사고방식을 따르는 노동 환경은 필연적으로 끊임없는 평가와 스트레스 테스트를 수반한다. 또한 직원들은 끊임없이 '어떻게 하면 더 발전할 수 있을까?'라는 질문에 직면하게 된다.

다음으로 크리스티안은 성장을 중요하게 생각한다. 그는 스스로 정체되는 것을 결코 허용하지 않는다. 그가 계속 사업 확장을 추구하는 이유이기도 하다. 그가 지속적 성장을 그토록 중요하게 여기지 않았다면 개인 투자자에 머문 채로 잘 살고 있을지도 모른다. 그러나 그에게 새로운 도전은 아주 중요하며 집중력을 유지시켜주는 원동력이다. 성장을 바라기 때문에 여러 가지 목표를 설정했고 그 목표 덕분에 그는 궁극적으로 회사를 더 발전시킬 수 있는 루틴을 형성할 수 있었다.

마지막으로 크리스티안은 회사에서 불독처럼 일했다. 그런데 업무 후에 운동을 하러 갈 때도 불독 모드를 해제하지 않았다. 그런 까닭에 그는 자신과 비슷한 사고방식을 가진 사람들로 회사를 채우려고 노력해왔다.

크리스티안은 자신의 개인적 가치관과 회사의 그것이 완벽히 조화를 이루지 못하자 서로간의 직접적 갈등을 피하기 위해 결국 자신의 루틴을 조정했다. 그는 "가족과의 시간을 소중히 여기면서도 수십억 원이라는 큰돈도 벌고 싶은 사람이 항상 그 두 가지 모두를 동시에 충족시킬 수는 없겠죠"라고 말한다. 그러나 크리스티안이 가족과의 시간을 즐기면서 '동시에' 수십억을 벌 수 없다는 말이 아니다. 그는 두 가지 모두가 자신에게 소중하기 때문에 다른 부분에서 조정을 해야겠다고 생각했다. 당신이 일에서도 최선을 다하고 싶고 가족과도 시간을 보내고 싶은 사람이라면 남는 시간의 대부분을 가족과 함께 보내면 된다. 가치관은 우선순위를 정하는 데 도움이 되고, 우선순위는 그 두 가지 가치를 모두 추구하는 삶을 위해서 습관을 조정할 때 도움이 된다. 크리스티안은 "정답은 없어요. 당신이 삶에서 원하는 것, 그게 답입니다"라고 말한다.

새로운 도전(사업 확장)을 시작할 때 혹은 갑자기 도전적 상황('C로 시작하는 단어', 해고 등)에 내몰렸을 때, 우리는 스스로 정체성에 대해 의문을 품게 될 수도 있다. 그 도전이 내가 선택한 것이 아닐 때는 특히 타격을 받게 된다. 현재의 나는 과거의 나와 정확히 같은 사람이다. 그저 벤치 신세가 됐거나 해고당했거나 의사의 선고를 받았거나 연인에게 차였을 뿐이다. 그런 상황에서 긍정적 사고방식의 소유자는 어떻게든 위안을 얻으려고 애를 쓴다. 대다수의 사람들이 그러하다. 반면 부정적 사고방식의 소유자는 점점 더 괴로워질 뿐이다. 자신의 정체성이 앞으로도 계속 하강 기류를 탈 것만 같은 생각에 사로잡히게 된다. 그게 부정적 사고의 힘이다. 산 아래로 굴러내려가는 눈덩이를 생각하면 된다. 급기야 그 눈덩이는 산사태로 바뀔 것이다.

중립은 우리에게 싸울 기회를 선사한다. 중립적으로 정립한 가치관은 튼튼한 토대가 되어 우리가 현재의(또는 미래의) 역경을 온전히 자신의 것으로 '소유'할 수 있도록 도와준다. 그 역경이 우리를 지배하지 않도록 말이다. 최근 이 '소유owning'라는 단어가 여기저기서 자주 사용되고 있는데, 그저 언어적 유행에 그치지 않기를 바란다. '소유'란 말은 당신에게 책임이 있다는 의미다. 현재 벌어지고 있는 일과 결과를 인정할 책임 말이다. 그러나 또한 '소유'는 현재의 도전을 직시한 후 자신만의 다음 단계를 바탕으로 새로운 현실을 창조할 수 있음을 의미한다. 역경에 부딪쳤을 때 상황을 개선시켜줄 수 있는 해결책은 사실 거의 존재하지 않는다. (스포츠든 인생이든) 실패 후에 한 걸음 물러나는 것이 중요하다. 축구팀이라면 녹화 영상을 관찰하는 것이 그러하다. 당신도 할 수 있다.

나에게 'C로 시작하는 단어'의 진단은 여러 가지 면에서 큰 충격을 안겼다. 하지만 꼭 필요한 사람에게만 한정해 소식을 전하고, 인터넷에서 우울한 정보를 검색하는 등의 행동을 피함으로써 순간적으로 부서질 뻔한 멘탈을 제어할 수 있었다. 그래서 상황이 더 악화되는 일을 막을 수 있었다. 그랬더니 앞으로의 계획에 정신을 집중할 수 있었고, 스스로 사고를 지배하면서 계속 내 가치관에 따른 삶을 살아갈 수 있는 시간이 허락됐다.

가치관은 힘든 순간에 나 자신을 위한 정신적 지주가 될 수 있다. 내가 우선시하는 것이 바로 가치관이다. 스스로에게 중요한 것이 무엇인지 기억해내고 그 가치를 지키는 데 도움이 되는 결정을 내림으로써 중립을 되찾을 수 있기 때문이다.

그렇다면 당신의 가치관은 무엇인가? 스스로에게 정말 중요한 것이 무엇인지 찾고자 하는 고객에게 내가 사용하고 있는 방법을 한번 시도해보자.

앞서 언급했던 그 젊은 목사는 이 방법을 말로 설명했었다. 내 아버지는 자신의 고객인 기업의 중역들을 위해 구체적인 행동으로 정형화시켰다. 우선 그 젊은 목사의 방법은 기본적으로 "너에게 중요한 것이 무엇인지 찾고 그것에 따라 살아가라"였다. 그때 내가 그 여정을 떠나지 않았더라면 지금 나의 사고법을 알아낼 수 없었을 것이다.

나의 아버지의 방법은 아주 쉬운데 이른바 '일치성 평가'다. 종이 한 장만 준비하면 된다. 먼저 종이 앞면 중앙에 세로로 선을 그린다. 선 왼쪽 제일 위에 '5가지 가치'라고 적고, 그 밑에 세로로 1부터 5까지 숫자를 적는다. 선 오른쪽 제일 위에는 '5가지 목표'라고 적고, 마찬가지로 그 밑에 1부터 5까지 숫자를 적는다. 종이를 뒤집어 똑같이 중앙에 세로 선을 그리고 선 왼쪽 제일 위에 '현재 행동'이라 적은 후에 역시 숫자를 1부터 5까지 적는다. 선 오른쪽 제일 위에는 '이상적 행동'이라 적고 마찬가지로 숫자를 적는다. 작성법은 이처럼 간단하다.

종이 앞면 왼쪽에 있는 당신에게 중요한 것들과 오른쪽의 장단기 목표들은 서로 연관돼 있다. 만약 '가족과의 시간'이 하나의 가치라면, 그와 관련된 목표는 '주말에 너무 많이 일하지 않기'라든가 '저녁에 인스타그램 사용 시간을 줄이고 가족과 더 많은 시간 보내기'가 될 수 있을 것이다. 만약 아직 가족이 없는 경우라면, '가족 만들기'를 목표로 정할 수 있다.

당신이 열심히 일하는 것을 가치 있게 여긴다면 일에 있어서의 성공이 목표일 것이다. 이미 마음속에 현 직장의 특정 직책을 염두에 두고 있을지도 모르겠다. 더 큰 포부를 품고 있다면 업계에서 최고가 되는 것을 목표로 삼아도 좋다.

나는 가치와 목표가 서로 일치하지 않는 목록을 자주 목격하고 있다. 특히 젊은 사람에게서 그런 현상이 자주 일어난다. (이 장 앞에서 소개한 젊은 시절의 내가 딱 그랬다.) 그들의 목표는 그들 부모가 자녀에게 바라는 것들로 채워질 때가 많다. 그 목표는 그들 부모의 가치관에 부합할 수는 있어도 결코 본인의 가치관과 일치될 수 없는 것이다. 따라서 본인의 행동도 목표와는 동떨어진 것이 되고 만다. 성인이 되는 과정에서 가장 어려운 시기는 나와 내 부모의 가치관이 정확히 일치하지 않음을 깨달을 때이다. 한 걸음 물러나서 '나'에게 진정으로 중요한 것이 무엇인지 검토하고 나면 더 수월하고 성취감으로 가득한 인생을 살아갈 수 있다.

가치관과 목표가 일치하지 않는다고 해서 반드시 잘못된 것은 아니다. 다만 가치에 더 적합하도록 목표를 변경하거나 당신이 중요하다고 생각하는 것을 더 심도 있게 살펴보면 된다. 가치 그 자체를 먼저 들여다보는 것이 가장 좋은 방법일 것이다. 왜냐하면 가치관이 정확하면 더 쉽게 달성할 수 있는 목표를 찾는 데 도움이 되기 때문이다. 정확한 가치관 정립을 위해서는 잔인하다 싶을 정도로 스스로에게 솔직해져야 한다.

가치관과 목표는 시간의 흐름에 따라 변할 수 있다. 나와 오랫동안 함께해온 최고의 선수들과 감독들은 과거 스스로의 가치관에 부합되는 원대한 목표를 품고 있었다. 그러나 4년, 5년이 지났어도 이들은 성공이나 역경이 스스로의 가치관에 얼마나 큰 변화를 줬는지 전혀 인식하지 못했다. 이제 이들의 목표와 가치관이 서로 일치하지 않는 데도 말이다.

종종 성공은 새로운, 또는 전혀 다른 역경을 만들어낸다. 그리고 이때가 바로 종이의 뒷면이 중요한 역할을 수행할 때다. 현재 자신의 행동을 객관적으로 정의한 다음 가치관과 일치하는 목표 달성을 위해 그 행동을 이상적 행동으로 발전시켜라.

우리 앞에는 언제나 다양한 선택지가 넘쳐난다. 그러나 정작 원하는 것을 얻을 수 있는 선택지는 보통 극소수이다. 크리스티안의 예가 바로 그러하다. 그는 가족과 함께 시간을 보내고 싶어 한다. 또 자신의 회사를 위해 수십억을 벌고 싶기도 하다. 그래서 어느 토요일 친구들이 전화를 해 보트를 타러 가자고 말할 때, 만일 크리스티안이 자신의 두 가지 목표를 모두 달성하길 바란다면 실제로는 선택권이 없는 것이나 마찬가지다. 친구의 제안을 거절하고 가족들과 집에 머무는 선택을 해야 할 테니 말이다.

나는 지금 설명한 방법을, '원하는 것'만으로는 충분하지 않다는 사실을 사람들에게 알려주고자 할 때 사용한다. 가치관은 언제나 목표를 달성할 수 있는 방향으로 당신을 이끌 것이다. 가치관은 당신이 마땅히 해야 할 행동을 지시할 것이기 때문이다. 정말로 휴식을 중요하게 여기는 사람이라면 새벽 3시까지 밖에서 술을 마시고 있지 않을 것이다. 대신 차를 한잔 마시고 독서를 하다가 저녁 11시쯤에는 잠자리에 들 것이다.

그러나 아무리 세계 최고의 운동선수 또는 성공한 사업가라 할지라도 가치관과 행동이 어긋나는 일은 발생한다. 누구에게나 있을 수 있는 일이다. 우리의 가치관에 약간이라도 변화가 생겼을 때 그런 어긋남이 발생한다. 어쩌면 축구 선수 또는 농구 선수로서 '절대적 최강자'라는 가치가 가족이나 사업 또는 처음 가치관이 형성될 당시 그 선수에게 고려되지 않았던 여타의 선택지로 바뀐 것일지도 모른다. 그래서 수시로 자신에게 중요한 것이 무엇인지 재검토할 필요가 있다는 것이다. 새 종이를 꺼내는 것부터 시작하자. 다시 목록을 작성하자. 만약 우선순위가 바뀌었다면 목표와 행동도 변화가 필요하다. 우선순위가 이전과 같다면 왜 행동이 달라졌는지 스스로에게 물어보자. 가치관에 조정이 필요한 것인가? 아니면 행동에 조정이 필요한 것인가?

5장

성공으로 이끄는 행동을 습관화하라

2014년에 텍사스대학교는 8,000명이 넘는 졸업생들 앞에서 축사를 해줄 동문 선배 한 사람을 초대했다. 그 동문은 미국 해군 대장 윌리엄 맥레이븐William McRaven으로, 장차 텍사스대학교 총장을 거쳐 미 통합특수전 사령부의 사령관이 될 인물이었다. 당시 맥레이븐은 해군 특전단에서 가장 오랜 기간 복무한 군인이었다. 3년 전에는 오사마 빈라덴 사살 작전으로 잘 알려진 '넵튠스피어작전Operation Neptune Spear'을 이끌기도 했다.

맥레이븐은 텍사스대학의 교훈 중 '여기서 시작된 것이 세상을 바꾼다'를 중심으로 졸업식 축사를 작성했다. 즉 장차 졸업생들이 세상을 바꾸고자 할 때 도움이 될 이야기로써 자신이 해군으로 복무하며 깨달은 10가지 교훈을 들려주었다. 첫 번째 교훈은 무엇이었을까?

"이불부터 개십시오."[1]

농담이라 생각한 졸업생들이 웃음을 터뜨렸다. 농담이 아니었다. 1977년에 맥레이븐이 해군 특전단에서 훈련받을 당시, 매일 아침 그의 상관이 찾아와 침대 상태를 점검했다고 한다. 모서리는 네모반듯하게 각이 잡혀 있어야 했고 침대보는 팽팽하게 쫙 펴진 상태여야 했다. 베개는 침대 머리판 아래 정중앙에 있어야 했으며 이불은 접힌 채로 침대 발치에 놓여 있어야 했다.

맥레이븐의 축사는 다음과 같다. "매일 아침 침대를 정돈하면 그날의 첫 번째 과업을 완수한 것이 됩니다. 그러면 작은 만족감을 느낄 수 있을 겁니다. 그 만족감은 여러분이 또 다른 과업을 수행할 수 있는 용기를 줄 것입니다. 그렇게 계속 이어지다 보면 그날 하루가 끝날 무렵에는 어느새 여러 개의 과업이 완수돼 있을 겁니다. 또한 이불을 개는 행동은 인생에서 아주 사소한 일들이 중요하다는 진리를 깨닫게 해줄 것입니다. 그런 사소한 일도 제대로 하지 못하면서 어떻게 큰일을 제대로 해낼 수 있겠습니까."

여기까지 말한 맥레이븐은 슬며시 미소를 지었다.

"그리고 혹시라도 비참한 하루를 보냈다 하더라도 여러분은 집에 돌아와 잘 정돈된 침대를 보게 될 겁니다. 직접 정리해놓은 침대 말입니다. 그 정돈된 침대는 여러분에게 내일은 더 나은 하루를 보낼 수 있다는 용기를 줄 것입니다."

2021년 봄, 나는 맥레이븐의 그 간단하고 강력한 메시지를 러셀 윌슨에게 소개했다. 맥레이븐의 나머지 조언들 모두가 훌륭한 것이었지만 그 첫 번째 메시지는 중립적 삶에 있어 최고의 가치, 즉 '먼저 습관을 길러라, 그러면 그 습관이 너를 기를 것이다'를 내가 들어본 그 어떤 말보다 더 아름답게 설명하고 있었다.

앞서 자신의 가치관을 목록으로 작성해봤다면, 지금쯤 자기에게 가장 중요한 것이 무엇인지 잘 알게 됐을 것이다. 다음 차례는 자신의 습관을 검토하는 일이다. 건강이 중요하다고 생각하는 사람이 정기적으로 운동하는 습관을 갖고 있지 않다면 그에게 정말 건강이 중요한 게 맞을까? 아니면 자신의 가치관에 맞도록 습관을 바꿔야 할까?

가치관을 정립하는 일이 자신과의 대화라 한다면 습관을 기르는 일은 실천의 문제다. 습관은 원하는 것을 얻기 위해 매일 하는 일이다. 또는 원하지 않는 것을 얻지 않기 위해 매일 하는 일이다. 즉, 습관은 성공 또는 실패로 이어지는 반복된 선택이다.

중립적인 삶은 철학이 아닌 행동 방침이다. 따라서 실천이 요구된다. 중립적으로 살아가기 위해서는 자신의 가치관에 따른 삶을 가능하게 해줄 일련의 행위를 결정해야만 한다. 힘든 점은 그 행위를 지속적으로 해야 한다는 것이다. 하루도 쉬지 않고. 차분히 중립을 찾고 올바른 다음 단계를 선택하는 과정에서 우리는 과거를 받아들인다. 그러나 받아들여야 할 것은 그것만이 아니다. 미래는 결정된 것이 아니라는 사실 또한 받아들여야 한다. 지난 3년 동안 매일 침대를 정돈해온 습관은 아주 훌륭하다. 그러나 오늘도 침대 정돈을 해야 한다. 지금까지 해온 것 또는 앞으로 할 수 있는 것이 핵심이 아니다. 핵심은 시시각각으로 무엇을 하고 있는가이다.

나의 아버지는 '습관habit'을 가지고 오행시를 지어서 보여준 적이 있다.

Have 즐

A 겨

Ball 라

All 언

The 제

Time 나

철자가 약간 틀리긴 하지만 아버지는 개의치 않았다. 중요한 건 메시지이므로.

일단 훌륭한 습관을 기르고 충실히 이행할 줄 알게 되면 삶이 더 나아진다는 면에서 "즐겨라" 부분은 옳다. 가장 기초적인 것에서부터 노력하는 것이므로 모든 것이 어렵지 않게 느껴질 것이다. 게다가 목표를 향해 나아감에 있어 연료가 되는 기본적 행동들을 만들어가는 과정은 즐겁다. 본질적으로 자신만의 운영체제를 구축하는 것과 같다. (그리고 아이폰처럼 상황 변화에 따른 시스템 업데이트를 위해 수시로 다운로드가 필요할지 모른다.) 스스로 발전해나가는 과정에서 매 순간 만족감을 느끼게 될 것이다. 그리고 중립적으로 살고 있기 때문에 최종 결과에 집착할 일도 없다. 대신 목표를 향하는 과정 자체에 집중할 수 있다.

여기서 가장 중요한 것은 '언제나'이다. 나의 행동은 실시간으로 내가 어떤 사람인지를 정의한다. 자신의 가치관대로 살며 목표를 달성하고 싶다면 항상 그에 부합하는 행동을 실천해야 한다. 하루에 몇 시간 정도로는 안 된다. 일주일에 며칠 정도로는 안 된다. 언.제.나. 그래야 한다.

나와 러셀 윌슨이 늘 하는 말인데, 세상에 우연히 일어나는 일은 없다. 습관은 가능할 수도 있는 어떤 일을 확실한 일로 바꿔놓기 위해 당신에게 요구되는 구체적인 행동이다. 성공은 당신의 가치관에서부터 시작된다. 성공을 키워내는 것은 당신의 행동이다. 그냥 행동이 아닌 매일매일의 꾸준한 행동 말이다. 다시 말하지만 맥레이븐 대장의 조언은 농담이 아니었다. 어디서부터 시작해야 할지 모르겠다면 먼저 이불을 개는 일이 훌륭한 답이다.

그가 한 말을 자세히 분석해보자. "그날의 첫 번째 과업을 완수한 것이 됩니다"라는 말. 맞는 말이다. 해군 특전대원은 매일 자신의 침대를 완벽하게 정돈한다. 그러나 나머지 사람들은 어떠한가? 일반인 중에 침대를 정돈하는 사람이 50퍼센트는 된다고 생각하는가? 30퍼센트라도 될까? 자신이 알고 있는 사람들 중에 얼마나 많은 이들이 매일 아무것도 이루지 못한 채 하루를 마감하고 있는지 한번 생각해보라. 또는 비록 보람찬 하루를 보냈더라도 바로 그다음 날을 낭비하며 보내는 이들은 또 얼마나 많은가! 이불을 개는 일로 하루를 시작하면(은유법이 아니다. 진짜 침대를 정돈하라는 말이다), 거의 확실히 대부분의 사람들보다 앞서가게 될 것이다.

또한 맥레이븐은 침대를 정돈하면 "작은 만족감을 느낄 수 있을 겁니다. 그 만족감은 여러분이 또 다른 과업을 수행할 수 있는 용기를 줄 것입니다"라고 말했다. 이 부분은 양방향으로 작용한다. 목표 달성에 도움이 될 만한 습관을 실천하다 보면 새로운 습관을 추가하는 일이 점점 쉬워진다. 침대 정돈을 끝내고 건강한 아침 식사를 한 뒤 출근 전에 잠깐 운동을 한다. 그러고 나서 자신이 얼마나 많은 일을 했는지 생각해보자(게다가 아직 아침이다). 정반대의 해석은 이러하다. 귀찮아서 침대조차 정돈하지 않는 사람은 십중팔구 운동은커녕 출근 도중 입안에 도넛이나 가득 집어넣을 게 뻔하다.

바로 앞 장의 말미에서 당신이 작성한 가치 목록으로 돌아가 보자. 당신은 어떤 습관들을 갖고 있는가?

물론 훌륭하게 목표를 달성한 사람들은 타고난 재능을 가지고 있다. 그러나 그건 누구나 마찬가지다. 보통 높은 경지에 도달한 사람은 자발적으로 기본적인 것들을 남들보다 더 잘 해낸다. 그것도 쉬지 않고 계속.

야구 역사상 최고의 타자로 성장한 스즈키 이치로Ichiro Suzuki는 아주 오래전 초등학교 6학년 때 자신이 소중히 여기는 것에 대해 쓴 적이 있다. 일본 아이치현 카스가이군에 위치한 도요나리초등학교에

다니던 시절 글짓기 과제로 말이다.

이치로가 쓴 글의 제목은 '나의 꿈'이었고, 세계 최고의 야구 선수가 되기 위한 계획이 적혀 있다.[2] 매리너스Mariners의 열혈 팬인 나의 아버지는 그 글의 영문 번역본을 간직하고 있었다. 원본은 이치로의 부모가 일본 나고야에서 운영하는 기념관에 전시돼 있다.

어린 이치로의 글을 조금 살펴보자. "내 꿈은 일류 프로 야구 선수가 되는 것입니다. 그러기 위해서는 중학교, 고등학교 전국 대회에서 활약해야만 합니다. 그만한 실력을 기르려면 연습이 필수입니다. 저는 세 살 때부터 연습을 시작했습니다. 세 살 때부터 일곱 살 때까지는 1년에 절반은 연습을 했지만, 3학년 때부터 지금까지는 굉장히 열심히 연습하는 날이 365일 중 360일입니다. 그래서 친구들과 놀 수 있는 시간은 일주일에 5, 6시간뿐입니다."

계속해서 이치로는 선수 입단 계약금으로 1억 엔(약 10억 원) 이상을 받는 것이 목표이며 선수가 되면 자신을 도와준 사람들에게 경기 초대권을 나눠주고 싶다고 썼다. 어린 이치로는 그때 이미 자신에게 중요한 것이 무엇인지 알고서 훗날 두 국가에서 자신을 스타로 만들 만한 습관을 기르고 있었다.

로버트 화이팅Robert Whiting의 《이치로의 의미The Meaning of Ichiro》[3]를 보면 이치로가 매일 아버지와 캐치볼 연습을 했으며 연습 후에는 꼭 글러브에 윤활유를 발랐다고 적혀 있다. 위의 글짓기를 했던 나이에 매일 사람 또는 피칭머신이 던져주는 약 500개의 공을 타격하고 있었다. 또한 고등학교 때는 직구 타격이 이치로에게 너무 쉬워져서 그의 코치가 피칭머신을 최고 설정으로 조정해서 홈 플레이트에 더 가깝게 이동시켜야 했다고 한다. 그 결과 어린 이치로는 사실상 93마일(시속 약 150km)의 직구를 타격할 수 있게 되었다.

고등학교를 마치고 오릭스 블루웨이브Orix Blue Wave에 입단한 이치로는 일본에서 9년간 프로 생활(1,278안타 기록)을 한 후 시애틀 매리너스로 이적하며 메이저리그에 데뷔했다. 시애틀에서 이치로와 그의 아내는 방 세 개짜리 아파트를 임차했다. 방 하나는 이치로와 그의 부인이 사용했고 또 하나는 손님용이었다. 나머지 방 하나는 어떤 용도였을까? 그 방은 이치로가 스윙 연습을 하는 장소로 쓰였다. 만약 그가 처음부터 메이저리그에서 뛰었다면 아마 역대 최다 안타 기록은 그의 것이었을 것이다. 심지어 아주 늦은 데뷔에도 불구하고 MLB 통산 3,089안타로 역대 24위를 기록하기도 했다. 이치로는 2025년에 명예의 전당에 입성할 만한 자격이 있으며 실제로 유력 후보다.

이치로가 그 정도의 안타를 칠 수 있기까지는 다른 메이저리그 선수들과 차별화된 자신만의 루틴이 도움이 되었다. 그는 평소 구장에서 스트레칭을 할 때도 항상 다른 동료들보다 더 오래 더 철저히 하곤 했다. 다른 선수들이 배팅 케이지나 운동장으로 이동한 뒤에도 한참 동안 관절 이곳저곳을 잡아당기며 몸 전체의 근육을 풀었다. 이미 라커룸에서 폼 롤러를 이용한 정교한 스트레칭을 하고 나온 뒤인데도 말이다.

타석에 서기 전 이치로는 타자 대기석에서 또다시 섬세하게 스트레칭을 했다. 스쾃을 하고 몸을 양옆으로 흔들었다. 동료들이 그의 몸

푸는 행동을 따라 해보려고 시도하기도 했으나 그처럼 낮고 유연하게 할 수 있는 사람은 아무도 없었다. 그러고 나서 이치로는 무릎을 굽혀 다리를 90도 각도로 구부린 다음, 양손을 각각 무릎에 얹어 누르면서 어깨를 이리저리 돌려 근육을 풀었다. 최소 162경기(팀이 플레이오프에 진출하게 되면 더 늘어났다)를 치르는 시즌이 끝나면 그는 약 3일간의 휴가를 보내고서 다시 매일 하는 타격 연습을 재개하기 위해 훈련장으로 향했다.

이치로를 볼 때 어디까지가 습관이고 어디서부터가 미신인지 종종 구분하기 어려울 때도 있다. 예를 들어 그는 메이저리그에서 매 경기에 앞서 무릎 위에 운동복을 올려놓고는 실밥을 잘라내곤 했다. 방망이는 습도조절기에 보관했다. 그는 언젠가 ESPN의 짐 케이플Jim Caple에게 요리사가 자기 칼을 돌보듯이 자신도 자신의 장비를 돌보는 거라고 대답한 적이 있다.[4] 그렇지만 이치로는 어린 나이에 훌륭한 야구 선수, 구체적으로는 훌륭한 타자가 되겠다는 꿈을 밝혔다. 그는 그 소중한 꿈을 중심으로 자신의 습관을 형성했다. 그리고 2018년에 MLB.com이 제작한 영상을 통해 그 이유를 설명한 바 있다.[5]

그는 통역을 통해 다음과 같이 말했다.

"이 세계에서 야구 선수로 뛰려면 타고난 재능이 필수죠. 하지만 한 가지 더 중요한 점은 스스로의 한계에 부딪혔을 때 조금 더 열심히 노력할 수 있느냐입니다. 실제 남들보다 엄청나게 많은 노력을 하기는 쉽지 않겠죠. 하지만 저는 반복해서 조금씩 더 노력하는 게 굉장히 중요하다고 생각해요."

당신이 커비 스마트나 멜 터커 또는 러셀 윌슨이 '한계이익의 총량'에 대해 이야기하는 것을 들어봤는지 모르겠지만, 이치로의 설명이 바로 그것이다. 아주 미미한 향상이 계속해서 반복되면 결국 그것들이 모여 엄청난 향상에 이르게 된다. 이치로는 반복해서 조금씩 더 노력했고 그렇게 해서 실제 자신이 되고자 했던 사람이 된 것이다.

지금 당신은 자신이 되고 싶은 사람이 되는 데 도움이 될 만한 루틴을 완성했는가? 요리사가 되고 싶다면 매일 새로운 요리를 만들어보려고 시도하는가? 작가가 되고 싶은 사람이라면, 매일 글을 쓰고 있는가? 선생님이 되고 싶다면 매일 획기적인 강의를 찾아보고 있는가? 그저 계획적인 사람이 되고 싶을 뿐이라면 매일 할 일을 적어보고는 있는가?

성공으로 이끄는 몇몇 행동은 실제로 매우 쉽게 할 수 있다(한두 번은). 사람을 성공하게 만드는 것은 그런 훌륭한 습관을 날마다 반복하려는 열의이다. 때로는 이불을 개기가 귀찮고, 스트레칭이나 요리, 글쓰기 또는 할 일을 적는 일조차 싫은 날이 있을 것이다. 그러나 당신을 더 괜찮은 사람으로 만들어주는 것은 바로 행동의 반복이기 때문에 그럼에도 불구하고 당신은 실행해야 한다. NBA 감독 및 임원으로서 오랜 경력을 이어오는 동안 놀라우리만치 헌신적인 선수들을 상대해온 로렌스 프랭크가 이러한 성공에 이르는 행동의 원리에 대해 아주 잘 설명했다.

"행동과 감정이 바뀌어야 합니다. 때로는 행동이 감정으로 이어지도록 해야 합니다. 감정이 행동으로 이어지는 것이 아니라요."

농구계에서 활약한 성과 향상 코치이자 동기부여 강사인 앨런 스타인 주니어Allen Stein Jr.는 2007년 스테픈 커리Stephen Curry와의 만남과 관련해 훌륭한 일화를 소개하고 있다. 스타인은 제1회 코비 브라이언트 기술 아카데미Kobe Bryant Skills Academy에 참여했었다. 나이키가 고교생 슈팅 가드 상위 20인과 대학생 슈팅 가드 상위 10인을 초대한 것이었다. 고교 선수 그룹에는 장래의 NBA 선수들인 더마 더로전Demar Derozan, 즈루 홀리데이Jrue Holiday, 랜스 스티븐슨Lance Stephenson, 그리고 장차 커리의 팀 동료가 될 클레이 톰프슨Klay Thompson이 있었다. 데이비드슨 대학의 신입생으로 이제 막 시즌을 마친 커리는 대학 선수 그룹에 속해 있었으며, 일반 농구 팬들 사이에서 아직 그렇게 널리 알려진 편은 아니었다. (그런 상황은 2008년 NCAA 토너먼트를 계기로 완전히 달라졌다.) 스타인은 모인 선수들 중 커리가 최고의 선수가 되리란 것을 알 수 있었다. 그는 유튜브 영상에서 그 이유를 설명하며 "오로지 커리의 훈련 습관 때문이었어요"라고 말했다.[6]

스타인은 (3일에 걸쳐) 총 6회의 훈련으로 구성된 캠프 내내 커리가 매번 다른 선수들보다 30분 먼저 코트에 나온다는 것을 알아챘다. 게다가 커리는 단순한 점프 슛만을 던지는 게 아니었다. 경기 중 일어날지 모르는 상황을 상상하면서 다양한 슛을 연습하고 있었다. 스타인이 대충 세어보니 심지어 훈련이 시작하기도 전에 커리는 이미 100번 내지 150번은 슛을 넣고 있었다. 훈련이 진행되는 동안 스타인은 커리가 스스로 완벽하지 않다고 여기는 동작을 반복함으로써 코치들의 도움 없이 홀로 자세를 교정하는 것을 목격했다. 매 훈련이 끝난 뒤에도 커리는 다섯 번 연속 자유투를 그물망에 꽂을 때까지 코트를 떠나려 하지 않았다고 한다. 공이 테두리를 맞고 들어갔을 경우에도 커리는 다시 처음부터 시작했다고 한다. 다섯 번 모두 정확히 그물망에 들어가는 것을 목표로 했던 것이다.

그러니 다음에 스테픈 커리가 공을 넣는 것을 보면 스스로에게 한번 물어보라. 그가 어떻게 성공했는지를. 당신은 이미 알고 있다. 커리가 세계에서 가장 위대한 농구 슈터가 되는 것이 자신에게 중요함을 오래전에 깨닫고 그런 인물이 될 수 있도록 도와주는 여러 습관들을 꾸준히 실행해왔기 때문이라는 것을.

이 책을 순서대로 읽고 있다면 이번 장이 끝나는 순간 자신에게 진정 중요한 것이 무엇인지 깨달았을 것이다. 당신은 이미 그것들을 한번 적어봤다. 이제 두 가지 질문을 추가로 자문해볼 차례다.

- 나는 매일 내 가치관에 따라 살아가는 데 도움이 되는 어떤 행동을 하고 있는가?
- 나는 매일 내 가치관에 따라 살아가는 데 방해가 되는 어떤 행동을 하고 있는가?
- 두 질문에 답을 했다면 아래의 다음 단계를 이행해야 한다.
  - 첫 번째 질문에 답한 내용을 더 많이 하라.
  - 두 번째 질문에 답한 내용을 더 적게 하라.
  - 제발 이불 좀 개라.

6장
주변의 부정성을
차단하라

〈인디애나 존스: 미궁의 사원Indiana Jones and the Temple of Doom〉에서 광신적 종교 집단의 일원이 인디애나 존스가 컨베이어 벨트에서 탈출하지 못하도록 주술인형에 바늘을 꽂는 장면을 기억하는가? 컨베이어 벨트 끝에는 바윗덩이를 으깨버리는 거대한 롤러가 기다리고 있었다.[1] 이 시대의 우리는 모두 그런 컨베이어 벨트 위에 서 있다. 그 컨베이어 벨트 끝에 우리의 정신을 뒤죽박죽으로 만들 운명이 기다리고 있다. 영화와 다른 점이 있다면 주술인형을 사용해 우리가 벨트를 벗어나지 못하게 하는 사람은 어디에도 없다는 사실이다. 그런 일을 하는 사람은 바로 우리 자신이다.

페이스북이나 트위터, 인스타그램을 열기 위해 휴대폰을 만지작

거릴 때마다 우리는 우리의 사고를 어지럽히는 그 거대한 롤러에 조금씩 더 가까이 다가가고 있다. 2020년에 메리엄-웹스터Merriam-Webster는 '주목 중인 단어' 블로그에 새로운 단어를 추가했다고 발표한 바 있다. 바로 '둠스크롤링doomscrolling'이었다.[2]

'둠스크롤링'의 사촌 격인 '둠서핑doomsurfing'은 스마트폰보다 인터넷 검색과 관련된 단어지만, 이 두 단어는 본질적으로 같은 의미다. 종종 인간은 아주 잠깐 사이에도 엄청난 양의 부정적이고 혼란스러운 뉴스를 접한다. 둠스크롤링은 SNS 앱 사용자가 안 좋은 뉴스를 계속 보기 위해 휴대폰 화면을 위아래로 미는 모습에서 비롯된 단어다. 코로나19 팬데믹 초기였던 2020년 3월 및 4월에 대부분의 지역이 봉쇄에 들어감에 따라 미국의 대중문화 속에서 자주 언급되기 시작했다.

그 두 달 동안 봉쇄되지 않았던 것이 있는데, 무엇일까? 부정성 산업 단지다. 대중 매체가 이렇게 부정적이었던 적이 있었나 싶을 정도였다. 왜 그랬을까? 물론, 이유는 있었다.

2020년 수천 개의 팬데믹 관련 보도를 분석한 다트머스대학과 브라운대학의 공동 연구에 따르면,[3] 미국의 언론 매체가 과학 저널보다 부정적이었고 다른 국가의 영문 미디어보다는 압도적으로 부정적이었다. 얼마나 더 부정적이었을까? 미국 주요 언론 매체에서 나온 보도 중 87퍼센트가 부정적 어조로 작성된 것이었는데 반해 과학 저널의 경우에는 64퍼센트였으며 타국의 영문 보도의 경우 50퍼센트였다. 이 연구의 계기가 된 기사는 코로나19 백신 개발 가능성에 관한 보도였다. 2020년 2월에 영국 언론 〈옥스퍼드 메일Oxford Mail〉은 옥스퍼드

대학교 제너연구소Jenner Institute의 한 교수가 이끄는 연구팀이 이미 백신 개발에 착수했음을 보도했다. 사라 길버트Sarah Gilbert 교수는 10년 전쯤 아라비아반도를 중심으로 유행했던 또 다른 치명적 코로나바이러스인 중동호흡기증후군의 백신 개발 사전 연구 덕택에 평소보다 훨씬 더 빠른 시일 안에 백신 개발이 가능하다고 자신했다.

이것은 굉장한 뉴스였다. 코로나19가 아직 미국에 그렇게 많은 영향을 끼치고 있진 않았지만 엄청난 타격을 줄 것으로 예상된 상황에서는 더욱 그러했다. 그리고 낙관적 전망을 보였던 과학자들이 옳았음이 드러났다. 2020년 말에 코로나19 백신이 개발됐고 2021년 초부터 백신 접종이 시작되었다. 이는 백신 개발치고는 이례적으로 빠른 속도였다. 그러나 미국의 언론들은 4월 말까지 이 연구에 대해 언급하지 않았다. 게다가 첫 보도는 2020년 중으로 백신이 나올 가능성이 희박하다는 영국 보건 관료의 말을 인용하고 있었다. 앞에서 언급한 공동 연구는 또한 등교 재개와 관련된 긍정적 연구 결과들이 꼭 긍정적 보도로만 이어졌던 것은 아니라는 사실도 밝혀냈다. 좋은 소식이 있었을 때조차 언론 기사들은 부정성을 유지했던 것이다.

아마 당신은 자신의 정치적 성향에 가까운 채널이나 출판물은 그러한 유형에 속하지 않는다고 생각할지 모르겠으나 그건 틀린 생각이다. 공동 연구자들은 언론의 정치 성향에 따른 차이는 발견하지 못했다. 즉 언론은 정치적 성향이 어떻든 간에 부정적이었다.

어째서일까? 우리가 원하기 때문이다. 기억하라, 언론기관 대부분은 영리 추구를 목적으로 한다. 그들은 우리가 원하지 않는 것을 줄 생각이 없다. 우리가 보지 않고 읽지 않고 또 댓글을 달지 않으면 그들은 재빨리 어조를 바꾸거나 다른 기삿거리를 찾아 나설 것이다. 우리가 계속 스크롤을 하고 클릭을 하기 때문에 언론은 부정성을 유지하고 있다.

이런 언론이 우리에게 미치는 영향은 끔찍하다. 2021년 1월에 미국 질병통제예방센터(CDC: Disease Control and Prevention)는 팬데믹 관련 뉴스를 너무 많이 접하는 것은 위험하다는 사실을 국민들에게 거듭 강조했다.[4] 그러면서 인터넷 한 페이지 전체를 할애해 여러 가지 스트레스 대처법들을 소개해놓았다. "사회관계망 서비스(이하 SNS로 표기)에 올라온 기사를 포함해 새로운 기사들을 보고 읽고 듣는 행위를 잠시 쉬는 게 좋습니다. 정보에 밝은 것도 좋지만, 팬데믹 관련 소식을 계속 듣다 보면 혼란스러워질 수 있습니다. 하루에 두어 번 정도는 뉴스를 차단한 채 잠시 동안 전화나 TV, 컴퓨터 화면으로부터 떨어져 있는 것이 좋습니다." 그래야 하는 이유는 간단하다. 너무 많은 부정적 소식은 불안감이 치솟게 할 수 있다. 독일의 연구원들은 2020년 연구에서 코로나19에 관한 정보를 얻기 위해 미디어를 이용하는 시간이 많은 응답자일수록 대개 그들이 느끼는 불안 증상도 더 심해졌다는 사실을 발견했다.

그러나 이런 효과는 팬데믹 관련 정보에만 국한된 것이 아니다. 여기서 팬데믹은 연구원들이 관련 분야의 연구를 더 쉽게 수행할 수 있도록 통제된 변수를 제공해준 전 세계적 사건일 뿐이다. 지금 당장 어떤 주제든 안 좋은 뉴스를 원하는 사람은 쉽게 그것을 찾을 수 있다.

그저 휴대폰만 몇 번 두드리면 된다. 나는 당신이 자꾸 휴대폰을 두드리고 싶은 충동에 맞서는 법을 배우길 바란다.

나의 아버지와 나는 교육 방법에 있어 서로 달랐음에도 불구하고 한 가지 개념에 대해서는 일치된 생각을 갖고 있었다. 부정성은 언제나 100퍼센트 부정적으로 작용한다는 것이다. 그러나 나의 아버지는 생전에 인간이 스스로에게 너무 많은 부정적인 것들을 폭탄처럼 퍼붓는 세상을 보진 못했다. 2007년에 돌아가셨기 때문이다. 페이스북이 세상에 나온 지 3년밖에 되지 않았었다. 유튜브는 2년이었다. 트위터는 그해에 개발됐다. 인스타그램, 스냅챗Snapchat, 틱톡은 아직 개발자의 머릿속에 들어 있지도 않았을 때다.

인간의 머릿속에는 부정적 메시지가 흐르는 무수히 많은 파이프가 들어 있어 우리는 본질적으로 언제든 (내버려 두면) 홍수를 일으킬 수 있는 부정의 폭포를 품고 있는 셈이다. 긍정적인 것들에 비해 부정적인 것들은 불쑥불쑥 찾아오는 데다 또 끈질기기까지 해서 특히 나쁘다.

인간은 애초에 그렇게 설계된 존재일지도 모른다. 2009년에 버지니아대학교 연구원인 버네사 러부Vanessa LoBue는 〈발달과학Developmental Science〉 저널[5]에 논문 한 편을 발표했는데, 성인과 아동이 여러 장의 행복한 얼굴 및 화난 얼굴 사진에 어떻게 반응하는지에 관한 연구 결과였다. 과거의 연구들에서 성인은 행복한 얼굴보다 화난 얼굴을 더 쉽게 탐지해내는 것으로 밝혀졌는데, 러부는 아동들도 같은 반응을 보이는지 궁금했다. 그래서 성인 집단과 5세 아동 집단에게 각각 인간의 얼굴 사진 여러 장을 보여주면서 실험을 해봤다. 그리고 이따금씩 각 집단에게 여러 장의 화난 얼굴들 속에 섞여 있는 한 장의 행복한 얼굴을 골라보라고 주문했다. 반대로 행복한 얼굴들 속에 섞인 화난 얼굴도 골라보도록 했다.

이 실험에서 아동 집단은 성인보다 느린 속도로 식별해내긴 했으나 결과적으로 성인 집단과 동일한 양상을 보여주었다. 두 집단 모두 행복한 얼굴들 속에서 화난 얼굴을 골라낼 때 더 빠른 속도를 보였고, 반대로 화난 얼굴들 속에서 행복한 얼굴을 골라낼 때는 더 오래 걸렸다.

한 해 전 2008년에 러부와 버지니아대 동료 연구원인 주디 드로슈Judy S. DeLoache는 뱀과 꽃 사진을 가지고 유사한 실험을 진행했는데 그에 관한 논문이 〈심리과학Psychological Science〉 저널[6]에 게재되었다. 해당 실험에서 두 사람은 성인 집단과 3세에서 5세까지의 아동 집단에게 각각 다양한 꽃 사진 속에 뱀 사진 한 장이 섞여 있는 사진 세트를 보여주었고, 반대로 다양한 뱀 사진 속에 꽃 사진 한 장이 섞여 있는 또 다른 세트도 보여주었다. 사진을 골라내는 속도는 성인이 더 빨랐으나 두 집단 모두 같은 양상을 나타냈다. 성인군과 아동군 모두 다양한 뱀 사진 속에서 꽃 사진을 골라낼 때보다, 다양한 꽃 사진 속에서 한 장의 뱀 사진을 골라낼 때 더 빠르게 반응했다. 연구원들은 뱀이 인간에게 '위협적인 존재'이기 때문에 더 빠르게 식별해내는 것이라고 설명했다. 즉, 뱀은 걱정해야 할 존재란 것이다. 꽃은 그렇지 않고.

이처럼 인간이 긍정적인 것이나 중립적인 것보다 부정적인 것에 민감히 반응하는(그리고 영원히 기억하기도 한다) 성향이 있음을 보여주는 일화는 얼마든지 있다. 에드 코크Ed Koch 전 뉴욕 시장은 당시 대통

령인 로널드 레이건Ronald Reagan과[7] 함께 차를 타고 뉴욕 시내를 통과하던 때의 일화를 공개한 바 있다. 그들이 타고 있는 차가 환영 인파로 즐비한 42번가를 지나갈 때였다. 환호하는 사람들 사이에서 가운뎃손가락을 들고 있는 한 사람이 레이건의 눈에 포착됐다. "각하, 놀라지 마십시오. 수천만 인파가 각하를 환영하고 있지 않습니까? 단 한 사람만이 손가락 욕을 하고 있을 뿐입니다." 코크는 2004년에 〈유태인세계리뷰Jewish World Review〉의 칼럼을 통해 그렇게 말했던 일화를 공개했다. 레이건 대통령은 "매번 내가 손가락 욕 하는 사람을 잘도 찾아낸다고 아내가 그러더군"이라고 말했다고 한다.

자, 어디든 손가락 욕을 하고 있는 사람이 있다고 상상해보자. 텔레비전에 그 사람이 나온다. 라디오에도 나오고 SNS에서도 또 휴대폰에 새로 깐 앱에서도 빠짐없이 등장한다. 우리는 우리 눈에 포착된 그 사람을 계속 기억한다. 왜냐하면 우리가 잠재적 위협을 식별하고, 해롭지 않다고 여기는 것보다 그런 위협에 더 많은 주의를 기울이도록 프로그램되어 있기 때문이다. 그러나 그런 능력은 우리가 옛날로 치면 동굴로 돌아가는 길에 무시무시한 곰과 마주치는 일을 피하고자 할 때나 필요한 것이다. 눈을 돌리는 모든 곳에서 부정적 자극의 집중포화를 받는 경우와는 상황이 전혀 다르다. 우리는 우리를 화나게 만든 게시글을 기억한다. 두렵게 했던 뉴스들을 기억한다. 긍정적인 것은 기억 속에서 점점 희미해지는 반면 부정적인 것들은 오래도록 기억 속에 들러붙어 있다. 우리는 그런 기억들을 계속 마음속에 품고 있고 그것들은 우리 내부에서 끊임없이 우리를 갉아먹고 있다.

우리는 플러그를 뽑고 우리의 정신을 쉴 수 있도록 해야 한다. 정보에 어두워야 한다는 말이 아니다. 우리의 뇌가, 입력되는 것들에 대해 더 영리해질 필요가 있다는 말이다.

내가 《성공의 조건》에서 자세히 다뤘던 실험(슬픈 노래, 짜증나는 노래, 케이블 뉴스에 포위된 채 보낸 한 달)은 나를 완전히 산산조각 내버렸다. 나는 필수적으로 해독 과정을 거쳐야만 했다. 그러나 내가 마치 고문처럼 느꼈던 그러한 것들이 많은 사람들에겐 그저 일상적인 것들일 뿐이라고 한다. 특히 테크 업계에서 '디지털 원주민'이라 칭하는 이들이 그러하다. 그들은 스마트폰을 손에 쥐고 자란 젊은이들로, SNS가 존재하지 않았던 시절을 기억하지 못한다.

미국 국립보건통계센터National Center for Health Statistics에 따르면 2007년부터 2018년 사이에 10~24세 미국인 자살률이 57.4퍼센트 상승했다.[8] (인구 10만 명당 6.8명에서 10.7명으로 증가한 셈이다.) 해당 조사 결과는 그 원인으로 어떤 특정 문제를 꼬집지는 않았으나 2000년부터 2007년 사이에는 동일 연령의 자살률이 안정적 수준에 머물러 있었던 사실을 지적했다.

이러한 SNS의 이용이 증가함에 따라 나이를 불문하고 모든 이용자에게서 불안감과 우울감이 높아졌음을 나타내는 증거 역시 충분하다. 〈미국의학협회 정신의학저널Journal of the American Medical Association Psychiatry〉[9]에 게재된 2019년의 연구는 12세부터 15세 아동을 대상으로 진행된 것으로, 하루 중 SNS의 이용 시간이 30분에서 3시간에 이르는 아동에게서 정신질환 발병 위험이 증가했고 특히 해당 서비스를 하루 최소 3시간 이상 이용하는 아동에게서는 동일 위험이 심각하게 증가했음을 보여주었다. 〈사회및임상심리학저널Journal of Social and Clinical Psychology〉[10])에 게재된 2018년의 연구는 펜실베이니아대학교 학생을 두 그룹으로 나누어 진행했는데, 1그룹에게는 페이스북, 인스타그램, 스냅챗을 하루에 각 10분씩만 사용하도록 했으며, 2그룹에게는 해당 앱들의 사용을 원하는 시간만큼 허용했다. 연구가 종료된 후, 하루 총 30분으로 앱 사용 시간이 제한됐던 그룹에 속한 학생들이 외로움이나 우울감을 덜 느끼는 것으로 보고됐다.

SNS는 적절히 사용한다면 굉장히 유용한 도구가 될 수 있다. 브랜드 형성에 도움이 되기도 하고 다른 방법으로는 만나지 못했을 사람들이 공통의 관심사를 주제로 연락을 주고받을 수도 있고 말이다. 그러나 우리는 얻는 것과 잃는 것의 경중을 따져봐야 한다. 고교 동창이 〈슈퍼맨〉의 마지막 편을 보고 페이스북에 남긴 긴 잡담을 읽느라 소비한 30분은 인생에서 되찾을 수 없는 시간이긴 해도 별 것 아니라고 생각할 수 있다. 그러나 더 큰 대가는 따로 있다.

페이스북이나 인스타그램에서 근사한 삶을 살고 있는 것처럼 보이는 친구들을 보면서 패배감을 느껴본 적 있는가? 자신의 사진 밑에 달린 타인의 댓글 때문에 극한 다이어트에 돌입해본 적은?

정말 그렇게까지 할 가치가 있을까? 나는 사업상 SNS를 이용해야 하는 처지에 있으나 만약 꼭 이용할 필요가 없었다면 과연 내가 이들 서비스를 시작했을까 의문이다. 종종 사진 밑에 달리는 역겨운 악플 같은 것들이 직접적으로 부정적 효과를 일으키는데, 이들 서비스의 나쁜 점은 그게 다가 아니다. 보다 음흉하게 악영향을 끼치는 상황은 따로 있다. 즉 누군가가 그것을 보는 사람으로 하여금 자신이 완벽한 삶을 살고 있다고 믿게 하려고 '환상'을 포스팅하는 상황이다. 포스팅한 사진마다 아주 근사하게 차려입고 있는 사람이 있지 않은가? 그건 바로 그 사람이 당신에게 보여주고 싶은 모습이다. 모든 사진 속에서 자신의 아이들을 완벽하게 입혀놓고 미소 짓고 있는 엄마는 또 어떠한가? 그 엄마는 카메라 버튼을 누르기 30초 전의 아수라장을 당신에게 보여주지 않을 것이다. 보여주고 싶지 않기 때문이다. 그녀는 당신이 그녀의 삶 전체가 완벽해 그녀가 걸어가는 인생길에 늘 햇살이 그득하고 새들이 노래한다고 믿길 바란다. 그리고 그런 그녀의 사진을 보고 있자면 당신 입에서는 "왜 내 인생은 이 모양일까?"라는 말이 튀어나올 것이다.

그러나 거기엔 비밀이 있다. 아마 당신의 인생은 '현재' 그녀의 인생과 같을 것이다. 그녀 같은 사람들도 다 실패를 경험하며 살아가기 때문이다. 그들도 스트레스를 참고 살아간다. 그들도 해고될 때가 있고 이혼을 하기도 한다. 때로 짝짝이 양말을 신고 집을 나서기도 하지만 그런 모습은 당신에게 보여주지 않는다. 자신들이 보여준 환상만을 당신이 믿어주길 원하기 때문이다. 그들은 자신감 부족을 들키지 않기 위해 엄청 애쓰고 있으며 그 과정에서 당신의 내면에 불안이 자리 잡는 데 일조하고 있는 것이다.

그걸 막기 위한 해결책이 있다. 내가 지금 보고 있는 것이 환상임을 확실히 자각한 채 SNS를 이용하면 된다. 인스타그램에 올라온 모든 완벽한 사진들의 이면에는 당신이 매일 씨름하고 있는 것과 똑같은 혼돈의 순간들이 존재한다고 봐도 좋을 것이다. 그러나 당신이 그 환상을 꿰뚫어볼 자신이 없다면, 아예 그걸 보지 않는 쪽을 선택하라.

사실 모든 부정적 외부 요인에 대처하는 방법은 같다. 나 자신한테 온갖 부정적인 것들을 퍼부어댔던 그 실험 중에 나는 줄기차게 컨트리 음악을 들었었다. 아마 당신은 컨트리 음악이 조금도 거슬리지 않을지도 모른다. 그러나 당신은 언제 무엇이 당신을 짜증나게 하고 슬프게 하며, 불안하거나 우울하게 만드는지 잘 알고 있다. 그런 것이 무엇이든 현재 그것 때문에 당신의 감정이 소비되고 있다면, 그것도 자발적으로 그러고 있다면 해결책은 하나다.

그냥 멈춰라.

당연한 일을 실천하라. 이건 권유가 아닌 명령이다. 당신이 이 명령을 따르지 않고 이 책을 계속 읽는다면 나는 굉장히 화가 날 것 같다!

'아니, 뭐야? 책을 그만 읽으라는 거야? 말이 돼?' 아마 당신은 지금 그렇게 생각할 것이다. 나는 진심이다. 지금 내 목표는 당신의 독서 목록을 늘려주는 게 아니다. 나의 목표는 당신이 목표를 이룰 수 있도록 돕고 뒷받침하는 것이다. 이 기본적 지침조차 따르지 않는다면 나는 당신 손에서 이 책을 빼앗아버릴 것이다. 왜냐하면 나는 정말 당신에게 도움이 되고 싶기 때문이다. 또한 통제는 중요하기 때문이다. 시카고 불스의 감독인 빌리 도노번은, NBA 감독을 맡기 전까지 플로리다대학 팀의 감독으로 20년간 재직한 바 있다. 훈련 중 기본 지시를 따르지 않는 선수들에게 그가 어떻게 했는지 아는가? 체육관에서 내쫓

아버렸다. 그러면서 몇 시간 뒤 지시에 따를 준비가 되면 그때 돌아오라고 명령했다.

스스로를 더 높은 경지로 밀어올리기 위해서 노력할 때는 아주 사소한 하나하나까지 다 중요하다. 그리고 할 수 있을 때 실행에 옮겨야 한다. 의도적으로 편향된 뉴스가 자신을 짜증나게 하거나 두렵게 한다는 것을 알면서도 그저 계속 읽고 싶다는 이유로 또는 고교 졸업 후 연락도 안 되는 동문의 페이스북이 궁금해 참을 수 없다는 이유로 당신의 감정을 소비해서는 안 된다. 어느 한 길을 계속 걸어가기 위해서는 스스로 멈출 줄 알아야 한다. 180도 변하라는 것이 아니다. 그냥 멈추고 중립을 찾아라! 지금이 바로 기회다. 당장 시작하자.

나는 '쉬운 일을 더 잘하자'라는 신조로 경력을 쌓아왔다. 그러니 당연한 일을 함으로써 이로움을 챙기자. 마음챙김이나 요가 또는 명상을 권하는 것이 아니다. 당신에게 짜증, 슬픔, 자신 없음, 좌절, 우울을 야기하는 불필요한 짓을 멈추라고 권유하는 것이다.

이 일을 1년 미룬다면, 당신이 목표에 도달하기까지 1년이 늦어질 것이다. 그러니 미루지 말고 오늘 시작하라.

다음의 선언문에 바로 서명하라.

나, ○○○은/는 당연한 일을 실천하고 사고의 기초를 튼튼히 다짐으로써 부정적인 감정이 내 내면에 자리 잡지 못하도록 하겠습니다.

서명: _____

축하한다. 지금 막 당신은 자신과의 의미 없는 경쟁을 그만두기로 약속했다. 앞으로 또 당신의 엄지손가락이 휴대폰 위에서 바삐 움직일 때는 당신이 인디애나 존스가 돼서 스필버그 감독 영화에서 방금 튀어나온 악당과 맞서고 있음을 기억하라. 그러나 당신의 승리에는 채찍 따위 필요 없다. 당신은 그저 손에 든 휴대폰을 내려놓고 자신의 삶에 충실하기만 하면 된다.

7장
집중할 것과 차단할 것

수준 높은 프로 미식축구나 대학 미식축구 경기는, 공이 킥오프되기 24시간 내지 48시간 전에 정신적 계획을 수립하는 것으로 시작된다. 이때 감독과 주장 선수가 팀을 단결시키는 하나의 정신적 목표를 제시한다. 팀과 협업할 때면 나는 주로 그런 목표를 제시하는 사람이거나 아니면 감독 및 주장 선수가 팀에 그런 목표를 제시할 수 있도록 교육하는 사람이다.

2017년 SEC 선수권대회에서 오번과 만나게 될 조지아 팀이 경기 준비를 위해 회의 중이었다. 선수들이 대형 화면에 적힌 팀의 정신적 목표, 즉 '산만함은 굶기고 집중은 배불리 먹여라'를 바라보며 앉아 있었다.

이 팀의 선수들은 벌써 2년 가까이 중립적 사고방식을 훈련해온 덕에 부정적 생각을 입 밖에 내서는 안 된다는 것을 이해하고 있었다. 또한 중압감을 느끼는 상황에서는 사실만을 머릿속에 담아두고 재검토해야 한다는 것도 잘 알고 있었다. 그들이 이미 내가 가르치는 거의 모든 것을 잘 따르고 있음이 입증됐음에도, 커비 스마트 조지아대 감독은 곧 자신의 선수들이 이전과는 다른 종류의 경기를 치르게 되리라는 것을 알고 있었기에 긴장하지 않을 수 없었다. 중요한 경기였다. 사람들의 관심도 대단했다. 그 주의 토요일에 열리는 SEC 경기는 조지아 대 오번전 단 하나였다. 선수권(그리고 대학 미식축구 플레이오프 진출)이 걸린 경기였다.

커비는 이런 일들을 수도 없이 겪어왔다. 그러나 커비의 선수들 중에는 애틀랜타에서 열리는 SEC의 그 연례행사에 참여해본 사람이 없었다. 그런 까닭에 커비는 특유의 그 소란스러운 경기 환경으로 인해 선수들의 집중력이 흐트러질까 걱정하고 있었다. 불과 몇 주 전 그들에게 유일한 패배(그것도 40 대 17로 처참한)를 안겼던 오번 팀을 다시 물리치려면 선수들이 적시에 적절한 생각만을 해야 했다.

커비는 선수 몇 사람에게 '산만함은 굶기고 집중은 배불리 먹이라'는 말의 의미를 물었다. 그러고 나서 실제 경기에는 영향이 없으나 팀 전체에 부정적 영향을 줄 수도 있는, SEC 선수권 경기를 둘러싼 모든 것에 대해 의견을 나눴다. TV 해설자, 가족, SNS, 경기 입장권 등 정규 시즌이 시작되기 전 선수들의 집중을 방해할지 모르는 모든 요소가 다 거기에 해당됐다. 그것들은 도처에 산재해 있었다.

우리 모두 집중력을 중요하게 여긴다. 중립적 사고를 하는 사람에게 그 능력은 굉장히 중요하다. 스티븐 코비Stephen Covey의《성공하는 사람들의 7가지 습관》을 보면 "가치가 있는 것을 하는 일-그것이 관건이다"라는 말이 쓰여 있다. 내가 아는 축구 감독들 중에 팀에서 그 말을 한 번도 하지 않은 사람은 거의 없을 정도로 간결하지만 중요한 성공 비결이다. 어쩌면 당신은 그 말을 '목표를 향해 집중하는 것'으로 이해할지도 모르지만, 그 해석은 중립적이지 않다. 과정보다 결과에 초점을 둔 것이기 때문이다. 그러나 21세기의 이 세상은 우리가 집중하길 원하지 않는다. 지금처럼 우리의 집중력을 흐트러뜨리는 것들이 많았던 적은 없었다.

문제는 사람들이 스스로 집중해야 한다는 중압감을 느끼면서도 자기도 모르게 아주 잘못된 대상에 집중력을 낭비하고 있다는 사실이다. 당신은 어떤가? 평소에도 신경 쓰이는 것들이 사방에 널려 있어 집중력을 유지하거나 기대할 수 없을 것이다. 그런데도 스스로에게 집중력을 요구하는 것은, 먼저 부정적인 생각이나 독백을 그만두지도 않은 채 "중립을 지키자"라고 말하는 것과 같다. 우리는 집중하기 위해 온갖 전략(빛, 기술, 동기유발 문구 등)을 시도하고 있다. 그러나 가장 기본적이면서도 무엇보다 중요한 전략은 그 '집중 방해물'이 생명 유지를 위해 필요로 하는 영양분을 끊어버리는 것이다.

조지아 팀을 교육시킬 당시, 나는 선수들에게 우리의 정신은 휴대폰 배터리와 유사하다는 점을 상기시켰다. 우리가 인스타그램 피드에서 엄지손가락을 더 많이 움직일수록 또는 앵그리버드Angry Birds 게임을 더 자주할수록 우리 인생에서 가장 중요한 전화가 걸려왔을 때 사용할 수 있는 배터리 용량은 줄어든다. 게임은 바로 우리가 놓치게 될지도 모를 전화 통화인 것이다. 통화를 다 마치기도 전에(또는 벨이 울리기도 전에) 배터리가 닳아버리면 일생일대의 기회를 놓칠 수도 있다. 그러니 배터리를 아껴야 한다. 잘못된 것들이 우리의 정신 속에 들어오도록 내버려 둬서는 안 된다. 그렇지 않으면 집중해야 할 때 집중할 수 없기 때문이다.

우리에게는 배터리를 소모하는 앱들을 무시하기 위한 훈련이 필요하다. 골프 선수 윌 잴러토리스Will Zalatoris는 2021년 4월 마스터스 대회 첫 출전 당시, 이 조언을 문자 그대로 받아들였다. 마스터스 출전 자격을 획득했을 때 PGA 투어 카드조차 없었던 잴러토리스는 텍사스 자택에서 전 댈러스 카우보이스의 쿼터백인 토니 로모Tony Romo와 자주 경기를 가졌다. 10년 동안 미국의 팀(America's Team: 댈러스 카우보이스의 별칭 - 옮긴이) 쿼터백으로 활동하면서 주의를 산만하게 하는 것들에 대해 상당한 지식을 습득한 로모는, 24세의 잴러토리스에게 토너먼트가 시작되면 휴대폰을 꺼두고 더 이상 신경 쓰지 말라고 조언했다. 잴러토리스는 그 조언을 따랐다. 덕분에 자신의 기량에 열광하는 수많은 팬들에게 주의를 빼앗기지 않았다. 그가 선두와 1타 차로 뒤진 상태로 최종 라운드에 진입했을 때쯤, 인터넷에 그를 소재로 만들어진 재미난 사진들이 돌기 시작했다. 금발에 75킬로그램인 잴러토리스가 1996년작 영화 〈해피 길모어Happy Gilmore〉에서 애덤 샌들러가 맡은 캐릭터의 캐디로 나온 젊은 재러드 밴 스넬렌버그Jared Van Snellenberg와 놀랄 정도로 닮은 것이었다. 잴러토리스가 그 무렵 일요일 오거스타에서 경기를 시작하기 직전에는 심지어 애덤 샌들러가 직접 그 인터넷 유머에 발을 들이기까지 했다. 샌들러는 트위터에 잴러토리스와 〈해피 길모어〉 속 캐디의 사진을 나란히 배치하고는 "오늘 하루 즐겁게 보내요, 젊은 친구. 길모어 씨가 당신을 지켜보고 있고 아주 자랑스러워해요"라고 적었다. 잴러토리스는 토너먼트에서 준우승을 차지할 때까지 그 트위터를 보지 못했다. 그는 상금으로 약 14억 원을 획득했으며 상당 기간 PGA 투어 이벤트 참가 자격을 걱정하지 않아도 될 정도로 세계 랭킹 순위를 올려놓았다.

잴러토리스는 집중이 필요하지 않은 때가 되어서야 다시 휴대폰의 전원을 켰다. 그리고 마침내 샌들러의 트위터를 봤다. 그리고 "다시 캐디가 필요하게 되면 알려줘요. 이번에는 더 잘할 수 있어요. 언제나 환영입니다, 길모어 씨"라고 답글을 올렸다.

휴대폰이 꺼져 있을 때보다 휴대폰이 켜져 있을 때 집중하기가 훨씬 더 어렵다. 종료 버튼을 누르는 행위는 최고의 중립적 실천이다. 올바른 것에 집중할 수 있으려면 먼저 잘못된 것으로부터 관심을 돌려야만 한다. 그게 가장 쉬운 해결 방법이기도 하다. 왜일까? 중요한 것에만 정신을 집중하도록 훈련하는 것은 여전히 어려울 수 있다. 그러나 뭔가를 하지 '않는' 것은 누구나 다 쉽게 할 수 있는 훈련이다. 우리는 언제든지 휴대폰을 끄거나 앱을 종료할 수 있다. 또는 자신의 인생 드라마에 우리를 끌어들이려는 사람에게서 온 전화를 무시할 수도 있다. 우리는 우리 일상에 들어오도록 스스로 허용한 온갖 집중 방해물들과 싸우는 것이다.

다시 2017년으로 돌아와, 조지아의 코치진과 선수들은 산만함은 굶기고 집중은 배불리 먹이기로 약속하며 함께 그 문구를 되뇌었다. 각 포지션 코치들이 경기 전날 밤 각자의 담당 선수에게 실시하는 경기 전 교육에 그 개념을 추가했다. 자신의 정신적 역량을 최대한 활용하면서 철저히 준비한 실력자는 당연히 자신 있게 경기에 임할 자격이 있다. 자신감이란 우리가 잠재력을 발휘할 준비만 되어 있다면 어떤 영역에서든 생겨난다. 아무런 뒷받침도 없는 긍정이나, 허세 그 자체를 위한 허세와는 차원이 다르다. 중립을 지킨 사람은 다음과 같이 말한다.

나는 철저하게 준비돼 있다.
나는 한눈팔지 않았다.
나는 당장 해야 할 일에 집중해왔다.

이 같은 말을 확실하게 내뱉을 수 있는 사람이라면 어떤 상대가 기다리고 있든 자신감 있게 앞으로 나설 수 있을 것이다.

한편 우리의 주의를 흐트러뜨리는 것들은 교묘할 수도 있다. 올림픽 단거리 육상선수 마이클 존슨Michael Johnson은 어떻게 그토록 오랫동안 '세계에서 가장 빠른 인간'이라는 수식어를 유지할 수 있었는지에 대해 설명할 때, 주의를 흐트러뜨리는 것을 식별하기가 때로 어려울 수 있다며 "분명한 건 집중을 흐리는 것들이 다양한 형태를 띠고 있다는 겁니다. 그리고 그중 다수는 우리가 알아채기도 어렵고요"라고 말했다.

　현재 우리를 산만하게 만드는 것들이 발명되기 수년 앞서 세상이 이렇게 될 것을 예견했던 한 사람이 있었다. 마이클 골드하버Michael Goldhaber라는 사람으로 1980년대의 이론 물리학자다. 그는 인간이 이용 가능한 정보의 양이 현저히 증가했다는 사실을 알아차렸다. 당시 케이블 채널, 라디오 방송국, 잡지 등이 증가하고 있었던 것이다. 골드하버는 심리학자 허버트 사이먼Herbert A. Simon이 명명한 '관심 경제the attention economy'에 흥미를 느꼈다. 기본적으로 인간이 갖는 관심은 한정돼 있다. 자녀와 보내는 시간이나 건강한 저녁 식사 준비 등과 같이 유익한 일이 아닌, 다른 곳에 관심을 쏟고 나면 이미 소비된 시간이나 정신적 에너지는 되찾을 수 없다는 것이다. 이것은 내가 '대체의 법칙law of substitution'이라 부르는 것과 매우 유사한 이론이다. 즉, 정신은 한 번에 한 가지 지배적 생각에만 집중할 수 있다는 말이다. 나는 고객들에게 만약 자신이 부정적 생각을 하고 있음을 깨닫게 되면 그 부정적 생각을 중립적 생각으로 대체해야 한다고 가르치고 있다.

　누군가 알아채기 수년 전에 이미 골드하버는, 언론사, 광고업자, 정치인 등 무언가를 팔고자 하는 사람은 타인이 머릿속에 이미 지니고 있는 개인적이고 지배적인 생각을 사로잡기 위해 그 어느 때보다 열심히 싸워야 할 거라고 믿었다. 인간의 역사상 그 어느 시기에서도 경험하지 못한 치열한 경쟁의 시대가 도래할 거라고 말이다. 사람들이 전화 접속 인터넷을 알게 되고 사이버 공간을 탐색하기 시작한 1997년에 골드하버는 잡지 〈와이어드Wired〉에 에세이를 기고했다. 거기서 '관심'이 온라인으로 발전하는 경제의 가장 중요한 '통화通貨'가 될 거라고 단언했다.

골드하버의 예언 중에 몇 가지를 소개한다.

• 영화배우의 인기만큼은 아니지만 보다 소규모의 충실한 추종 자들을 거느리는 '아주 작은 스타들microstars'이 득세하는 새 세상이 열릴 것이다.

이들은 자신의 팬에게 영향을 미칠 수 있는 대단한 힘을 가지게 된다. 현재 당신이 가장 좋아하는 NBA 팀의 식스맨(sixth man: 농구팀에서 5명의 주전 선수 이외 후보 선수 중 가장 실력이 뛰어난 선수로 중요한 순간에 경기에 투입됨- 옮긴이)이 자신의 인스타그램에 한 신생기업의 스포츠 음료를 마시고 있는 사진을 올린다면? 사실상 골드하버는 15년 앞서 인플루언서 경제influencer economy를 예견했던 셈이다.

• 우리의 '관심'에 대한 수요가 증가해 우리는 사색하거나 숙고할 때 또는 여가를 즐길 때 방해받게 될 것이다.

당신은 산책을 하거나 편하게 휴식을 취할 수 있었던 시간에 얼마나 자주 휴대폰을 들여다보았는가?

• '관심'을 둘러싼 경쟁의 증가로 주변 사람들, 특히 아이들에게

충분한 애정을 주지 못하게 될 것이다.

우리 모두 가족과 시간을 보내야 할 시간에 휴대폰 화면에 나타난 무언가에 정신이 팔려 있다. '나는 아니다'라고 말한다면, 그건 거짓말이다.

대가가 따르기 때문에 관심을 '갖다(paying attention: 'pay'는 '지불하다'를 의미-옮긴이)'라고 하는 것이다. 적어도 기회비용에 해당된다. 한 가지에 대한 집중은 또 다른 한 가지에 대한 집중을 방해한다. 그리고 그 또 다른 한 가지가 무엇이냐에 따라서 엄청난 대가를 지불해야 할 수도 있다. 휴대폰만 붙잡고 있느라 새로운 관계를 맺을 수 있는 절호의 기회를 무시했는지도 모른다. 어쩌면 휴대폰에서 본 것이 당신을 부정적 감정의 소용돌이에 휘말리게 했는지도 모른다. 어디에 관심을 집중시켜야 하느냐의 문제는 삶을 지휘하는 것과 같다.

먼저 과거에 무엇이 나를 산만하게 만들었는지, 현재는 무엇이고 미래에는 무엇이 그렇게 할지를 알아내는 것이 우선이다. 그러나 주의를 흩트리는 일이 반드시 나쁜 일만은 아니다. 또한 반드시 인터넷상에만 존재하는 것도 아니다(물론 가장 흔하게 찾아볼 수 있는 장소이긴 하지만). 우리가 집중해야 할 일에 약간의 수정만을 요하는 것들도 있다. 다음 날 처리해야 할 급한 업무를 들여다보고 있는 중에 형제 또는 자매에게서 전화가 걸려와 어쩔 수 없이 가족 문제에 휘말리게 되는 경우, 그것이 주의를 흩트리는 일임은 당신도 알 수 있을 것이다. 그러나 소중한 친구가 전화로 저녁 식사를 함께하자고 묻는다면? 물론 그것은 즐거운 일이긴 하지만 저녁 식사가 술자리로 이어진다면 굉장히 늦은 시간이 돼서야 친구와 헤어지게 될 것이다. 그렇다면 그것 역시 다음 날 직장에서의 정신없는 하루를 대비하는 데 방해 요소가 될 수 있다. 이때가 바로 무엇이 더 중요한지 결정을 내려야 할 때다. 밤늦게까지 친구와 함께 있는 것이 더 중요할 수도 있다. 또는 그 친구와 적당히 시간을 보내고 저녁 8시쯤엔 귀가해 다음 날의 직장 업무를 완벽하게 준비할 수도 있다. 중립적으로 생각하려면 자기 자신에 대해 충분히 이해하고 있어야 한다. 그리고 관련된 모든 요인들을 검토한 다음 결정을 내려야 한다. 만약 방해가 될 것 같다고 판단한다면 친구에게 다음에 만나는 게 좋겠다고 양해를 구할 수 있을 것이다.

어떻게 정신을 조정할지 결정함에 있어 '대체의 법칙'을 반드시 고려해야 한다. 다시 한 번 말하지만, 우리는 한 번에 한 가지 지배적인 생각만을 유지할 수 있기 때문이다. 우리 정신이 어느 한 가지 생각에 사로잡히면 다른 것은 모두 차단된다. 나의 아버지는 이것을 'LOCK ON/LOCK OUT(집중과 차단)'이라 가르쳤다. 일단 어떤 생각에 집중하면 이외의 다른 것들은 차단된다는 의미다. 만약 다음 두 가지의 차이점을 이해하지 못하거나 그 둘을 구별할 줄 모른다면 위험하다.

- 집중하면 안 되는 것
- 집중해야 하는 것

직장 생활 중 업무 생산성의 극대화를 방해하는 요인은 무엇일까. 2017년에 CareerBuilder.com[1)]에서 실시한 조사에 따르면, 고용주들은 생산성을 높이는 데 있어 장애가 되는 요인들로 다음 항목들을 꼽았다.

- 휴대폰/문자: 49퍼센트

- 인터넷: 38퍼센트

- SNS: 37퍼센트

- 가십거리: 35퍼센트

- 이메일: 29퍼센트

- 직장 동료의 방문: 24퍼센트

- 흡연 또는 간식 시간: 25퍼센트

- 회의: 23퍼센트

- 시끄러운 직장 동료: 19퍼센트

그런데 업무와 무관한 방해만 문제가 되는 것이 아니다. 때때로 어느 한 업무가 또 다른 업무에 지장을 초래하기도 한다. 2015년에 미국, 캐나다, 이탈리아의 연구원이 공동으로 이탈리아 판사들의 '업무 처리 현황'을 검토해 그 연구 결과를 〈유럽경제협회저널Journal of the European Economic Association〉에 발표했다. 기본적으로 한 번에 극소수의 재판만을 담당하는 판사에 비해 동시에 다수의 재판을 처리하려고 애쓰는 판사의 사건당 소요 시간이 더 긴 것으로 조사됐다. 당연히 그럴 것이다. 동시에 5개의 업무를 진행하는 경우, 한 번에 2개의 업무만을 해결할 때보다 업무 사이를 왔다 갔다 하느라 더 많은 시간이 소비될 테니 말이다.

그런데 집중을 방해하는 것들은 그저 업무 생산성에만 손해를 입히지 않는다. 한번 생각해보라. 당신을 배우자나 동거인 또는 자녀에게 소홀해지도록 만드는 것이 무엇인지. 건강 관리에 소홀하도록 만드는 것은 또 무엇인가? 아마 직장에서 당신의 관심을 앗아가는 것들과 겹치기도 할 것이다. 두 경우 모두 당장 해야 할 일에만 집중하는 것이 업무를 완료하는 데도 도움이 되고 자녀나 배우자와 뜻깊은 추억을 만드는 데도 도움이 될 것이다. 게다가 더 효율적이고 덜 피곤하게 느껴질 것이다.

스스로 기본 규칙을 설정할 필요가 있다. UCLA 여자 농구팀에는 주차장에 차를 대고 라커룸으로 이동할 때까지 휴대폰을 반드시 가방 안에 넣어두어야 한다는 규칙이 있다. 이 규칙으로 인해 팀에 소속된 선수, 코치, 학생 등 모든 사람은 훈련장에 입장하면서 서로 대화할 수밖에 없다. 단 몇 분에 불과하지만 어쩌면 트위터나 틱톡에 빼앗겼을지도 모르는 그 몇 분은 선수들이 서로 교류할 수 있는 뜻깊은 시간이다. 휴대폰을 아예 눈앞에서 치워버린다는 엄격한 규칙을 설정하는 것이 유혹에 사로잡히지 않기 위한 가장 쉬운 방법일 수 있다. 스스로에게 "휴대폰을 보면 안 돼"라고 말하는 것보다 "금지돼 있기 때문에 휴대폰을 보지 않을 거야"라고 말하는 것이 더 쉽다. 먼저 방해물을 제거해버릴 수 있다면 훈련이 더 쉬워진다.

때로는 주변 환경을 통제할 수 없을 때도 있다. 따라서 집중을 방해하는 것들을 줄이기 위해 또 다른 전략도 활용해야 한다.

- 눈의 움직임을 통제, 보는 방향을 물리적으로 통제하는 행위.
- 음악
- 방해를 차단해 주는 장비들. 소음 제거 헤드폰 등.

그러나 시끄러운 사무실이나 수다스런 직장 동료보다 더 큰 문제가 당신의 집중을 방해하는 경우도 자주 있다. 종종 앞에 언급한 연구 자료 속 이탈리아 판사들처럼 직장에서 동시에 여러 가지 업무를 처리해야만 할 때가 있다. 나의 경우가 그러하다. 내가 오직 한 사람의 고객만을 상대한다면 완벽히 그 고객에게 집중할 수 있을 것이다. 나는 내 고객이 크게 만족하는 모습을 상상하는 것이 좋다. 그러나 그랬다면 나는 아마 파산했을 것이고 지금 당신이 내 두 번째 책을 읽고 있지도 못할 것이다.

다수의 고객 사이에서 균형을 유지하기 위해서는 '앎'이 필요하다. 나는 무엇보다 고객들과 항상 연락이 닿을 수 있도록 노력한다. 그리고 무리가 될 수도 있는 일에 동의하기 전에는 나에게 요구되는 것이 무엇인지 확실히 파악한다.

러셀 윌슨은 2014년 시즌 내내 자신의 라커룸에 점검표를 붙여두었다. 슈퍼볼 우승에 성공한 시호크스는 또다시 슈퍼볼 우승을 노리고 있었다. 러셀은 매일 자신의 점검표를 확인하며 어디에 집중해야 하는지 끊임없이 스스로에게 상기시켰다. 그것은 다음과 같다.

1. 완벽한 균형

2. 완벽한 기초체력

3. 전념할 것

나는 고객별로 나만의 점검표를 작성한다. 그중 몇 가지 항목을 소개한다.

- **건강** 내가 현재의 업무량을 감당하면서도 건강을 유지할 수 있을까? ('C로 시작하는 단어' 때문에 더 어려워졌음은 물론이다.)
- **각 팀** 나는 지금의 고객들에게 최선을 다하고 있는가? 일을 더 늘릴 만한 역량이 남아 있는가, 아니면 지금의 고객에게 부정적 영향을 끼치게 될 수도 있는가?
- **여행** 동시에 두 장소에 있을 수는 없다. 고생 끝에 습득한 깨달음이다.
- **신앙** 영적으로 충만한 상태에 머물러 있다고 확신하는가? 교회에 나가고 있는가?
- **가족** 너무 일에만 매달려 있지 않은가? 내 삶에 중요한 사람들을 위해 얼마나 많은 시간을 할애하고 있는가?

업무 약속이 있을 때마다 항상 챙겨가는 목록도 있다. 최고의 부동산 중개인들은 그것을 성공 목록이라 부른다. 회사 명칭 아래에 내가 체크 표시를 할 수 있도록 여러 개의 네모 칸을 만들어놓은 목록이다. 각 팀에 합류할 때마다 나는 내가 해야 할 일을 세분화해 정리한다. 나는 코치들이 선수들에게 강조해야 할 것을 기록하기도 하고 개별 선수 또는 팀 전체를 위한 맞춤 영상을 제작하기도 한다.

또한 나는 면담할 선수를 위해서도 목록을 작성한다. 그러면 집중하면서 순조롭게 대화를 이어나갈 수 있어 면담을 더 생산적으로 이끌 수 있다. 메이저리그 야구 선수를 원정 경기 전 야구장의 라커룸에서 만나야 할 때는 반드시 생산적인 대화를 이끌어야 한다. 그렇지 않으면 선수의 관심이 금방 시들해져버릴 테니 말이다.

만일 존슨앤존슨Johnson & Johnson의 직원들 앞에서 강연해달라는 요청을 받게 됐다면 그때도 나는 같은 공식을 따를 것이다. 회사가 내 강연을 통해서 직원들에게 기대하는 것이 무엇인지 확인한다. 다시 한번 말하지만 가장 중요한 질문은 이것이다. '현재 상황에서 내게 요구되는 것이 무엇인가?' 나는 강연을 준비하기 위해서나 이야기 도중 메시지의 논점을 유지하기 위해서 이 같은 질문을 통해 얻은 정보를 이용한다. 이 방법은 내가 어디에 집중해야 하는지를 상기시키는 데 도움이 된다. 자신이 하고자 하는 일을 위해 지금 나에게 요구되는 일을 체크하는 점검표를 작성하라.

점검표를 작성하는 일은 너무 쉬운 해결책이 아닌가 생각할지도 모르겠다. 그러나 당신은 집중해야 할 것들의 목록을 몇 번이나 작성해봤는가? 쉬운 일을 더 잘하자. 최상의 상태는 인식과 간단함에서 시작되는 법이다. 당연한 일을 실천하라.

중압감을 받아들여라. 나는 'C로 시작하는 단어'와 싸우며 여

오늘 해야 할 일

모아와드컨설팅그룹

트레버 모아와드

날짜 :

☐ ....

☐ ....

☐ ....

☐ ....

☐ ....

러 가지 일을 하면서 엄청난 중압감을 스스로 만들어냈다. 하지만 이게 내 현재이고 사실이다. 그러니 감정에 억눌리지 말고 매 순간의 삶에 고유한 생명을 부여하라. 기본적인 것을 더 잘하기 위해 쉬운 행동들을 습관으로 만들어라. 중요한 것에 집중하고 나머지 다른 것들은 차단하라. 3장에서 노인의 사망률이 엄청나게 높은 팬데믹 상황에서 노인 대상 헬스케어 회사의 운영 방식을 변경하기 위해 노력했던 사이 프랜스에 대해 소개했었다. 사이는 언제나 점검표를 작성해왔다. 그런데 나는 그의 점검표가 상황의 변화에 따라 어떻게 유연하게 변화했는지 알고서는 놀라지 않을 수 없었다.

2020년 3월 9일, 오클라호마시티에서 재즈와 선더의 경기가 취소되기 이틀 전이었다. 그날 아침 사이는 다음과 같은 점검표를 작성했다. 미국이 정상을 유지할 수 있는 시간을 56시간 남겨놓은 때였다.

- 중립 유지
- 전념하기
- 의기양양하기

3월 9일에 그 헬스케어 회사의 CEO는 정말로 의기양양할 정도로 여유로움을 느끼는 상태였다. 하지만 얼마 못 가 상황이 달라졌다. 3월 23일 사이의 점검표를 보자.

- 가족 챙기기
- 가족의 건강
- 가족의 사기
- 부모님 챙기기

그는 업무를 위한 목록도 작성했다.

- 중립 유지
- 해야 할 일에 집중

• 결과는 우리가 어쩌지 못한다.

이런 기록 덕분에 사이는 중요한 시기 내내 집중력을 유지할 수 있었다(사업뿐만 아니라 가족에 대해서도). 사이의 회사가 운영 방식을 변경함으로 인해서 요양원에 입소해 있던 다른 (다른 요양원인지 다른 사람인지) 사람들에 비해서 사이의 고객들에게 전반적으로 더 나은 결과가 나타났다는 사실은 앞에서 이미 살펴봤다. 그러나 사이는 그의 두 번째 점검표만큼 첫 번째 점검표도 진지하게 실천했다. 팬데믹 초기의 몇 달 동안 그와 그의 아내는 집에 틀어박혀 있는 세 딸들에게 기대할 수 있는 무언가를 만들어주기 위해 되도록 자주 '축하 만찬'을 열어주려고 노력했다. 사이는 매일 점검표를 작성했다. 그래서 절대적으로 중요한 시기에 중요한 것에 계속 집중할 수 있었다.

점검표 작성법을 활용해 팬데믹을 극복했던 헬스케어 CEO나 나의 경험담이 그다지 와닿지 않는 독자가 있을지 모르니 역사상 가장 위대한 운동선수의 사례를 소개하고자 한다.

내가 세리나 윌리엄스Serena Williams를 만난 2010년에 이미 그녀는 역대 최고의 수식어를 달고 다니는 테니스 선수가 되어 있었다. 당시 나는 플로리다주 브레이든턴에 있는 IMG 아카데미에 재직 중이었다. 유명 코치 닉 볼레티에리Nick Bollettieri의 테니스 아카데미로 시작해 현재는 NFL 드래프트 유망주와 어린 나이의 세계 정상급 축구 선수 및 야구 선수는 물론 엘리트 테니스 선수 및 골프 선수가 훈련을 위해 찾는 거대한 캠퍼스로 성장한 곳이다. 세리나는 발 감염증 및 폐색전증을 겪은 후 재활을 위해 브레이든턴을 찾아왔다. 나는 그녀를 보고 많은 것을 배웠는데, 내가 가장 좋아하는 그녀의 습관 중 하나는 코트 전환 사이에 자신의 메모를 검토하는 행동이다. 세리나의 경기 모습을 보게 된다면 코트 사이드를 바꾸기 전 선수들이 휴식을 취하며 앉아 있는 동안 세리나가 어떤 행동을 하는지 유심히 관찰해보길 바란다. 그러면 종이 메모를 읽고 있는 세리나를 확인할 수 있을 것이다.

그 종이에 적힌 문구는 세상이 깜짝 놀랄 만한 대단한 것은 아니다. 아마 '공을 보라'라든가 '득점할 때 전진하라' 등일 것이다. 그녀의 언니 비너스Venus에게서 전수받은 메모 검토 습관을 세리나는 수년간 지속해오고 있다. 실제 2002년 윔블던 경기 후 열린 기자회견 도중 그 습관에 대해 질문을 받기도 했다. 세리나는 "그건 그냥 집중을 유지하기 위한 습관입니다. 제가 종종 경기 중에 집중력을 잃어버릴 때가 있거든요. 체인지오버 시간에 여기저기 쳐다보는 버릇도 있어요. 그래서 경기 중 집중을 유지하기 위해 뭔가 들여다볼 것을 준비한 겁니다"라고 답했다.

그녀의 습관이 단 한 번 문제가 된 적이 있었다. 2007년 US오픈 당시 베라 즈보나레바Vera Zvonareva를 상대로 3라운드 경기에 출전한 세리나에게 주심이 메모를 치우라고 요구한 것이다. 하지만 그 금지 명령은 그리 오래 지속되지는 않았다. 경기 후반 감독관과 논의를 거친 주심은 자신의 실수를 깨달았다. 경기 중 선수가 코치의 메모를 전달받는 행위는 허용되지 않는 게 맞지만 자기 자신의 메모를 검토하는 것은 완전히 허용된 행위였다.

그해 초, 세리나가 자신의 평상시 메모 철학에서 일탈한 적이 있었다. 호주 오픈 결승에서 마리아 샤라포바Maria Sharapova와의 일전을 앞두고 세리나는 메모지에 오직 한 단어만을 적었다. "예툰데Yetunde"였다. 세리나의 이복 언니인 예툰데 프라이스Yetunde Price는 2003년에 캘리포니아에서 차량 총격으로 인해 살해당했다. 그날 세리나는 그 경기를 그녀의 언니에게 바치기로 마음먹었다. 그래서 체인지오버 때마다 예툰데의 이름이 적힌 메모를 응시했고 자신의 통산 8번째 그랜드슬램 달성을 위해 집중했다. 나중에 세리나는 "체인지오버 때마다 언니의 이름을 보며 내가 우승하면 언니가 얼마나 기뻐할까만 생각했어요. 언니는 항상 제게 큰 힘이 되었거든요. 저한테 언니가 얼마나 소중한 사람이었는지 생각하면서 저 자신에게 '세리나, 이게 네가 이겨야 할 이유야. 이기기 위한 동기로 이보다 더 큰 것은 없어'라고 속삭였어요. 그리고 정말 그랬던 것 같아요"라고 말했다.

이제부터 당신도 너무 많은 일을 감당하고 있다고 느껴져 집중할 수가 없다면 세리나를 따라 하라. 자신만의 목록을 작성하라. 그리고 한숨 돌릴 때마다 그것을 검토하라. 금세기 최고의 테니스 선수가 승리하는 데 도움이 된 것이라면(아마 모든 사람에게 유효할 것이다), 분명 당신의 집중에도 도움이 될 것이다. 그럼 당신의 일도 순조롭게 진행될 것이다.

8장

멘탈도 사전 준비가
필요하다

앨라배마 팀이 거의 20년 만에 치르는 중요한 경기를 4일 앞둔 어느 날, 보조 코치들이 경기 계획서를 높이 들어 얼굴을 가렸다. 그 때문에 닉 세이번 감독은 그들이 킥킥거리는 것을 보지 못했다. 닉이 내게 영화에 대해 묻고 있는 중이었다. 수비 코치 커비 스마트, 체력 코치 스콧 코크런Scott Cochran, 보조 운영 감독 패트릭 서디스Patrick Suddes가 평정을 유지하려고 애쓰고 있을 때 닉은 대체 왜, 그것도 로즈볼 전국 우승이 걸린 텍사스와의 경기 전날 밤에 내가 그의 팀이 한물 간 하키 영화를 봐야 한다고 주장하는지 이유를 알고 싶어 했다.

그토록 중요한 경기를 목전에 두고 열린 회의에서 왜 이런 일이 벌어진 건지 이해하려면 먼저 닉 세이번 감독에 대해 알아야 한다. 닉에게는 경기 전날 밤의 영화를 포함해 모든 세부 사항이 중요하다. 다른 감독들 대다수는 선수들을 극장에 보내 그때 상영 중인 영화 중에서 아무거나 선택하도록 내버려 둘 것이다. 또는 선수들이 다수결로 결정하도록 할지도 모른다. 닉은 그렇지 않다. 그는 경기를 앞두고 선수들이 접하는 모든 것들이 그들의 정신적 무장에 도움이 되길 원하는 사람이다. '포괄적'이란 표현이 정확할지는 모르나 그것으로도 팀과 관련된 모든 것에 세심한 관심을 기울이며 준비하는 그의 감독으로서의 지도 수준을 완벽하게 담아낼 수는 없다. 아마 나는 그의 프로그램에 3퍼센트 정도 기여했을 거라 생각한다. 즉, 그런 큰 경기를 준비하며 들인 노력에서 나의 지분이 100분의 3정도였다는 말이다. 그러나 닉은 단 1퍼센트의 역할도 중요하게 여긴다. 그래서 그가 내가 맡은 영역으로 관심을 돌렸을 때 나는 무조건 내 직분을 다해야 했다. 그러지 않으면 퇴출될 게 뻔했다. 그리고 당시 나의 임무는 선수들이 볼 영화 선정을 돕는 일이었다.

그 주에 접어들면서 나는 2개의 영화로 선택지를 좁혔다. 바로 〈미라클Miracle〉과 〈인빅터스Invictus〉였다. 〈미라클〉은 레이크플래시드 Lake Placid에서 금메달을 획득한 1980년 미국 올림픽 아이스하키팀의 이야기를 디즈니 영화로 만든 것이다. 〈인빅터스〉는 1995년 럭비월드컵이 인종차별정책 철폐 후 남아프리카공화국의 단결에 어떻게 기여했는지를 보여주는 클린트 이스트우드Clint Eastwood 감독의 영화다. 〈미라클〉은 2004년 2월에 개봉했고, 〈인빅터스〉는 우리가 2010년 1월 초의 결승전을 위해 캘리포니아로 출발하기 얼마 전에 개봉한 영화로 상영 기간 한 달이 넘지 않은 신작 영화였다. 따라서 경기가 예정된 주에 열린 이 코치 회의에서 닉은 내가 어째서 넬슨 만델라Nelson Mandela가 아닌 허브 브룩스Herb Brooks를 선택했는지 궁금해했던 것이다. 나는 "감독님, 우리 팀에 어울리는 특별한 메시지가 무엇인지 생각할 때, 전 〈미라클〉이 적격이라고 생각해요. 〈인빅터스〉가 강렬하면서 새롭고 또 신작이긴 하지만 우리가 직면하고 있는 일과 지금까지의 여정을 고려할 때 전 〈미라클〉이 더 좋아요"라고 대답했다.

닉은 선수들 중에 아이스하키를 해본 사람이 없다는 사실을 내게 상기시켰다. 패트릭이 작성한 신작 영화 요약본을 이미 검토한 상태였던 닉은 팀과 국가가 하나가 된다는 〈인빅터스〉의 메시지에 더 마음이 끌렸던 것이다. "다들 어떻게 생각합니까?" 회의실을 둘러보며 닉이 물었다. 경기 계획서 뒤에서 킥킥거리는 소리가 좀 더 커졌을 뿐이었다.

"전 두 가지가 다 맞다고 생각해요, 감독님." 내가 약간의 환심성 발언으로 다시 말을 이었다. "하지만 클린트 이스트우드와 디즈니를 연구했을 때 두 영화 사이에 에너지 차이는 없어요." 나는 이 말이 그에게 먹힐 거라는 걸 알고 있었다. 영화의 속도와 상영 시간은 중요했다. 그는 선수들의 적극적 참여를 원했다. 선수들의 집중력이 흐트러지는 걸 원치 않았다. 그런데 젠장, 패트릭이 〈브레이브하트〉와 〈라이언 일병 구하기〉를 닉의 구미에 맞게 2시간으로 줄여놨다. 도대체 왜 라이언 일병을 구하려고 애를 쓰는지 선수들이 이해했는지도 잘 모르겠다. 심지어 그 작전이 성공했는지 아닌지도 지금 기억이 나지 않는다. 나는 내가 생각할 수 있는 최선의 논리로 닉을 다시 설득했다. "〈미라클〉은 미국 대 소련의 이야기예요. 우리가 플로리다를 상대한 것과 약간 닮았어요. 그리고 우리가 SEC 선수권대회에서 플로리다를 물리쳤던 것처럼 그들도 준결승에서 소련을 물리쳤죠. 우리에게는 아직 텍사스와의 경기가 남아 있죠. 그들도 금메달을 따기 위해서 또다시 핀란드를 이겨야 했고요."

아마 텍사스 롱혼스Texas Longhorns가 핀란드 아이스하키 국가대표 팀에 비유되는 일은 이때가 스포츠 역사상 처음이자 유일했을 것이다. 어쨌든 이 비유는 먹혀들었다. 앨라배마는 2008년 SEC 선수권대회에서 플로리다에 패했었다. 게다가 플로리다 게이터스Gators는 전국 우승까지 차지했다. 2009년에 플로리다는 거의 모든 선수들을 다시 데려왔고 SEC 선수권대회에서 맞붙을 당시 우린 둘 다 12승 0패를 기록 중이었다. 대부분의 사람들이 그 경기를 전국 우승팀을 결정하는 경기나 마찬가지라고 생각했었다. 1980년에 소련팀은 프로 선수들로 구성된 최강팀이었던 반면, 미국팀은 전부 대학 선수들로 이루어져 있었다. 스포츠 특유의 상황은 물론 냉전이라는 배경을 고려할 때 소련과의 결승전은 단순한 결승전이 아닌 그보다 훨씬 더 큰 의미를 지니고 있었다. 그리고 그때 미국 선수들이 소련을 이겼다는 사실을 기억에서 지우고(모두가 그 얘기만 하려 했음에도 불구하고) 금메달을 놓고 핀란드를 상대해야 했던 것과 마찬가지로 우리 선수들도 플로리다전을 잊고 텍사스전에 집중할 필요가 있었다. 나는 "감독님, 어떤 영화를 선택하든 우리 팀이 지지 않을 거라고 생각은 해요. 하지만 선수들의 나이와 미국팀의 사명, 그리고 후반에 등장하는 놀라운 연설이 우리 선수들에게 굉장한 정신적 영감을 줄 겁니다"라고 설득했다.

마침내 닉을 만족시켰다. 닉은 동의했고 미식축구와 직접 관련된 보다 구체적인 주제로 넘어갔다. 회의가 끝나고 나는 커비, 스콧, 패트릭에게 내가 애를 먹는 동안 도와줘서 고맙다고 말했다. 그들 중 한 명이 "당신이 해낼 줄 알았어요"라고 말했다. 세 사람은 여전히 웃고 있었다.

경기 전날 밤이 되었다. 나는 그때 그 회의에서 그랬던 것처럼 잔뜩 긴장할 수밖에 없었다. 〈미라클〉의 블루레이 영상이 재생되지 않았다. 닉 세이번의 팀에서 1분이 지체되는 것은 45시간이 지체되는 것이나 마찬가지였다. 다행히 복사본을 준비해뒀고 무사히 영화를 재생할 수 있었다. 선수들은 아이스하키 경험이 전무했음에도 불구하고 아주 즐거워했다. 그 틈에 닉은 우리 팀이 플로리다를 이기긴 했지만 전국 우승을 차지한 것은 아니라는 메시지를 다시 한 번 강조할 수 있었다. 다음 날 밤엔 우리가 넘어야 할 오렌지색(텍사스의 상징색 - 옮긴이) 산이 기다리고 있었다.

우리가 텍사스를 37 대 21로 이기고 전국 우승을 차지한 뒤, 나는 가끔씩 롱혼스는 경기 전날 밤 무슨 영화를 봤을지 궁금하다는 생각이 들었다. 그 팀은 선수들에게 현재 상영 중인 영화를 보여줌으로써 스트레스를 풀어준다는 옛날식 철학을 고수하고 있었다. 그렇다면 2010년 1월 첫째 주에 극장가에 걸려 있던 영화들 중 무엇을 골랐을까? 〈아바타〉? 로버트 다우니 주니어의 〈셜록 홈즈〉? 〈앨빈과 슈퍼밴드 2〉?

사실 난 마지막 영화였으면 했다.

농담처럼 얘기하고는 있지만 경기 전 마음가짐은 누구에게나 중요하다는 것이 핵심이다. 모든 사람이 경쟁을 예정해 두고 사는 것은 아니겠지만, 우리는 앞으로 반드시 엄청나게 중요한 순간들이 계속 찾아올 것임을 잘 알고 있다. 그것은 직장에서 하게 될 중요한 프레젠테이션일 수도 있고 직장 면접일 수도 있다. 또는 자녀의 출생 같은 엄청난 일도 그러하다. 스트레스가 심한 상황에서 부정적 사고나 틀린 정보에 기반해 잘못된 결정을 내리는 일이 없도록 중립을 찾는 법은 이미 설명했다. 그러나 일단 중립을 찾을 수 있다면 자신이 어떤 마음가짐을 가지고 있는지 자각할 수 있다. 중립적 사고로 반응할 게 아니라, 중립적 사고로 대비할 수 있게 된다는 말이다. 그렇게 되면 필연적으로 스트레스가 찾아왔을 때 차분히 중립을 찾기가 더 쉬워진다. 또한 단순히 마음이 가는 대로 내버려 뒀을 때보다 더 준비된 상태로 스트레스 상황에 맞설 수 있다. 2쿼터에서 14점이나 실점하는 일 등의 실제 상황이 벌어지고 나서야 중립을 찾으려고 기다리고 있기만 할 게 아니라, 큰일이 있기 전에 미리 적절한 마음가짐을 만들어놓는 것 역시 중립적 삶을 위한 훈련에서 빼놓을 수 없다.

2020년 2월 2일 밤, 내가 〈신데렐라 맨Cinderella Man〉을 감상한 이유도 그 때문이었다. 그동안 계속 대비해온 수술이 다음 날로 잡혀 있었다. 수개월에 걸친 항암 치료로 종양의 크기가 줄어들었다. 이제 니센 박사가 내 배를 가르고 장기를 살펴 남은 종양을 제거할 시간이었다. 이 수술로 내가 완전히 'C로 시작하는 단어'에서 벗어난다는 보장은 없었지만 지금까지는 모든 것이 의료진의 계획대로 되고 있었다. 수술은 내 몸에 큰 무리를 줄 게 분명했다. 여러 날 동안은 병원에 입원해 있어야 하고 퇴원한 뒤에도 당분간 생활에 제약을 받을 게 뻔했다. 고통의 시간을 앞두고 있던 나에게 치유의 시간이 필요할 터였다.

나는 지금까지 수많은 선수들과 일하며 그들이 인생에서 최고의 순간을 맞이하는 것을 도왔다. 나는 NFL 유망주들이 콤바인(combine: 매년 2월 드래프트 참가 선수들이 NFL 관계자들 앞에서 신체 능력, 정신적 역량 등의 검증을 받는 일 - 옮긴이)을 위해 훈련하는 것을 도왔다. 축구 선수들의 국제대회 준비도 도왔고 러셀 윌슨이 두 번의 슈퍼볼을 위해 정신적으로 단련될 수 있도록 도왔다. 그리고 앨라배마대학, 플로리다주립대학, 조지아대학의 미식축구 선수들이 전국 선수권대회를 앞두고 정신을 갈고닦을 수 있도록 도와주기도 했다. 이제 내가 그동안 다른 사람을 위해 개발한 모든 멘탈 관리 노하우를 나 자신을 돕기 위해 사용할 때였다. 중립적 마음가짐으로 내 인생 최대의 난관으로 향하는 나 자신을 위해서 말이다.

수술을 이틀 앞두고 나는 마이클 존슨에게 전화를 걸었다. 마이클은 1996년에 황금 신발을 신고 올림픽 200미터와 400미터에서 금메달을 땄다. 이 일로 그는 우상이 됐다. 그가 정복한 것은 트랙 위 두 번의 경기만이 아니었다. 그는 애틀랜타올림픽의 수여식을 정복한 미국인이었다. (그것도 황금 스파이크를 신고서!) 그는 엄청난 국민적 자부심을 불러일으켰고 스스로 스포츠 영웅으로 거듭났다. 그러나 그 때문에 그날 마이클에게 전화한 것은 아니다.

내가 마이클에게 전화한 이유는 얼마 전 그가 병마와 싸우며 힘든 시간을 이겨냈기 때문이다. 2018년 8월, 마이클이 캘리포니아 말리부에 있는 자신의 집에서 운동을 마무리하다가 갑자기 발목이 말을 안 들어 발을 헛디뎠다. 그는 피트니스 벤치에 앉아 운동 중에 발목 부상을 초래할 만한 움직임이 있었는지 생각했다. 그때 그의 왼쪽 팔이 저려 왔다. 심각한 질병이 아닐까 걱정이 된 마이클의 아내는 즉시 그를 응급실로 데리고 갔다. 의료진은 마이클에게 보다 정확한 검진을 위해 UCLA 의료센터로 갈 것을 권유했다. MRI 검사를 끝냈을 때 마이클의 왼쪽 발의 감각이 사라졌다. 그의 몸 왼쪽이 거의 마비되었다. 아직 50세였던 마이클에게 뇌졸중이 찾아왔다. 혈전이 뇌혈관으로 들어가 손상을 입힌 것이다.

그러나 마이클은 역시 마이클이었다. 그는 이 일로 오랫동안 힘들어하지 않았다. 그에게 올림픽 훈련과 재활 치료는 그다지 다르지 않았다. 스스로 과거와 똑같은 멘탈 관리법을 따르겠노라 다짐했다. 훌륭한 습관을 기르고 점진적으로 발전해나가는 자신을 기념하면서 말이다. 그는 고난을 훨씬 더 열심히 노력할 기회로 여겼다. 마이클이 자신의 신체를 이해하고 있는 최고의 선수라는 사실이 도움이 됐다. 재활 초기에 보행기를 밀고 움직이려 애쓰는 동안, 마이클에게는 왼쪽 발의 움직임 하나하나가 곧 승리였다. 그의 타고난 중립적 사고방식이 큰 도움이 됐다. 그는 단 하루 만에 걸을 수 없다는 사실을 인지

했고 그래서 당장 걷지 못한다는 사실에 크게 상처받지 않았다. 재활 훈련량 달성에 걸리는 시간을 매일 수백분의 몇 초(누구도 알아챌 수 없을 정도의 시간)씩 단축해가듯 그저 조금씩 향상시키면 된다고 생각했다. 그런 마음가짐 덕분에 마이클은 공격적이면서도 현실적인 목표를 설정할 수 있었다. 2019년이 시작되었을 때, 마이클은 다시 정상적으로 걸을 수 있게 됐다. 아직 종종 저린 증상이 있었지만 그는 챔피언의 정신력으로 최악의 상황을 벗어날 수 있었다.

치료와 재활 과정에서 그에게도 좌절하거나 빨리 답을 찾지 못하던 때가 있었다. 두려움에 떨었던 때도 있었다. 그는 내가 겪고 있는 일과 유사한 일을 먼저 겪은 사람이었다. 어려운 과정을 중립적으로 극복한 사람으로부터 조언을 얻고 싶었다. 나는 내가 반드시 알아야 하는 것을 제외한 나머지 정보를 모두 차단했다고 마이클에게 말했다. 또한 내가 중립적 사고방식을 유지하도록 도와줄 수 있는 사람들만이 내 투병 과정에 관여하도록 하기 위해 연락을 주고받는 사람의 수도 줄였다고 고백했다.

"내가 제대로 대처하고 있다고 생각해?" 내가 물었다.

"트레버, 넌 정말 놀랄 만큼 잘하고 있어." 마이클이 대답했다.

그의 말에 자신감이 생겼다. 마이클이 그냥 나를 격려하기 위해 한 말이 아니라는 것을 나는 잘 알았다. 그는 그런 사람이 아니다. 나는 그가 내 이야기를 경청하고 자신의 경험에서 우러난 조언을 해줄 줄 알았다. 과정을 누구보다 잘 이해하고 있는 그라면 공허한 낙관적 이야기가 아닌 건전한 논리적 조언만을 해줄 거라고 생각했다. 게다가 내가 훈련으로 습득하고자 애쓰는 사고방식이 마이클에게는 자연스럽게 몸에 배어 있었다. 마이클은 내가 수술을 받기 전에 필요한 올바른 마음가짐을 갖출 수 있도록 안내해줄 수 있는 사람이었다.

대부분의 사람들은 치어리더를 원한다. 나는 단 한 번도 그래 본 적이 없다. 나는 나를 열렬히 응원하는 사람들이 부담스럽다. 그냥 어색하게 느껴진다. 만약 당신이 '포춘지 선정 500대 기업' 중 한 곳에서 수천 명의 사람들을 앞에 놓고 강의하는 내 모습을 본다면, 나보다 더 열렬히 사람들을 응원하는 사람은 없을 거라 생각하게 될 것이다. 그러나 막상 나는 내 사생활에 있어 그런 응원을 받는 것이 영 적응이 되지 않는다.

마이클과 대화 후 나는 마음속에 엔도르핀을 보충해 넣기 위해 팔로스 버디스의 언덕으로 향했다. 항암 치료를 거치면서 이렇게까지 창백해진 내 모습이 믿기지 않았다. 게다가 다리에 털이 몽땅 빠져 버렸다. 난생 처음 겪어 보는 일이라 정말 무서웠다. 그러나 마이클의 조언에다 기분 좋게 땀까지 흘린 덕분에 마음이 편안해졌다. 나는 그저 니센 박사를 신뢰하기만 하면 된다. 애초에 그는 훌륭한 치료 계획을 세워놓았고 내 수술 또한 그 계획 속 하나의 단계였기 때문이다.

그 순간 나는 내 자신이 나와 함께 일하는 선수들 중의 한 명인 것처럼 느껴졌다. 나에게도 감독(니센 박사)이 세운 계획을 신뢰하라고 말해주는 '나만의' 멘탈 코치가 있었다. (마이클 존슨이나 로렌스 프랭크가 있었고, 또 보스턴대학에서 라인배커로 활약 중에 'C로 시작하는 단어'를 만났지만 그럼에도 NFL에 진출한 마크 허츨릭Mark Herzlich도 있었다.) 그들은 내가 선수들에게 해주려고 노력하는 것을 그대로 나에게 해주었다. 경기가 시작되기 전에 선수들이 올바른 마음가짐을 갖추도록 만들어주는 것 말이다. 그렇게 하면 설사 일이 엉망이 되더라도 되돌아갈 수 있는 지점이 마련된다. 사전 준비는 본 게임에서 더 쉽게 중립을 찾을 수 있도록 만들어준다.

나는 조지아에서 쿼터백 제이크 프롬Jake Fromm과 오랫동안 일했다. 조지아주 워너로빈스Warner Robins 출신인 제이크는 사냥과 낚시, 미식축구를 사랑하는 시골 청년이다. 당신이 몇 년 전 낚시 바늘이 다리에 꽂힌 채 응급실에 있는 제이크의 사진을 본 적이 있다면, 그가 약간 과하게 낚시를 좋아한다는 사실을 알고 있을 것이다. 제이크는 원래 앨라배마에서 뛸 생각이었는데, 2015년 12월에 크림슨타이드의 수비 코치 커비 스마트가 모교 조지아대학의 감독을 맡기 위해 터스컬루사Tuscaloosa를 떠나자 그도 생각이 바뀌기 시작했다. 커비와 공격 코치 짐 채니Jim Chaney는 제이크가 고등학교 4학년 시즌을 시작하기 전 봄에 그를 강하게 설득했고, 결국 제이크는 고향에 남아 2017년부터 불독스에서 뛰기로 결심했다. 불독스에는 이미 2016년도 전국 1위에 빛나는 쿼터백 신입 선수 제이컵 이슨Jacob Eason이 있었지만 제이크는 개의치 않았다. 또한 그는 이슨이 신입생으로서 처음으로 선발되었을 때도 여전히 개의치 않았다. 다른 쿼터백들은 최소 2년간은 출전 기회를 얻지 못할 것이라 생각해 겁을 먹고 도망갔지만 제이크는 전혀 신경 쓰지 않았다. 그의 태도는 한마디로 '덤벼 봐'였다.

제이크가 그런 선택을 했던 것이 조지아에게는 행운이었다. 2017년 시즌 첫 경기에서 제이컵이 왼쪽 무릎에 부상을 입었기 때문이다. 준비가 됐든 안됐든 제이크는 그를 대신해 출전해야 했다. 신입생으로서의 시간을 만끽하고 있던 제이크는 갑작스레 SEC 선수권대회에서 불독스를 이끌었다. 시즌 후반에 이슨이 부상에서 회복돼 복귀했음에도 제이크는 계속 선발 자리를 지켰다. 고교 졸업 후 일 년 만에 제이크는 로즈볼에서 오클라호마를 상대로 불독스를 이끌어야 했다. 꽤 긴장이 됐을 것이다, 그렇지 않은가? 그 경기 전 나는 제이크가 중립을 찾는 데 도움이 될 만한 영상을 제작해 2018년 1월 1일 로즈볼 경기 날 아침에 보도록 했다.

제이크가 동경하는 쿼터백 중에 드루 브리스Drew Brees가 있다. 나는 제44회 슈퍼볼에서 뉴올리언스 세인츠New Orleans Saints가 31 대 17로 인디애나폴리스 콜츠Indianapolis Colts를 물리친 경기의 MVP 활약상에 대해 논하는 프로그램 〈60분60 Minutes〉에 등장한 브리스의 영상을 맨 처음에 넣었다. 브리스는 39개의 패스 중 32개를 성공시키며 288야드 및 2개의 터치다운을 만들어냈다. 그러나 그는 경기 중의 기억들은 곧 잊어버리는 편이라고 말했다. 그가 기억하는 것은 '다음 플레이가 이 경기에서 가장 중요한 플레이다'라는 마음가짐이었다. 이것이야말로 최고의 중립적 실천이다. 경기 중 일어난 모든 일이 각각의 상황을 만들어낸 것은 맞지만 바로 다음에 일어나게 될 일은 오직 드루가 하기에 달렸다. 이것은 제이크의 우상이 직접 전하는 강력한 메시지였다. 다음으로 나는 램스, 자이언츠Giants, 카디널스Cardinals에서 쿼터백으로 활약했던 커트 워너가 NFL 결승에서의 경험담을 이야기하는 영상을 선택했다. 제이크는 스포츠에 있어 가장 상징적인 장소인, 대학 미식축구 플레이오프전에서 가장 유능한 팀을 상대로 경기를 치를 예정이었다. 나는 제이크가 그것이 특별한 일임을 인정해도 괜찮다는 것을 알려주고 싶었다. 커비는 늘 상대의 이름도 얼굴도 개의치 말아야 한다고(이 개념은 빌 파셀스Bill Parcells가 빌 벨리칙에게, 그리고 다시 닉 세이번을 거쳐 커비에게 전수된 것이) 주장하지만, 때때로 분위기가 전혀 다를지도 모를 가능성에 대비해야만 한다. 어쩌면 더 감정이 개입될 수도 있고, 중압감이 훨씬 더 강할 수도 있다. 어쩌면 더 재미있을 수도 있고 또 이 모든 것에 다 해당될 수도 있다. 이때의 로즈볼이 바로 그런 경우였다. 따라서 제이크는 플레이오프전에서 선수가 긴장, 흥분, 부담을 느낄 수 있다고 말하는 커트 워너의 목소리를 들어야 할 필요가 있었다.

마지막으로 나는 그해 시즌 중 최고의 기량을 뽐내는 제이크의 모습을 동영상에 추가했다. 11월에 불독스의 오번 원정 경기에서 제이크의 경기 모습은 형편없었다. 패스의 절반도 성공시키지 못했고 4번이나 태클을 당해 40 대 17로 패배했다. 그러나 그로부터 한 달도 채 지나지 않아 열린 SEC 선수권대회에서 다시 오번과 맞붙었을 때는 굉장한 모습을 보여주었다. 그는 매우 효율적으로 움직였으며 침착했다. 그 결과 28 대 7로 승리했다. 나는 제이크가 경기장 측면에서 메콜

하드맨^{Mecole Hardman}에게 자신이 얼마나 완벽한 딥 아웃(가장 어려운 패스 중 하나)을 던질 수 있는지 직접 보길 원했다. 나는 그가 얼마나 빨리 심^{seam}루트로 공을 보내 엄청난 득점을 만들어내는지 보길 원했다. 또한 나는 그가 테일백에게 공을 넘기는 척하다 마치 자신만만한 마술사처럼 다시 공을 낚아채 아이작 노타^{Isaac Nauta}에게 터치다운 패스를 던지는 모습을 보길 원했다. 제이크가 최고의 기량을 펼칠 때의 모습은 그랬다. 나는 제이크가 자신의 모습을 보고 기억하길 바랐다. 그러면 만약 로즈볼에서 안 좋은 상황이 벌어지더라도 제이크가 객관적 진실에 도달할 수 있을 테니 말이다. 그는 필요한 때 어떤 던지기도 가능한 선수였다. 이미 능력을 입증하기도 했다. 나는 그 동영상을 보고 제이크가 이미 벌어진 일은 흘려버리고 드루 브리스의 '다음 플레이가 이 경기에서 가장 중요한 플레이다'와 똑같은 정신력을 갖게 되길 바랐다.

제이크가 그 동영상을 다 보았을 때 나는 그에게 대학 주전 쿼터백으로서 첫해에 대단한 활약을 보여주었던 선배 선수와 대화를 해보고 싶은지 물었다. 나는 2013년 로즈볼에서 오번을 이기고 전국 우승을 차지하며 시즌을 마무리했던 플로리다주립대학 팀과 일했었다. 제이미스 윈스턴^{Jameis Winston}은 그 팀의 2년차 신입 선수였다. 그는 하이즈먼 트로피(Heisman Trophy: 매년 대학 미식축구 최우수선수에게 수여 – 옮긴이)를 수상했다. 그해 시즌에 플로리다주립대학 세미놀스^{Seminoles}에 범접할 수 있는 팀은 없었다. 나는 제이미스가 러셀 윌슨의 조언을 들을 수 있도록 두 사람을 연결해줬다. 그리고 이제 제이미스(당시 탬파

베이 버커니어스Tampa Bay Buccaneers에서 뛰고 있었다)가 선행을 베풀 차례였다. 나는 제이크에게 휴대폰을 건네주고는 그가 조용히 대화를 나눌수 있도록 방을 나섰다. 방문을 열었을 때 취재 중이던 ESPN 기자 마리아 테일러Maria Taylor가 눈에 들어왔다. 마리아도 내가 제이크와 함께있다가 나오는 것을 목격했다. 나는 멘탈 코치다. 보통 사람들은 선수가 뭔가 문제가 있을 때만 나를 만난다고 생각한다. 마리아가 제이크가 괜찮은지 물었다. 나는 그가 아주 최상의 상태라고 대답했다. 그는먼저 전국 우승을 차지해본 선배로부터 로즈볼에 관한 귀중한 정보를듣고 있는 중이었으니 말이다. 내가 늘 하는 말이지만 꼭 아픔을 겪어야만 더 나아지는 것은 아니다.

그날 오후 지는 해가 샌가브리엘산맥San Gabriel Mountains 너머 하늘을 보랏빛과 금빛으로 물들일 때 나는 경기장의 사이드라인에 서 있었다. 그리고 우리가 제이크를 위해 그 특별한 메시지들을 선택했던것에 아주 뿌듯해했다. 나는 이미 앨라배마대, 플로리다주립대와 함께전국선수권대회를 위해 로즈볼을 경험해봤다. 그리고 그날 경기장을감쌌던 흥분은 과거의 경기에서 내가 경험했던 감정과 완벽히 같은것이었다. 게다가 그날의 경기는 정말 롤러코스터가 따로 없었다. 수너스Sooners는 2쿼터에서 31 대 14로 앞서 나갔고, 전반전이 끝날 때쯤조지아의 55야드 필드골이 불독스의 유일한 희망이었다. 그러나 후반전에서 조지아는 테일백인 닉 첩Nick Chubb과 소니 미셸Sony Michel의 뒤까지 다시 돌진했다. 4쿼터 초반에 제이크가 제이본 윔스Javon Wims에게 터치다운 패스를 던지며 38 대 31로 앞섰을 때는 조지아가 경기를 주도하는 듯했다.

그런데 다시 상황이 역전됐다. 베이커 메이필드Baker Mayfield가 이끄는 수너스가 금세 동점을 만들었다. 조지아는 3분 15초를 남겨놓고 공을 잡았다. 만약 제이크가 불독스를 전진시켜 동점 터치다운을 만들어내지 못했다면 그 경기는 거기서 끝이었다. 미식축구를 처음 보는 사람이라도 이때가 경기 중 가장 중요한 순간이라는 것을 알 수 있었을 것이다.

오클라호마 응원단이 함성을 높였을 때, 사이드라인에서 작전 지시를 받은 제이크는 공격 라인맨들과 각자의 역할을 확인하며 말을 주고받았다. 그와 미셸은 수너스가 어디에서 추가 압박을 가할지에 대해 상의했다. 제이크가 손뼉를 쳤다. 센터 러몬트 게일라드Lamont Gaillard가 공을 날렸다. 순간, 오클라호마의 라인배커 오보니아 오코론코Ogbonnia Okoronkwo가 잽싸게 조지아 신입 태클 앤드루 토머스Andrew Thomas를 지나치는 듯했다. 그러나 토머스는 얼른 자세를 바꿔 오코론코를 제이크에게서 밀쳐냈다. 위기감을 느낀 제이크는 진행 방향에서 시선을 돌리지 않은 채 재빨리 앞으로 미끄러졌다. 그리고 순식간에 리시버 테리 고드윈Terry Godwin이 오클라호마 수비를 뚫었다.

결국 조지아는 터치다운을 성공시키며 두 번의 연장 끝에 경기를 승리로 이끌었다. 이제 전국 우승을 놓고 앨라배마를 상대하는 일만 남았다. 제이크는 신입 선수였음에도 불구하고 대학 미식축구의 가장 큰 무대에서 겁먹지 않았다. 그는 자신이 느끼는 긴장감을 인정했다. 흥분도 인정했다. 그는 계획이 다 무산되는 상황에 직면했지만 차분하게 중립을 찾았고 그래서 오직 다음 플레이에만 집중할 수 있었다. 제이크의 마음은 경기 전에 이미 준비돼 있었고 그 준비 덕분에 최선의 기량을 발휘할 수 있었다.

나에게는 내 '큰 사건'을 앞두고 동영상을 만들어줄 사람이 없었다. 그러나 내가 선수들을 위해 했던 것처럼 올바른 마음가짐을 갖기 위한 경기 전날 밤의 영화를 선택할 수는 있었다. 수술을 받기 전날 밤에 나는 리모컨을 들고 자리를 잡았다. 그리고 스트리밍 서비스에서 검색을 시작했다.

지난 9월 내 병이 선고되기 전날 밤, 나는 드라마 〈슈츠Suits〉를 몰아서 봤다. 재미있었다. 아무 생각 없이 편하게 볼 수 있었다. 메건 마클Meghan Markle이 왕실의 일원이 되기 전 출연한 드라마였다. 그날 밤 나에게는 무언가 가벼운 것이 필요했다. 머릿속을 비우고 그저 웃고 싶었다. 아마 무거운 이야기를 듣게 될 게 뻔했지만, 니센 박사에게서 검사 결과를 듣는다고 해서 갑자기 몸이 더 아프지는 않을 터였다. 그러나 이번에는 달랐다. 수술은 나를 신체적으로도 정신적으로도 시험할 것이다. 내 몸은 다음 날 감당하게 될 그런 류의 트라우마를 단 한 번도 겪어 본 일이 없었다. 나에게는 용기가 필요했다. 내 흔들리는 멘탈을 잡아줄 뭔가가 필요했다.

내가 선택한 것은 영화 〈신데렐라 맨Cinderella Man〉이었다. 러셀 크로Russell Crowe가 실존 인물인 제임스 브래덕James Braddock을 연기했다. 손이 부러져 권투를 포기하고 항만 노동자로 일했던 브래덕이 대공황의 침체기에 다시 권투를 시작하며 세계 헤비급 챔피언이 되기 위한 험난한 길에 도전한다는 내용이다. 2008년에 우리는 그 영화를 닉에게 권해 앨라배마 팀에게 보여주도록 했다. 애틀랜타에서 클렘슨을 상대로 시즌을 시작하기 전날 밤에 말이다. 나는 지금까지 그 경기에서의 앨라배마 팀 선수들보다 더 침착하게 경기를 치르는 팀은 보지 못했다. 그들은 라스베이거스 팀만큼 최약체였으나 클렘슨을 물리치고 앨라배마 미식축구의 향후 10년을 위한 토대를 마련한 것이나 다름없었다. 자고 나면 내 삶을 바꿔놓을지도 모를 수술이 예정돼 있었다. 잠들기 전에 나는 선수들이 앨라배마의 최우수팀 복귀를 전국에 알렸던 그 경기를 앞두고 잠들기 전 느꼈던 바로 그 기분을 똑같이 느껴보고 싶었다.

다음 날 아침, 나는 맨해튼비치에 있는 아메리칸순교자교회American Martyrs Church를 찾아 몇 분간 하느님과 대화를 나눴다. 그러고 나서 전 아내인 솔란지와 산책을 했다. 그녀는 변함없이 순수한 사랑을 보여주었다. 우리는 태평양을 바라보며 비탈길을 걸었다. 나는 계속 같은 말만 되뇌었다. "다음 단계로 가자." 이 말은 '다음 플레이가 가장 중요한 플레이'라는 미식축구 선수 드루 브리스의 신념을 나에게 적용한 말이었다.

병원에 도착한 나는 앞으로 며칠 동안은 꼼짝없이 입고 있어야 할 환자복으로 갈아입었다. 수술 후에 깨어나면 제일 먼저 내 눈에 띄게 될 노란색 미끄럼 방지 양말도 착용했다. 러셀 크로가 제임스 브래덕이 되어 내 기운을 북돋아줬다. 하느님과의 대화는 내 마음을 충만하게 만들어줬고 솔란지와의 산책은 나를 응원하는 사람들이 있다는 사실을 내게 상기시켜줬다. 이제 내가 할 일만 남았다. 나는 휴대폰을 들고 셀프 동영상 촬영을 시작했다.

"지금까지 나는 정말 초조하고 두려웠다. 하지만 이제 더 이상 두렵지 않다. 지금은 마치 경기가 있는 날과 같은 기분이다. 난 마음을 다잡았다. 내 마음이 마땅히 향해야 할 올바른 방향으로 나아가고 있다. 나는 의사를 위해 신체적으로 좋은 상태를 유지하고 있다는 사실에 희열을 느낀다. 그러니 나는 내 몸에서 이 문제를 몰아내고 다음 단계로 나아가기 위해, 즉 내 삶을 살아가기 위해 내가 할 수 있는 모든 것을 해낸 것이다."

그러나 모든 경기가 늘 우리가 상상한 대로 풀리지는 않듯 이 일역시 그렇게 쉽지는 않았다.

마취할 시간이 되자 간호사가 내게 엎드려 누우라고 주문했다. 수술 과정에 따른 절차였을지 모르지만 아무도 내게 미리 일러주지 않았었다. 이전 치료 과정 중에는 항상 침대에 등을 대고 똑바로 누워 있었다. 안정을 위해서 똑바로 눕는 것이 내게는 중요했다. 그렇게 하면 더 안심이 되었다. 그러나 의료진은 나를 엎드리게 한 상태에서 마취시킬 준비를 하고 있었다. 결국 내가 말을 꺼냈다. "그냥 똑바로 누워 있으면 안 될까요?" 그건 규정에 어긋난다는 답변이 돌아왔다. 내가 똑바로 누운 채 마취가 되면 의료진은 다시 나를 뒤집어야 했다. 내가 이 문제를 계속 물고 늘어질수록 분위기가 딱딱해지는 것 같았다. 나는 중립을 찾아야 했다. 그리고 나를 위해서 다른 사람들도 역시 중립을 유지하도록 만들 필요가 있었다. 나는 마음을 좀 안정시키기 위해 2분이 더 필요하다고 요청했다. 그리고 의료진들에게도 편안한 마음을 가져달라고 부탁했다. 결국 마취과 전문의는 내가 똑바로 누운 채로 마취를 진행해도 아무 문제가 없다는 결론을 내렸다. 그래서 모두가(특히, 내가) 진정됐다. 사전 준비 덕택에 나는 중립을 되찾을 수 있었다. 이제 준비는 다 끝났다. 나는 두 엄지손가락을 치켜들며 정신을 잃었다. 다시 정신이 들었을 땐 솔란지가 옆에 있었다. 러셀 윌슨도 와 있었다. 나는 무사히 이번 단계를 마쳤다. 사전 준비를 한 덕분이었다.

지금까지 얘기한 것처럼 사전 준비 과정이 결승전 진출을 노리는 러셀 같은 사람에게만 필요한 것은 아니다. 수많은 직장 동료들 앞에서 발표를 해야만 하는 상황을 떠올려보자. 두려운 마음이 들 것이다. 그런 경우 역시 최선의 능력을 발휘해야 하는 상황이 맞다. 따라서 운동선수가 경기를 준비할 때와 똑같은 방식으로 대비해야만 한다. 훈련이 필요하단 말이다. 그러나 그 훈련 속에는 멘탈 훈련도 포함되어야 한다. 그래야만 실력을 발휘해야 할 때가 왔을 때 당신의 마음이 정확히 있어야 할 곳에 있게 된다.

당신이 직장에서의 발표를 앞두고 있다면, 당연히 무슨 말을 해야 할지 예행연습을 거칠 것이다. 점검차 노트북과 프로젝터의 연결 상태를 확인해볼 것이다. (또는 요즘은 원격 근무가 대세이니 줌 사용법을 점검해볼지도 모르겠다.) 이런 일들은 러셀이 훈련하러 가서 타일러 로켓 Tyler Lockett이나 D.K. 멧캐프D.K. Metcalf에게 공을 던지는 일과 다를 바 없는 행동들이다. 그러나 그에 더해 러셀이 매번 경기 전이면 정신적 준비를 위해 나와 함께 노력했듯 당신도 그러한 준비를 반드시 거쳐야 한다.

내가 당신에게 그동안 직장 동료들과의 대화 장면이 담긴 동영상을 만들어줄 수는 없지만 당신이 기억을 샅샅이 되돌아보도록 만들 수는 있다. 자, 모두 당신이 잘 아는 사람들이다. 그들은 이미 수년 동안 함께 일한 사람들이다. 당신은 그들과 즐거운 시간들을 공유해왔다. 이미 그들에게 여러 가지 이야기를 들려주었고, 그들도 당신에게 많은 이야기를 들려주었다. 당신이 몇몇 그래프를 보여주며 회사의 수익을 최대화할 수 있는 방안을 설명해야 한다고 해서 그들과의 관계가 변하는 것은 아니다. 지금 내가 설명한 것은 제이크 프롬에게 완벽한 딥 아웃을 던지는 본인의 모습을 보여줬던 일과 똑같은 것이라는 것을 명심하라. 경기 당일 초조함을 느꼈을 때 제이크는 마음속으로 그 장면을 떠올리며 자신이 할 수 있다는 사실을 되뇌었을 것이다. 당신도 발표 당일 똑같은 경험을 할 수 있다. 판사 앞에서 자신의 행동을 항변해야 하는 상황이 아님을 인식하라. 그들 중 한 명은 마트에 처음으로 딸아이를 데리고 간 날 기저귀 챙기는 것을 깜빡했던 사업개발팀의 테드이다. 또 앨라배마 슬래머(Alabama Slammer: 칵테일의 일종 - 옮긴이)를 가장 좋아하다고 말했던 베스일 뿐이다. 그들 앞에서 겁먹을 필요가 전혀 없다. 당신은 그들 앞에 설 준비가 되어 있다.

발표일 전날 밤에는 사전 준비를 위해 영화를 감상하는 것도 괜찮다. 〈뛰는 백수, 나는 건달Office Space〉이란 영화를 보고 나면 당신의 고민이 우습게 느껴지고 마음이 훨씬 편안해질 것이다. 또는 동료들에게 영감을 줄 수 있도록 감정을 좀 끌어올리고 싶다면 〈애니 기븐 선데이Any Given Sunday〉만 한 것이 없다. 미식축구팀의 승리를 위해 필요하다면 단 1인치의 양보도 없이 싸워야 한다는 알 파치노Al Pacino의 소름끼치는 명연설을 들을 수 있다. 이 영화를 보고 나면 동료들을 한껏 고양시킬 수 있는 마음 상태가 되어 있을 것이다. 어쩌면 당신은 여러 사람들 앞에서 말해야 하는 일의 두려움에 대해 솔직해지고 싶어 할지도 모르겠다. 그렇다면 〈킹스 스피치The King's Speech〉를 추천한다. 새로이 왕위에 오른 조지 6세를 연기한 콜린 퍼스Colin Firth가 말더듬증을 극복하고 당신보다 훨씬 더 많은 청중 앞에서 연설하는 모습을 볼 수 있다. 결국, 능력을 발휘해야 할 순간에 어떤 기분 상태에 있고 싶은지 결정한 다음 그런 마음가짐으로 당신을 데려가 줄 영화를 고르는 것이 비결이다.

발표일 당일에는 그동안 준비했던 단계들을 재차 검토하라. 마음이 통제 불능 상태로 접어들려고 하는 순간 중립을 되찾기 위해 당신이 의지해야 하는 사실들을 다시 확인하는 과정이다. 당신이 성공했던(또는 적어도 살아남았던) 과거 비슷한 상황에서의 멘탈을 떠올려보라. 그러면 발표할 시간이 다가옴에 따라 점차 안정을 찾을 수 있을 것이다. 그리고 직전에는 지난밤 보았던 영화를 떠올려라. 〈뛰는 백수, 나는 건달〉을 보았다면 피터가 회사의 칸막이를 분해하거나 야구방망이로 프린터를 박살내는 장면을 떠올려라. 웃어라. 당신의 상황이 전혀 심각하게 고민할 만한 것이 아님을 기억하라. 〈애니 기븐 선데이〉를 보았다면 차분하게 연설을 시작한 알 파치노가 어떻게 절정에 도달해 팀의 모두가 한계를 뛰어넘을 준비가 되도록 만들었는지 생각하

라. 당신이 본 영화가 〈킹스 스피치〉라면 새로 등극한 왕이 "나도 말할 수 있으니까!"라고 소리치는 장면을 떠올려라. 그러면 당신 또한 말할 수 있다는 사실을 깨닫게 될 것이다. 다만, 당신이 〈앨빈과 슈퍼밴드 2〉는 선택하지 않길 바란다. 그 영화는 누구에게도 효과가 없었다.

그저 영화 한 편일 뿐이더라도, 아주 진지하게 목적에 맞는 것을 골라라. 여기에서 중요한 메시지는 무엇이든 목적을 가지고 준비하라는 것이다. 그리고 정신과 신체는 연결된 것임을 반드시 기억하라. 하루를 시작하기 위해 혈액 순환이 필요한 사람이라면 발표일 아침에 운동을 다녀오도록 하라. 배가 부르면 졸음이 쏟아지거나 속이 더부룩해지는 사람이라면, 차라리 빈속으로 회의실에 들어가라. 반면, 최선의 기량을 발휘하기 위해 뭔가 먹어야만 하는 사람이라면, 내가 항암 치료를 받을 때 했던 사전 준비가 필요할지도 모르겠다.

내 항암 치료 기간은 결코 짧지 않았다. 1기 항암 치료를 위해 나는 아침 일찍 병원에 들어갔고, 그날 내 계획 중 하나는 의료진에게 일어날지 모를 부작용에 대한 정보는 전혀 듣고 싶지 않다고 말하는 것이었다. 나는 그들에게 그냥 안내서나 달라고 부탁했다. 사실 그걸 들여다볼 생각이 전혀 없다는 말은 굳이 하지 않았다. 만약 부작용이 생긴다면 그때 의료진이 내게 말해줄 것이다. 나는 앞으로 일어날지 어쩔지 모를 두려운 가능성들로 내 머릿속을 채우지 않을 생각이었다. 그래서 도움이 되었는지 궁금한가? (꼭 그래서라고 단정 지을 수는 없지만 나의 경우 항암 치료로 인한 부작용은 미미한 수준이었다.) 항암 치료를 위한 나의 또 다른 사전 준비 전략은 먼저 직접 'C로 시작하는 단어'를 경험했던 한 남자에게서 나왔다.

　2009년, 21세의 마크 허즐릭은 보스턴대학 미식축구팀의 라인배커였다. 2008년도 ACC 올해의 수비수에 선정되기도 했던 마크 앞에는 미식축구 선수로서의 희망찬 미래가 놓여 있었다. 그러나 대학 4학년 시즌 준비로 여념이 없던 시기에 그는 왼쪽 다리에 참을 수 없는 통증을 느끼기 시작했다. 허벅지에서 시작된 통증은 종종 허벅지 뒤 근육으로까지 퍼져나갔다. 몇 가지 검사가 진행된 뒤 마크는 자신의 병이 '유잉 육종Ewing's sarcoma'이라는 것을 알게 되었다. 뼈에 생기는 'C로 시작하는 단어'의 일종이었다. 그때 마크는 의사로부터 종양 제거가 불가능할 경우 왼쪽 다리 하퇴부를 절단해야 한다는 말을 들었다. 다행히 종양은 제거가 가능했다. 따라서 마크는 공격적인 항암 치료를 시작했다. 그리고 성공했다. 마크는 2010년 시즌에 보스턴대학으로 복귀했으며 이후 뉴욕 자이언츠에서 7시즌을 활약했다. 심지어 슈퍼볼 우승에도 기여했다. 7개월간의 항암 치료를 거치며 그는 많은 것을 배웠다. 그러나 그중에서도 가장 중요한 것은 아마 이것일 것이다. "먹어라."

　마크는 내게 이렇게 말해주었다. "음식이 가장 중요해요. 의사는 체중이 빠질 거라고 말할 거예요. 하지만 꼭 그럴 필요 없잖아요. 전 체중 유지를 위해 닥치는 대로 먹었어요. 그리고 비록 예전처럼 러닝머신이나 근력 운동을 할 수는 없었지만 전 건강했을 때의 일상을 최대한 유지하려고 노력했어요. '네가 할 수 있는 모든 것을 통제하라, 그러면 네가 통제할 수 있는 것들이 있다'라고 당신이 말한 대로 말이죠, 트레버."

　　그래서 나는 내 연료로 프렌치토스트를 선택했다. 모아와드 컨설팅 회사의 첫 동료인 존 슐츠와 함께 항암 치료를 준비하는 동안 프렌치토스트를 먹는 일은 매일 이른 아침 나의 필수 과제였다. 우리는 몇 블록을 걸어 맨해튼비치의 북쪽 끝에 위치한 서퍼들을 위한 식당에서 아침 식사를 하곤 했다. 나는 최대한 많은 프렌치토스트로 배를 채웠다. 평소 나는 건강식을 선호하는 편이지만 당장의 난관을 이겨낼 힘을 보충하기 위해서는 다량의 칼로리가 필요했다. 그래서 사워도우 빵을 곁들인 프렌치토스트 2인분을 주문하곤 했다. 탄수화물을 끊기로 맹세한 사람이 내 글을 보면 깜짝 놀라겠지만 항암 치료를 이겨내려고 할 때는 먼저 그 과정을 잘 극복한 사람들의 충고를 귀담아들어야 한다. 내가 더 많은 토스트를 섭취할수록 내 몸에 주입되는 항암제가 부작용 없이 더 잘 흡수될 것만 같은 생각이 들었다. 물론, 실제로 그게 효과가 있었는지 어쩐지는 나도 모른다. 내가 아는 것은 의료진이 항암제를 내 몸에 주입했을 때 두렵지 않았다는 것, 그리고 안내서에 적혀 있던 너무도 끔찍한 부작용들이 발생하지 않았다는 사실이다. 물론 나는 정말 그 안내서를 읽어보지 않았다.

　　일상 속에서 마음을 준비시키기 위해 할 수 있는 모든 일을 꾸준히 실천한다면 갑자기 어떠한 일이 닥치더라도 중립을 유지할 수 있다.

9장
당신을 위한
팀을 꾸려라

오래전 아버지는 여행을 많이 다녔지만 늘 나를 위해 메모를 남겨놓곤 했다. 그래서 아버지는 집을 떠나 어디에 있더라도 언제나 시애틀에서의 내 일상에 영향을 미치고 있었다. 매번 여행을 떠나기 전이면 내 욕실 거울에 다양한 색상의 포스트잇을 붙여놓았다. 어떤 때는 애정이 듬뿍 담긴 글이 적혀 있었고 또 어떤 때는 목표 달성을 위해 내가 지속적으로 지켜야 할 행동들이 적혀 있기도 했다. 때로는 농구나 축구, 영화, 수학 시험 등 내가 당시에 열중해 있던 것에 대한 조언이 적혀 있었다. 아버지의 수많은 메시지들 중에 내가 늘 마음속에 간직하고 있는 것이 하나 있다. "모두를 위한 변화를 만들어내기 위해서는 우리 각자가 필요하단다."

(스포츠든 회사든 또는 가족이든) 팀으로 구성된 환경에서는 팀원 모두가 짊어져야 할 무게가 있다. 모든 사람이 중요하다. 집단의식은 실제로 존재한다. 그것 때문에 우리가 공통의 목표를 향해 나아갈 때 서로 도울 수 있는 것이다. 제대로 구성된 팀은 경쟁에서 굉장히 유리하다. 스포츠 분야에서 그 사실을 부정할 사람은 없다. 사업에서도 마찬가지다. 당신의 회사에 결원이 생겼을 때 당신은 CEO가 친한 사람을 고용하길 바라는가 아니면 이미 해당 직종에서 월등한 능력을 보여준 바 있는 인재를 고용하길 바라는가? 당연히 숙련된 전문가를 원할 것이다. 답이 너무나 명백하기 때문에 고민할 필요도 없는 문제다.

스포츠 분야에서 단장과 사장은 팀을 위한 최고의 선수들을 모집하는 록 스타와 같다. 감독은 최고의 조화를 이루기 위해 라인업에 이런저런 조정을 가한다. 그리고 그 조정이 효과를 발휘했을 때 축포가 터진다. 당연히 르브론 제임스는 앤서니 데이비스Anthony Davis와 경기를 뛰고 싶어 한다. 그러나 르브론은 앤서니 데이비스만큼은 아니어도 레이커스Lakers를 훨씬 더 좋은 팀으로 만드는 데 있어 보완적 역할을 담당할 알렉스 카루소Alex Caruso와 함께 뛰는 것 역시 좋아한다. 레이커스가 2020년 NBA 타이틀을 노리고 있던 시기에 〈월스트리트저널〉[1]은 G리그(G League: NBA 마이너리그-옮긴이) 출신의 대머리 선수 카루소를 '르브론과 함께 뛰는 르브론'이라 언급했다. 당시 르브론과 데이비스가 동시 출장한 경기에서 레이커스의 평점(특정 선수 또는 전체 선수 구성에 따른 팀의 경기 역량을 측정한 점수)은 +8이었다. 그것은 아주 좋은 평가에 해당한다. 르브론과 카루소가 함께했을 때의 평점은 어땠을까? +18.6으로 믿기 어려운 점수였다. 카루소가 르브론과 완벽한 호흡을 보여주는 선수라는 증거였다. 그는 르브론이 제 역할을 다하도록 만들기 위해 상대를 어떻게 차단하고 따돌려야 할지 잘 알고 있다. 〈월스트리트저널〉과의 인터뷰 중에 르브론은 카루소와 함께 출전하면 "팀에 평온함이 깃든다"고 설명했다.

당신의 인생에도 알렉스 카루소 같은 사람이 있는가? 아니, 그런 사람이 있었는지 판단할 수 있는 방법이라도 알고 있는가?

나는 20년 넘게 늘 긴장 속에서 살아왔다. 나는 앨라배마, 그리고 플로리다주립대 팀이 승리하는 것을 지켜봤다. 미시간 미식축구팀의 패배도 지켜봤다. 미국 국가대표 축구팀의 상승과 하락을 지켜보기도 했다. 또한 마리아 샤라포바(테니스), 폴라 크리머Paula Creamer(골프), 제프 고든Jeff Gordon(자동차 레이싱) 같은 '개인' 스포츠 스타가 성공을 위해 자신만의 팀을 구축하는 과정도 지켜봤다. 몇몇 팀은 브레이든턴의 내 사무실 바로 근처에서 회의를 열고 자주 나를 참석시키곤 했다.

그러는 사이 내가 깨달은 것은 우리가 우리 자신의 삶에서 팀의 단장이나 사장처럼 행동하는 것에 대해서는 전혀 고려하지 않는다는 사실이다. 당신은 인생의 고난을 헤쳐나가는 데 힘이 되어줄 자신만의 팀원들을 모으고 있는가? 한 줄기 빛과 같은 선두 타자가 있는가? 당신을 보호해줄 공격 태클은 있는가? 당신이 공을 놓쳤을 때 리바운드를 도와줄 파워 포워드는 있는가?

'C로 시작하는 단어'가 내 인생의 진정한 일부가 됐을 때, 나는 내 팀을 재평가해볼 필요가 있다는 걸 깨달았다. 내 회사의 직원들을 말하는 게 아니다. 내 인생에 속한 사람들 말이다. 나는 각각의 인물이 어떤 역할을 맡을 수 있을지 생각해봐야 했다. 또한 주변에 내 병명이나 치료 과정을 몰라도 될 사람들이 존재한다는 사실도 인정해야 했다. 알아봐야 서로에게 도움이 될 턱이 없으므로. 이 일은 45세인 내가 전적으로 혼자서 결정해야 할 문제였다. 나를 위한 팀을 꾸려본 경험은 아직 없지만 스포츠계나 군대, '포춘지 선정 500대 기업'에서 성공한 사람들이 어떻게 팀을 구성하는지는 많이 지켜봐왔다. 그렇기에 나는 제대로 구성된 팀이 개인에게 얼마나 강력한 영향을 미칠 수 있는지 잘 알고 있다.

승리하는 팀을 구축하는 과정은 미식축구 팀에서든 해군특수전에서든 또는 존슨&존슨에서든 개인의 'C로 시작하는 단어' 투병에서든 별반 다르지 않다. 그동안 내가 수많은 조직들과 함께 일할 수 있었던 것은 축복이었다. 그 경험들로 인해 내 마음속에 아주 중요한 진실이 굳건히 자리 잡을 수 있었다. 승리하는 축구팀이나 의료팀을 구축하는 것보다 일반적으로 '승리하는 팀'을 구축하는 것이 더 중요하다. 이러한 팀들은 각각의 사명과 관련하여 다수의 차이점을 지니고 있긴 하지만 사실 생각 외로 유사점을 더 많이 가지고 있다. 이러한 깨달음 덕분에 내가 나의 여정을 준비할 수 있었다. 나는 승리하는 팀을 수도 없이 봐왔다. 이론상으로가 아닌 직접 현장에서, 기지에서 또는 회의실에서 말이다. 수없이 많은 전이를 목격했으며 (스포츠팀이든 아니든) 다양한 팀에 '승리하는 팀' 구축에 관한 개념을 적용해보았다. 결과적으로 이 개념은 보편적인 성공 전략임을 알 수 있었다.

'C로 시작하는 단어'의 세상에서 투쟁을 시작한 나는 아주 신중하게 나만의 팀을 구축하기로 마음먹었다. 자유 계약을 통해 선수를 데려올 수 있는 문제가 아니었다. 그렇다고 이미 내 인생의 선수 명단에 있는 모든 사람들을 다 데려올 수도 없었다. 내게는 두려움과 고통, 갑작스러운 변화를 이겨내는 데 도움이 되어줄 사람들이 필요했다. 내 투병 사실을 감당할 수 없는 사람이나 이미 스스로의 문제로 힘들어 하는 사람은 끌어들이고 싶지 않았다. 그동안 여러 팀과 함께 해왔다는 사실이 이러한 결정을 내리는 데 일부 도움이 됐다. 나는 핵심 역할을 수행할 수 있는 선수의 투입이 얼마나 큰 도움이 되는지 직접 목격했다. 또한 단 한 명의 까다로운 선수가 라커룸에 있는 다른 모든 선수의 에너지를 전부 소모시키는 장면도 목격했다. 내게 에너지를 빼앗기는 일은 사치였다. 내가 이런 결정을 내리는 데 도움을 준 또 다른 요인은 (내 인생의 다른 여러 부분에서도 그랬듯이) 바로 나의 아버지였다.

나는 1999년의 겨울을 잊을 수가 없다. 4년째 고등학교 교사로 재직 중이었던 나는 그해를 마지막으로 그만두었다. 당시 나는 플로리다주 델레이비치Delray Beach에서 여자 친구와 함께 살고 있었다. 여자 친구와 나는 한 달 전에 휴일을 맞아 시애틀에 와 있었다. 처음으로 아버지가 아주 약간 달라졌다는 사실을 눈치챈 때가 바로 그때였다.

아버지는 내게 크리스마스 휴가 기간에 머서아일랜드고등학교Mercer Island High School 농구부에게 강의를 해달라고 부탁했다. 오랜 세월 아버지가 여러 단체 앞에서 강연하는 모습을 지켜봐왔지만, 거기에 내가 참여했던 적은 단 한 번도 없었다. 이상하긴 했지만 일단 준비를 시작했다. 대학에서 선택 과목으로 스포츠 심리학을 배웠던 나는 고등학교 교사 겸 코치로 근무하면서 부업으로 보카러턴Boca Raton에 있는 테니스아카데미에서 존John과 크리스 에버트Chris Evert의 멘탈 훈련을 돕고 있었다. 나는 아버지의 교육 내용을 받아들이면서도 스포츠 분야에서 보다 매끄럽게 적용될 수 있도록 그 가치관의 핵심 영역을 수정하고 있었기 때문에 확실히 도움을 줄 수 있을 거라 생각했다. 게다가 우리를 초청한 장본인은 굉장히 존경하는 인물이었다. 머서아일랜드 농구부 감독인 에드 페플Ed Pepple은 워싱턴주에서 전설적인 인물이었다. 워싱턴대에서 주전으로 뛰다 이후 10년간 NBA에서 활약한 스타 선수 스티브 하웨스Steve Hawes를 키워낸 사람이었다. 듀크대에서 선수로 뛰었던 퀸 스나이더 감독 역시 그의 지도를 받았다. 페플 감독은 사람을 키워내는 데 천부적 재능을 지닌 사람으로, 팀의 역동성을 선수들에게 이해시키는 능력이 아주 탁월했다. 그의 선수들은 '나'라는 단어 대신 '우리'라는 단어를 사용했다.

그날 뜻밖에도 아버지는 40여 명의 선수들과 코치진 앞에서 진행된 강의의 75퍼센트 정도를 내게 맡겼다. 우리는 유쾌하게 강의를 마쳤다. 코치진과 작별 인사를 나누고 주차장으로 걸어가는데, 아버지가 내게 집까지 데려다달라고 부탁했다. 나는 깜짝 놀랐다. 23년간 살아오면서(운전 경력은 7년이지만) 아버지가 내게 그런 부탁을 한 적은 처음이었다. 그래서 신경이 쓰이기 시작했다. 그리고 한 달 뒤 다시 아버지의 전화를 받고 나서야 퍼즐이 맞춰졌다.

나는 다시 플로리다로 돌아와 있었다. 전화기 반대편에서 아버지는 자신이 진단받은 병에 대해 고백했다. 'C로 시작하는 단어'였다. 곧이어 아버지답게 앞으로의 계획을 설명하기 시작했다. 그 계획이 구체적으로 어떤 것이었는지는 기억이 나지 않는다. 내가 기억하는 건 오직 슬픔뿐이다. 나는 여자 친구의 손을 잡은 채 한마디도 못하고 그저 듣고만 있었다.

나는 전화를 끊고 자전거 길을 따라 하염없이 걸었다. 만감이 교차했다. 기억하고 싶지 않지만 이 일이 나의 어머니에게 얼마나 절망스러웠을까 생각했다. 나의 아버지는 아주 먼 미래의 계획까지 세워놓았었다. 95세가 될 때까지 사람들을 가르칠 생각이었다. 몇 해 전 애리조나에 두 번째 집을 구입해놓았던 부모님은 이제 드디어 더 많은 시간을 함께 보내려 하던 참이었다. 병으로 인해 그 계획은 전부 물거품이 되어버렸다.

나는 전국을 돌아다니느라 아버지의 곁에 머물 수 없었지만, 아버지가 자신을 위한 팀을 구축할 때 내가 기여할 방법이 무엇인지 말해주실 거라 믿었다. 그리고 아버지가 내게 기대하는 역할은 내 삶을 사는 일이라는 것을 나중에 알게 되었다(그것으로 다였다). 내가 교직을 떠나 스포츠 업계에서 일을 시작하면서 아버지는 내가 전화로 성공적인 소식을 들려드릴 때마다 많이 기뻐했다. 반면, 어머니에게서는 점점 분노가 느껴졌다. 아버지를 오래오래 살 사람이라고 생각했던 어머니는 그동안의 기대를 모두 버려야 했고 지금의 현실과 짊어져야 할 무게를 받아들이느라 수년간 힘들어했다. 드디어 두 분이 오붓하게 삶을 즐기기 시작하려는 찰나에 'C로 시작하는 단어'가 찾아온 것이다. 아버지의 투병은 2007년 1월까지 이어졌다. 어머니는 겉으로는 굉장히 훌륭하게 대처하는 것처럼 보였으나 당연히 심적으로는 그 무게를 감당하느라 몹시 지쳐 있었다.

그 모습을 지켜봐왔던 나는 가능한 한 다른 누군가에게 그런 무게를 짊어지게 하고 싶지 않았다. 나는 분노를 만들어내고 싶지 않았다. 이런 류의 난관은 주변 사람들에게 극적인 영향을 끼칠 수도 있다. 친구와 사랑하는 이들을 끔찍한 입장에 몰리게 할 수도 있다. 나는 절대 그런 일이 일어나도록 하고 싶지 않았다.

2020년 1월, 첫 번째 수술을 받기 며칠 전에 나는 〈E! 뉴스E! News〉의 아나운서였던 마리아 메노노스Maria Menounos와 〈함께여서 더 좋은Better Together〉이란 팟캐스트에 출연했다.[2] 나는 이미 항암 치료를 받은 상태였는데(내 주변 사람들 대부분은 아직 그 사실을 몰랐다), 마리아가 'C로 시작하는 단어'와 싸우고 있던 그녀의 어머니를 보살피던 일에 대한 이야기를 꺼냈다. 우리의 대화는 그런 상황에서 누구에게 소식을 알리거나 조언을 구할 것인가로 이어졌다. 내가 바로 그 문제를 경험하고 있음을 밝히지 않은 채 나는 몇 가지 조언을 해주었다. "그런 종류의 정보에 익숙하지 않은 지인들을 이해해야 해요. 그런 사람들에게 굳이 이야기해서 실망시킬 필요는 없잖아요." 그러자 마리아가 아주 딱 맞는 비유를 들었다. "쿠키를 들고 와서 '정말 안 됐다. 불쌍해서 어떡해'라고 말하는 사람은 필요 없죠." 그랬다. 나는 확실히 그런 사람은 필요 없었다. 한편으론 마리아도 나도 신뢰하는 사람마저 배제시키는 것은 그 사람의 마음에 상처를 주는 일이라는 사실을 인정하지 않을 수 없었다. 그러나 나나 마리아의 어머니가 처한 것 같은 심각한 상황에서 다른 사람들의 감정은 우선사항이 될 수 없다. 나는 다시 말해주었다. "보호받아야 할 사람은 당신이에요. 당신이 당신의 어머니를 지켜줘야죠."

이 이야기는 나의 경험이었다. 내가 어떤 사람인지 잘 알고 있었기 때문에 나는 내 고난을 극복하기 위한 최선의 방책으로서 외부 사람을 끌어들이지 않기로 결정했던 것이다. 아무리 많은 사람이 "괜찮아, 괜찮다고, 너는 할 수 있어!"라고 응원해줘도 내 기분은 조금도 나아지지 않을 게 분명했다. 그러니 관여된 사람이 적을수록 더 좋다고 생각했다.

적어도 처음에는 그렇게 생각했었다. 피할 수만 있다면 다른 사람에게 무거운 짐을 지워주고 싶지 않았기 때문에 나는 극히 최소한의 사람에게만 내 투병 사실을 알려야겠다고 생각했다. 그러나 내가 그 최소한에 포함되길 원했던 사람 중 한 명이 날 설득시켰다. 내 병을 알고 있는 사람의 범위를 조금 더 넓히는 것이 좋겠다고 말이다. 그리고 나는 그 조언을 따랐다. 그는 내가 겪고 있는 일을 먼저 경험한 사람이었기 때문이다.

2011년에 마크 허즐릭을 만났을 때, 그는 보스턴대학에서 NFL 진출을 위해 훈련 중이었다. 그 당시 허즐릭은 이미 지구상에서 가장 강인한 미식축구 선수로서 명성이 자자했다. 공격을 차단하거나 러닝백을 봉쇄하는 그의 실력 때문이 아니었다(물론 대학생 라인배커로서 그의 실력이 매우 훌륭했던 것은 맞지만). 그가 'C로 시작하는 단어'를 극복하고 경기장으로 돌아왔기 때문이다.

　사전 준비에 관해 설명한 앞 장에서 마크에 대해 이미 조금 이야기했었다. 그는 2008년에 올스타(first-team All-American), 그리고 ACC 올해의 수비수로 선정되기도 했다. 2009년 대학 4학년 시즌 준비 중 왼쪽 다리의 허벅지에 극심한 통증을 느꼈다. 처음에는 신경 손상을 의심했지만 MRI 검사 후 뭔가 의심스러운 것이 발견되어 종양전문의를 찾아갔다. 병명은 유잉 육종으로, 뼈에 발생하는 드문 유형의 'C로 시작하는 단어'였다.

　항암 치료 후 마크에게는 두 가지 선택지가 주어졌다. 발병 부위에 방사선 치료를 받거나 아니면 외과수술로 대퇴골을 일부 잘라내고 그 부위에 보철물이나 사체 공여자로부터 기증받은 신체 일부를 이식하는 방법이었다. 만약 수술을 받게 되면 다시는 미식축구를 할 수 없었고 더구나 다시 정상적으로 걸을 수 있다는 보장도 없었다. 방사선 치료가 성공한다면 남은 인생 동안 정상적으로 움직일 수 있는 가능성이 훨씬 더 컸고 미식축구를 다시 할 수 있는 기회가 생길지도 모른다. 의사가 마크의 대퇴골에 금속 막대를 삽입해 전과 같은 강도를 유지시킬 수도 있었지만 그 방법은 엄청난 위험이 따랐다. 막대 삽입술의 절차에 대한 다른 의사의 의견을 듣다가 마크는 만약 방사선 치료가 효과가 없을 경우 다시 수술적 치료로 되돌아갈 수 없게 될지도 모른다는 사실을 알게 됐다. 방사선이 뼈를 부서지기 쉬운 상태로 만들어 보철물이나 신체 이식을 시도할 수 없을지도 모른다는 것이었다. 그렇게 되면 아마 다리를 절단하는 방법만이 남게 될 터였다.

의료진은 마크가 고민하고 결정할 수 있도록 일주일의 시간을 주었다. 수술을 받는 편이 생명 연장의 가능성 면에서는 최선의 선택이었으나 그것은 곧 미식축구 선수로서의 생명이 끝나는 걸 의미했다. 게다가 부자연스러운 걸음걸이로 평생을 살아야 할지도 몰랐다. 방사선 치료를 선택하면 미식축구를 다시 할 수 있을지도 모르지만 실패할 경우 그 결과가 너무도 절망적이었다. 고민하는 동안 마크는 그의 아버지에게 조언을 구했다. "아버지라면 어떻게 하시겠어요?" 그가 대답했다. "내가 너라면 어떻게 할지 물론 알고 있단다. 그리고 네 부모로서 너에게 어떻게 하라고 말하고 싶은지도 알고 있지. 그 두 가지가 서로 다르단다." 그때 마크는 아버지의 마음을 어렴풋이 짐작하긴 했으나 그에게 아이가 생기고 나서야 비로소 그때 아버지의 마음을 진정으로 이해할 수 있었다. 이제는 30대에 두 아이의 아빠가 된 마크는 그때로 돌아간다면 다시 똑같은 선택을 할 거라고 장담하지 못한다. 아마도 21세의 나이에는 제법 나이를 먹은 사람에게 생기는 죽음에 대한 두려움이 없었기 때문에 그런 선택을 할 수 있었으리라.

마크는 방사선 치료를 선택했다. 매번 검사를 받을 때마다 예후가 좋아 상황은 점점 낙관적으로 변해 갔다. 나쁜 세포들이 파괴됐고 그보다 훨씬 더 좋은 소식은 방사선이 그의 뼈를 심하게 약화시키지 않아 다시 회복되는 데 문제가 없을 거란 것이었다. 모든 치료가 성공적으로 끝났다고 판단한 의료진은 마크의 대퇴골에 금속 막대를 삽입해도 좋다고 결론을 내렸다. 이제 마음만 있다면 다시 미식축구 경기장으로 돌아갈 수도 있었다.

2009년 시즌은 전부 놓쳤지만, 마크에게 2010년 시즌을 위해 훈련할 수 있는 여유는 있었다. 훈련 중 손이 부러지기도 하고 발에는 긴장성 골절을 입기도 했다. 그래도 그는 미식축구를 향한 의지를 꺾지 않았다. 그는 웨버주립대Weber State와의 시즌 개막전에서 스냅(snap: 고개를 푹 숙여 두 다리 사이로 쿼터백에게 공을 보내는 동작 – 옮긴이)에 제한이 있었고 부상당한 발에 붕대를 너무 세게 감아 발가락에 감각이 거의 없는 지경이었음에도 경기장에서는 어떠한 통증도 느끼지 못했다. 수차례 방사선 치료를 받은 허벅지에 충격이 가해지는 것도 두렵지 않았다. 그날 마크는 두 가지를 다짐했다. '다시는 미식축구를 당연하게 여기지 않겠다', 또 다른 하나는 '그동안 녹슨 실력을 최대한 빨리 다시 끌어올려야겠다'였다.

미래의 NFL 슈퍼스타 루크 쿠에칠리Luke Kuechly와 나란히 경기를 뛰며 마크는 훌륭한 4학년 시즌을 보냈다. 그러나 'C로 시작하는 단어'의 여파 탓에 전과 같은 파괴적인 모습을 보여줄 수는 없었다. 잘 알지도 못하는 의료적 문제에 대해 위험 회피 성향이 있는 NFL 총감독들은 드래프트에서 마크를 멀리했다. 그들은 들어본 적도 없는 병을 극복한 사내에게 모험을 걸려고 하지 않았다. 드래프트에서 탈락한 뒤 마크는 뉴욕 자이언츠와 계약했다. 사실 그는 그 팀에 들어가기 직전까지도 프로 팀에 갈 수 있을지 확신할 수 없었다. 최종 결정이 내려지게 될 2011년의 그날, 마크는 53명의 선수가 추려지는 마감 시한인 오후 4시 전에 전화벨이 울리지 않기를 바라며 자신의 호텔 방에 앉아 있었다.

전화벨이 울렸다.

마크의 아버지였다. 마크의 부모님은 아들을 직접 격려하고자 필라델피아에서부터 차를 몰고 오고 싶어 하셨다. 마크는 거절했다. 홀로 기다리고 싶었다.

마감 시한이 찾아왔고 그냥 지나갔다. 아무 소식이 없다는 건 좋은 소식이었다. 전화벨이 다시 울렸다. 또다시 아버지였다.

"정말 우리가 가지 않길 바라니?"

드디어 마크가 고집을 꺾었다. "아니요, 와주세요."

"잘됐구나. 우리 지금 로비에 있단다."

사실 마크의 부모님은 하루 종일 그곳에서 기다리고 계셨다. 그리고 그들은 모든 어려움을 다 이겨내고 마침내 그날 밤 축하의 만찬을 만끽했다.

마크는 그냥 자이언츠에 들어가기만 한 게 아니었다. 그는 라인배커로서의 출전 기회를 보장받으며 팀의 특별한 에이스로 활약했다. 게다가 프로 선수로서 마크의 첫 시즌은 경이로움의 연속이었다. 자이언츠는 4연패에서 벗어나 4경기 중 3경기를 이기며 결승 진출에 성공했다. 이어서 팰컨스Falcons, 패커스Packers, 포티나이너스를 물리치고 NFC 우승을 차지했다. 제46회 슈퍼볼에서 패트리어츠와 맞붙기 위해 인디애나폴리스에 도착해 비행기에서 내리면서 마크는 문득 지난 3년도 채 안 되는 시간 동안 자신에게 일어났던 모든 일들을 떠올렸다. "잘못된 선택을 했다가는 다리는 물론 생명까지 잃을 수 있다"라는 말을 들었던 그가 슈퍼볼 경기 출전을 앞두고 있었다. 마크는 자신의 삶이 꼭 동화 같다고 생각했다. 그리고 마크의 동화는 자이언츠가 그 경기에서 21 대 17의 승리를 거두는 것으로 끝을 맺었다.

마크는 2018년까지 자이언츠에서 뛰었다. 은퇴 후에는 ESPN ACC 네트워크에서 일했다. 나는 그에게 꽤 자주 연락했다. 그가 나와 같은 일을 먼저 겪은 사람이기 때문에 다른 이들과는 다른 식으로 내 고민을 이해해줄 거라 생각했다. 확실히 마크는 처음부터 내 문제를 이해해주었다. 심지어 나보다도 더 잘 이해했다.

항암 치료를 받기 전에 탄수화물을 많이 섭취해두라는 조언도 아주 유용했지만, 마크가 내게 해준 굉장한 조언들은 그것 말고도 많았다. 예를 들어 그는 내게 화를 내도 괜찮다고 말해주었다. 겁을 내는 것도 괜찮다고 했다. 비록 내가 평생을 부정적인 것을 피하는 일에 마음을 써왔다 해도 'C로 시작하는 단어'를 선고받고 나서 그런 감정을 완벽하게 피할 수 있는 사람은 없다. 오히려 그런 부정적인 감정을 억누르려고 하는 것이 부자연스러운 일이다. 마크는 그런 감정을 내 몸 밖으로 내보내라고 권유했다. 그리고 그 조언 덕분에 중립을 되찾는 일이 수월해졌다.

마크의 조언들 중 내가 가장 중요다고 생각하는 것은 혼자서 감당하려고 애쓰지 말라는 것이었다. 어째서 최소한의 사람들에게만 투병 사실을 알리려고 했는지 설명하자 그는 이해해주었다. 마크가 아팠을 때는, 그의 팀이 올해의 ACC 수비수로 선정된 대세 선수가 출전하지 않는 이유를 설명해야 했던 탓에 피치 못하게 여러 사람들이 그의 사정을 알게 될 수밖에 없었다. 그럼에도 불구하고 마크는 자신으로 인해 다른 사람이 짊어질 짐을 최소화하기 위해 애를 썼었다. 처음에 그는 아프다는 사실을 부모님에게도 알리지 않을 생각이었다. 정작 부모님의 지지가 필요한 사람은 본인이었음에도 반대로 자신이 부모님의 버팀목으로 남고 싶었던 것이다. 그러나 곧 그것이 불가능하다는 사실을 깨달았다. 마크는 "혼자서 해결하기에는 너무 벅찬 일이었어요"라고 고백했다. 그래서 그는 더 많은 사람들을 그의 투쟁에 끌어들이기 시작했다. 그랬더니 전혀 다른 세상이 펼쳐졌다. 자신과 함께 싸워줄 사람들이 더 많이 생기면서 어깨에 짊어진 짐이 더 이상 혼자만의 것으로 느껴지지 않았다.

마크가 주위 사람들에게 투병 사실을 알리지 않은 내 선택을 이해할 수 있었던 건 자신도 이미 그런 선택을 해봤기 때문이다. 혹시라도 내 몸에 생긴 이것이 결국 내 삶을 엉망진창으로 만들어버렸을 때를 대비해 내 통제력이 필요한 범위를 최소한으로 유지하고 싶다는 마음도 내 선택에 일부 영향을 미쳤다. 마크는 그것 또한 잘 알고 있었다. 그러나 병마와 싸우기 위한 에너지가 절실할 때 그런 통제력을 유지하기 위해 너무 많은 정신적, 신체적 에너지를 소비할 수는 없다. 결국 나는 어느 정도 통제력에 대한 집착을 버리기로 마음먹었다. 그리고 그 대가로 나는 나를 도와줄 수 있는 팀을 얻었다.

마크의 또 다른 조언은 기도였다. 마크는 정식으로 신앙생활에 입문한 지 얼마 되지 않은 시기에 처음 자신의 병에 대해 알게 되었다. 그러나 그 이전부터 성경을 읽고 있었기 때문에 삶의 무게를 지탱할 수 있는 힘을 달라고 간청하는 사람들에 대한 하느님의 말씀에 귀를 기울이고 있었다. 그래서 자신도 기도를 해야겠다고 마음먹었다. 당시 마크는 다음과 같이 기도했다. "성경에서 그러더군요. '너의 짐을 내게 맡기라. 너의 불안을 내게 맡기라'라고. 그래서 전 그러려고 합니다. 그리고 전 지금 당장 당신이 필요합니다." 이 기도로 마크는 마음의 평화를 얻었다.

나는 마크의 조언에 따랐다. 최대한 자주 교회에 가서 기도했다. 팬데믹으로 교회가 문을 닫았을 때는 교회 주차장에 차를 대놓고 기도했다. 그러다가 나 혼자서 이 일을 감당할 수 없다는 사실을 깨닫게 됐다. 나에게도 하느님이 필요했다. 그리고 마크가 옳았다. 다른 사람에게 짐을 지우고 싶지 않은 마음이 큰 만큼, 다른 사람을 필요로 하는 마음도 컸다. 내가 꿈꾸는 나의 팀에서 마크는 핵심 인물이었다. 그리고 마크 덕분에 나는 내 팀에 몇 사람을 더 추가할 수 있었다.

2019년 가을, 나는 맨해튼비치의 스트랜드The Strand에 거주 중이었다. 이혼 후 새로운 인생을 시작하고자 피닉스 교외에서 이곳으로 이사한 것이다. 다시 독신 생활에 뛰어들려면 에너지가 충만한(덤으로 전망이 끝내주는) 이곳에서 사는 것이 도움이 될 거라는 기대가 있었다. 또 내가 조지아대 미식축구팀이나 뉴욕 메츠를 따라 출장을 가지 않을 때에는 휴식을 취하며 긴장을 풀기 딱 좋은 곳 같기도 했다. 마린스트리트에 위치한 내 집 현관문을 나서면 최고의 서핑 장소로 유명한 태평양 연안이 바로 지척에 있다. 그러나 그림 같은 해변 산책로에서 연인과 데이트를 하는 게 아닌 NBA 임원과 나란히 산책이나 조깅을 하는 모습이 나의 일상이었다.

로렌스 프랭크는 로스앤젤레스 클리퍼스의 농구 운영 부문 사장이다. 2020년에는 NBA 올해의 임원에 선정되기도 했다. 로렌스와 나는 오클라호마시티 선더의 빌리 도노번 감독 밑에서 코치로 있었던 빌리 슈미트Billy Schmidt의 소개로 인연을 맺었다. 대학 미식축구의 열렬한 팬인 빌리 슈미트는 앨라배마대학, 플로리다주립대학과 일하는 나를 자연스럽게 알게 됐고, 내가 수년 동안 선더와 함께 일할 수 있도록 연결해주기도 했다. 그러나 내 새로운 인생 계획 중 하나는 이제 내 거주지에서 그렇게 멀지 않은 곳에서 일하는 것이었다. 비행기와 호텔에서 너무 많은 시간을 보낼 필요가 없도록. 그래서 나는 집에서 수 킬로미터 떨어진 곳에 기반을 두고 있는 팀과 일하게 될지도 모른다는 희망을 품고 로렌스와 약속을 잡았다. 로렌스와 나는 죽이 잘 맞았고 그는 당시 클리퍼스 감독이던 닥 리버스에게 나를 소개시켜줬다. 나는 닥의 승인을 거쳐 경영진을 만나러 갔다. 그들은 내 교육 방침을 마음에 들어 했는데 로렌스에 의하면 내가 '극단적인 낙천가 같은 구석'이 없어서였다고 한다. 프로 운동선수들은 귀신처럼 헛소리꾼을 알아보는 능력이 있다. 그들은 단 한 번의 훈련으로 모든 문제를 해결할 수 있다고 큰소리치는 사람에게 시간을 허비하지 않는다. 그럴 바엔 차라리 원하는 것을 얻으려면 아주 열심히 노력해야 한다고 주장하는 사람과 거래하려 할 것이다. 로렌스도 그렇고 클리퍼스의 다른 임원들도 내가 사탕발림은 하지 않는다는 점, 또 그 어떤 마법 같은 비결이 있다고 주장하지 않는다는 점을 높이 샀다. 세상에 그런 마법 같은 비결은 정말로 존재하지 않으므로.

로렌스의 클리퍼스는 나를 전략적 고문으로 고용했다. 내 역할은 선수들의 정신적 성과 관리에 집중돼 있었다. 로렌스와 나는 금세 친구가 됐다. 그러나 누렇게 변한 눈으로 깨어난 날 이후에야 비로소 나는 로렌스가 진정 얼마나 훌륭한 친구인지 깨달았다. 로렌스는 나의 팀에서 버팀목과 같은 존재였다.

만성질환으로 고생하는 아내를 돌본 경험이 있었던 로렌스는 긴 투병 생활의 어려움을 잘 알고 있었다. 그 사실은 나에게 큰 도움이 됐다. 로렌스는 치료의 지연, 의료진간의 느린 의사소통, 끝없이 계속될 것만 같은 진료 약속이 사람을 어떻게 좌절시키는지 직접 목격한 사람이었다. 그는 처음에 의사들이 내 병명을 알아내기 위해 애쓰던 그때부터 하루도 빼놓지 않고 내 치료의 전 과정을 지켜본 사람이다.

해변을 따라 산책하는(기분이 내키면 달리는) 동안 로렌스는 내 말을 들어주곤 했다. 나와 함께 일하는 덕분에 그는 내가 선수들에게 가르치고 있는 것이 무엇인지 잘 알았고, 그래서 나에게 딱 어울리는 표현으로 내게 조언을 해줄 수 있었다. 내가 타인에게 중립적 사고방식을 가르치는 사람이라 하더라도 나 역시 사람일 뿐이라는 둥 나도 중립을 찾기 위해 도움이 필요할 때가 있을 거라는 둥, 로렌스는 내가 부정적 생각에 젖어들 때마다 항상 내 옆구리를 찔러 내 마음을 마땅히 있어야 할 곳으로 다시 데려다놓곤 했다. 이 싸움이 장기전이 될 것임을 알고 있었던 그는 내 마음이 전체적 그림을 보고 준비하던 바로 그 순간에 머물러 있어야 한다고 옆에서 끊임없이 강조했다. 'C로 시작하는 단어'와 싸울 때, 자꾸 점수판을 보려고 하면 비참해질 수밖에 없다. 결과는 예측 불가능하고 또 언제든 바뀔 수 있는 것이다. 따라서 결과를 걱정하고 신경 쓰다 보면 심한 압박감만 느끼게 될 것이다. 로렌스는 내가 압박감을 느낀다고 감지할 때마다 다시 중립을 찾을 수 있도록 도와줄 수 있는 사람이었다. 내 검사 결과가 별로 좋지 않게 나왔을 때는 지금의 결과가 다음 결과를 미리 말해주는 것은 아니라는 사실을 내게 상기시켜주었다.

로렌스는 또한 나만의 팀을 꾸리는 일에 있어 핵심적 부분, 즉 인재 충원에 크게 기여했다. 나에게는 내 투병 과정을 감독해줄 최고의 인재들이 필요했다. 로렌스의 가장 기본적인 임무는 그런 인재들을 확보하는 일이었다. 물론 나의 팀 구성에 있어 내가 원하는 1순위 인재는 로렌스였다. 나를 돕기 시작한 로렌스는 계속해서 깜짝깜짝 놀라게 만들었다. 우선 그는 나를 클리퍼스의 팀 닥터인 스티브 크렘스Steve Krems에게 데리고 갔다. 의학적 관점에서 크렘스 박사가 훌륭한 포인트가드가 될 수 있다고 생각했기 때문이다. 수년 동안 크림슨타이드, 세미놀스, 불독스와 함께 경기장을 누빈 덕분에 나는 어디에서건 '실력자들'이 주변에 포진돼 있다는 사실이 자신감 형성에 있어 얼마나 중요한 역할을 하는지 잘 알고 있었다. 크렘스 박사는 내 팀의 의학적 역량 강화에 힘을 보태주었다.

나를 지원해줄 팀에 소속될 나머지 핵심 인재를 선택하는 일은 오로지 내게 달려 있었다. 그들은 내 인생에서 가장 두려운 시기 내내 나를 도와줄 사람들이었다. 나는 이 일을 감당할 수 있다고 여겨지는 사람들을 선택했다. 그보다 더 중요한 건 그들 스스로가 나를 돕기로 결정했다는 것이다. 그들은 기꺼이 자신의 시간, 관심, 지혜를 내게 주었다. 그들이 내게 기꺼이 내어준 감정적 에너지의 크기는 측정이 불가능할 정도다.

멜 터커는 앞에서 이미 소개한 적이 있다. 각종 위기가 끊이지 않았던 한 해 동안 중립적 사고방식을 이용해 미시간주립대 미식축구팀을 이끌었던 감독이다. 내가 내 병명을 알게 되었을 때는 멜이 콜로라도 팀에서 첫해를 시작하고 있던 때였다. 멜이 앨라배마 팀에서, 나중에는 조지아 팀에서 코치로 일하는 동안 우리는 친구가 됐다. 그는 내멘탈 훈련 프로그램에 대해 진정으로 깊게 공감하고 있었다. 나와 마찬가지로 멜도 사탕발림을 좋아하지 않는다. 그는 늘 진실만을 원하는 사람이다.

멜 같은 유형의 사람이 나에게는 반드시 필요했다. 우리는 전화로 자주 이야기를 나눴고, 내가 첫 번째 수술을 받고 회복하고 있을 때는 병문안을 와주기도 했다. 그는 타고난 동기유발자다. 선수들의 내면에 있는 열정에 불을 지피는 능력이 탁월하다. 그는 내게도 그 능력을 발휘했다. 그러나 종종 멜은 내 이야기를 그냥 듣고만 있었다. 나에 대해 잘 아는 이들은 내가 횡설수설하는 경향이 있다고 말하면서도 한편으로는 그런 장황한 이야기들이 종종 내게 돌파구가 돼준다는 사실 또한 잘 알고 있었다. 항암 치료를 하고 수술 후 회복 과정을 거치면서 누군가에게 내 감정을 모조리 털어놓고 싶을 때도 더러 있었는데, 멜은 그럴 때마다 충실한 경청자가 되어 주었다. 그는 어떻게 해야 내 마음이 안정되는지 잘 알고 있었기 때문에 늘 나를 중립의 길로 이끌어줄 수 있었다. 멜은 절대로 내게 허튼소리를 할 사람이 아니었다. 잘못된 긍정이 불합리한 기대를 만들어낼 수도 있었던 시기에 멜의 그러한 성향은 나에게 아주 고맙고 중요하게 여겨졌다.

시애틀 시호크스 쿼터백 러셀 윌슨도 이미 익숙한 이름일 것이다. 그는 엄청나게 할 일이 많은 사람임에도 불구하고 늘 나를 위해 시간을 내주었다. 그의 믿음 덕분에 나도 믿음을 잃지 않을 수 있었다.

마이클 존슨은 4개의 올림픽 금메달과 그 유명한 황금 스파이크, 그리고 성인 수준의 인내심을 소유하고 있다. 마이클이 내 치료 계획을 경청해주었을 때 그의 차분함 덕분에 나도 평정심을 찾을 수 있었다. 수년 전에 마이클이 NFL 드래프트를 준비하는 청소년들에게 강연을 하기 위해 IMG 아카데미를 방문한 적이 있다. 우리는 그때 처음 만나게 됐는데, 마이클의 강연 덕분에 나는 꿈을 좇을 때 계획 설정이 얼마나 중요한 것인지 이해할 수 있었다. 마이클은 지금도 여전히 위대한 계획의 가치를 믿고 있다. 그리고 마이클이 뇌졸중에 걸린 후에도 공격적으로 재활 치료에 임하는 것을 보고 나서, 나는 내 치료 또는 재활 계획을 전부 그와 상의하고 의견을 구하고자 했었다.

나의 전처인 솔란지 모아와드에게는 나를 위해 무언가를 해야 할 이유가 전혀 없었다. 우리의 이혼 절차는 이미 2019년에 종결됐고, 그녀에게는 더 이상 어떠한 의무도 남아 있지 않았다. 그럼에도 솔란지는 내가 치료를 받으러 가기 전 늘 나와 함께 있어 주었다. 이혼 후에도 우리는 강한 유대관계를 유지하기 위해 많은 노력을 했는데 그녀는 내 기대보다 훨씬 더 많은 노력을 보여주었다.

잉그리드 월터스Ingrid Walters는 내가 병을 앓기 전부터 알고 지낸 사람은 아니지만, 내가 치료를 받는 동안 늘 그녀의 상냥한 얼굴을 볼 수 있어서 기뻤다. 때로는 이 세상에서 이런 힘든 일을 겪는 사람이 나 혼자가 아니라는 사실이 마음에 위안을 주기도 한다.

지금까지 언급한 사람들은 내가 그들을 가장 필요로 했던 순간에 큰 힘이 되어준 나의 팀원들이다. 내가 힘을 잃었을 때는 기운을 불어 넣어 주고 대화 상대가 필요할 때는 내 말을 들어줬다. 울고 싶을 때는 그런 나를 진심으로 이해해주고 위로했다.

설사 지금 자신의 인생이 아무런 위기 없이 평온하다 할지라도 어려울 때 기댈 수 있는 사람들과의 관계를 돈독히 유지해야 한다. 친구들, 그리고 가족으로 이루어진 울타리 안에 그런 사람들이 충분치 않다는 생각이 든다면 그 울타리를 더 넓혀라. 최고의 순간에는 당신의 팀이 인생을 더 즐겁게 만들어줄 수 있다. 그리고 멘탈이 산산조각 나도록 최악인 순간에는 당신이 가라앉지 않게 받쳐줄 수 있다.

인생에서 반드시 찾아서 곁에 두어야 하는 사람의 유형을 소개한다.

• **당신의 상황이 자신에게 영향을 미칠까 봐 걱정하지 않는 사람을 찾아라.** 내가 위에 언급한 지인들은 모두 내게 "내가 뭘 도와줄까?"라고 물었다. "그럼, 난 어떻게 되는 거지?"가 아니라.

• **도움을 받을 수 있도록 당신을 누군가와 연결해줄 수 있는 사람을 찾아라.** 나를 크렘스 박사에게 데려간 로렌스가 내 친구라는 사실은 나

의 행운이자 첫 번째 승리였다. 크렘스 박사는 나에게 훌륭한 전문가들을 더 소개시켜줬다.

- **당신과 말이 통하는 사람을 찾아라.** 중립적 마음가짐에 대한 이해가 깊은 멜과 로렌스를 친구로 둔 덕에 고민을 상담할 때 훨씬 수월했다. 또한 두 사람은 어떻게 해야 위태로운 상태에서 나를 끌어올려 중립을 찾게 만들지 잘 알고 있었다. 러셀은 내가 중립이라는 어휘를 구축하는 데 도움을 줬다. 그래서 러셀도 내게 정확히 무슨 말을 해줘야 할지 잘 알고 있었다.

- **닮고 싶은 사람을 찾아라.** 나는 마이클 존슨의 사고방식을 닮고 싶었다. 또한 마크 허즐릭처럼 강인한 사람이 되고 싶었다.

- **(종교가 있다면)신앙을 공유할 수 있는 사람을 찾아라.** 마크는 아무리 내 곁에 훌륭한 의료진이 있다고 해도, 내 기분을 더 나아지게 해줄 수 있는 것은 기도임을 강조했었다. 에너지가 가장 절실했던 순간에 제프와 함께 기도를 하면 정말로 힘이 불끈 솟아났었다.

- **무슨 일이 벌어져도 당신을 사랑해줄 수 있는 사람을 찾아라.** 솔란지는 내 곁에 있을 필요가 없었음에도 불구하고, 아무런 이유 없이 나를 보살펴주었다.

- **챔피언십 우승을 위해 과감히 자유계약 선수를 추가하라.** 내 병을 알기 전 나는 잉그리드 월터스를 전혀 몰랐다. 그러나 우리는 서로의 경험을 공유하면서 더 강해질 수 있었다. 자신과 잘 맞는 새로운 친구의 영입을 두려워하지 마라.

그러니 기다리지 말라. 오늘 당신의 선수 명단에 대한 평가 작업을 시작하라. NFL 단장이 선수 계약일에 불필요한 선수들을 쳐내듯 그렇게 할 필요는 없다. 그러나 인생에서 관계를 맺고 있는 사람들을 솔직하게 평가해 자기만의 이상적인 팀을 구축할 필요는 분명히 있다. 당신의 인생에 속한 사람들은 당신에게 어떤 도움을 줄 수 있는가? 현재 당신에게는 완벽한 팀이 구축되어 있는가? 또는 실력 있는 선수를 추가해 팀의 역량을 강화시킬 필요가 있는가?

이상적인 팀이 구축돼 있으면 우리 삶에 역경이 급습했을 때 이미 지원 시스템을 갖추고 있는 것과 같다. 혼자서 극복해보려는 생각은 아예 할 필요도 없을 것이다.

10장
누구나 코치가
필요하다

2016년 한 통의 전화를 받고 나는 흥분된 마음을 주체할 수가 없었다. 수화기 너머의 상대방은 자신을 마리아 슈라이버Maria Shriver의 대리인이라고 밝혔다. 당시 나는 애리조나주에 거주하고 있었는데 이 근처를 방문할 예정인 마리아가 나를 만나보고 싶어 한다는 연락이었다.

나는 착각인가 싶어 마리아 샤라포바의 에이전트에게 확인 전화까지 해봤다. 그도 그럴 것이 내게 마리아라는 이름을 거론하며 전화를 걸어오는 사람은 으레 샤라포바 측 직원이었으니 말이다. 수많은 테니스 선수들과 일해온 나는 IMG 아카데미에 있을 때부터 샤라포바와도 교류하고 있었다.

그러나 전화 속에서 나를 만나고 싶어 했던 사람은 역시 마리아 샤라포바가 아니었다. 진짜 마리아 슈라이버였다. 에미상Emmy Award과 피보디상Peabody Award을 수상한 NBC 뉴스의 마리아 슈라이버였다. 캘리포니아 주지사의 전 부인이자 존 F. 케네디의 외조카로 유명한 박애주의자 CEO인 마리아 슈라이버 말이다. 도대체 그녀가 내게 무슨 볼 일이 있단 말인가?

러셀 윌슨과 일했던 나에 대한 기사를 접한 뒤 슈라이버는 운동선수 외에 코칭 대상 범위를 확대할 수 있는지 내 의사를 알고 싶었다고 한다. 그녀는 내가 운동선수에게 가르치는 대부분의 방법들이 비즈니스 부문에도 적용 가능하다고 설명한 뒤, 특히 출산이나 양육으로 인해 경력이 단절되었다가 다시 직장으로 돌아가려는 수많은 여성들에게 유익할 거라고 주장했다. 또한 타인을 관리하는 입장에 있는 사람에게도 도움이 될 수 있다고 말했다. 예를 들어 자녀를 훌륭한 사람으로 키우고 싶어 하는 부모들 말이다.

슈라이버가 옳았다. 나는 그녀의 조언을 받아들여 스포츠 부문을 넘어 내 활동 반경을 확장했다. 그리고 보니 정말 공통되는 점이 많았다. 러셀 윌슨이나 피트 알론소에게 효과적이었던 중립적 사고의 기술은, 확실히 수년간 경력 단절 뒤 직장으로 복귀하고자 하는 사람에게도 유용했다. 내 기술은 그들이 여러 가지 변화와 사건으로 인해 멘탈이 무너지지 않도록, 또한 직장 및 가정생활을 원만하게 병행할 수 있도록 도와줄 수 있었다. 더 나아가 승진을 위해 경쟁하는 데도 효과적이었다.

그러나 마리아가 한 말 중에 진짜 가슴에 와닿았던 얘기는 누구나 코치가 필요하다는 말이었다. 누군가의 직장 상사든 아니면 아이의 훈육을 책임져야 할 부모든, 누구나 인생에서 어느 시점에는 타인을 지도해야 한다. 그리고 그럴 때 최선의 방법은 코치처럼 행동하는 것이다. 마리아는 바로 그러한 점을 짚어낸 거였다. "사람들이 잘할 수 있는 것을 찾아내서 더욱 더 잘할 수 있도록 격려하잖아요. 그런 역할을 담당하는 코치는 정말 대단하지 않나요? 다른 사람의 능력을 파악해 더 잘할 수 있는 것이 무엇인지 그 사람에게 보여줄 수 있다니 말이에요"라는 마리아의 설명은 완벽하게 맞는 말이다.

나는 여러 코치 밑에서 성장했다. 원래 농구 코치였던 아버지는 아직 생소했던 분야를 개척하며 멘탈 코치로 일했다. 아버지는 자신의 지위가 아무리 높아져도, 청중이 아무리 많아져도 늘 선수들에게 해주던 말 그대로를 다른 이들에게도 해주었다. 아버지는 코치의 사명이 무엇인지 잘 알고 있었던 것이다. 그리고 장소를 따지지 않았다. 코치란 (개인이든 집단이든) 지도를 원하는 사람을 발전시키고 단련시키며 지원해야 할 책임이 있는 사람이다. 지금 좋은 스승 또는 훌륭한 부모 역시 그에 해당된다고 이해했다면 제대로 이해한 것이다.

내가 처음으로 알게 된 세계적 수준의 코치는 닉 볼레티에리였다. 2001년 내가 IMG 아카데미에 들어간 지 얼마 지나지 않은 때였다. 당시 내 상사였던 채드 볼링은 나를 사무실로 불러 닉이 HBO의 〈리얼 스포츠Real Sports〉 기자에게 한 13세의 러시아 테니스 선수가 어째서 슈퍼스타가 될 재목인지 설명하는 것을 보게 했다. 그 선수가 바로 샤라포바였다.

마리아가 위대한 선수가 될 수밖에 없다고 생각하는 이유에 대해 설명하는 닉을 보면서 나는 그가 그토록 성공한 이유를 깨닫게 되었다. 물론 닉은 샤라포바의 근면성과 경쟁력, 훈련 모습을 보면서 그녀가 특별한 선수임을 금방 알아챘다. 샤라포바에게는 앤드리 애거시Andre Agassi나 짐 쿠리어Jim Courier, 마르셀로 리오스Marcelo Rios, 윌리엄스 자매 등에게서 공통으로 발견되는 특성들이 분명히 있기도 했지만, 닉은 샤라포바가 그들과 차별화되는 특성들 또한 빠짐없이 설명할 줄 아는 사람이었다. 그렇다면 가장 큰 차별점은 무엇이었을까? 옆에서 끈질기게 훈련을 밀어붙여야 되는 대다수 선수들과 달리, 마리아는 어린 나이에도 놀랍도록 엄격하게 스스로 훈련을 이끌어갈 줄 알았다. 이 분야에서 가장 명망 있는 코치인 닉조차도 별로 지도할 게 없는 날이 많았음을 인정했을 정도였다.

내가 함께 일해본 코치들은 모두 저마다 나름의 방식을 가지고 있다. 그러나 훌륭한 코치에게서 공통적으로 발견되는 특징 또한 분명히 존재한다. 그들은 모두 융통성이 있다. 그들은 기존의 가설에 도전하는 것을 두려워하지 않는다. 승리에 집착하기보다 선수에게서 최고의 기량을 이끌어내는 데 집중하고, 그것이 결국 승리로 이어진다.

그렇다면 스포츠가 아닌 비즈니스 세계에서의 코치란 어떤 사람인가? 관리자는 밑으로 여러 직원을 거느리면서 매일 그들에게서 최고의 성과를 이끌어내야 하는 책임을 맡고 있는 사람이다. 그렇다면 최고의 상사 역시 최고의 코치에게서 발견되는 여러 특성을 지니고 있을 것임을 예상할 수 있을 것이다. 반면에 최악의 상사에게서는 실패한 코치의 특성을 그대로 찾아볼 수 있다. 그들은 고집불통이다. 그들은 언제나 자신이 직장에서 가장 영리한 사람이라고 확신한다. 그들은 매사에 늘 해오던 방식대로만 일할 것을 요구한다.

특히 마지막으로 언급한 특성을 지닌 사람은 코치든 상사든 (또는 부모든) 완전한 살인자다. 발전하고자 하는 의지를 죽여버리기 때문이다. 한 조직이 계속 승승장구할 수 있으려면 이러한 발전 욕구와 의지가 필수인데도 불구하고 말이다.

앨라배마 미식축구팀 감독 닉 세이번이 구식이고 고지식한 사람이라는 평판을 얻고 있는 것은 이상하다. 오해는 말기를. 닉은 확실히 고지식한 사람일 수도 있다. 그러나 시대의 변화에 닉보다 더 적극적으로 적응하려고 노력하는 감독은 그리 많지 않을 것이다. 적어도 2005년에 마이애미 돌핀스Miami Dolphins의 감독을 맡고 있던 닉이 나를 고용했을 때는 그렇게 느꼈다. 늘 똑같은 방식으로 똑같은 일만 고집하는 감독이었다면 이십 대의 건방진 멘탈 코치를 절대로 고용하지 않았을 테니 말이다. 멘탈 훈련에 대한 인식이 희박하던 시절, 이미 닉은 선수들의 정신 훈련이 경기력 향상에 도움이 될지도 모른다고 생각했던 것이다.

그 뒤 닉은 앨라배마대에서 변화에 뒤처지지 않기 위해 자신의 기존 공격 및 수비 철학을 완전히 바꿨다. 전국 우승을 차지했던 2011년에, 그의 팀은 완벽한 수비를 통해 다른 팀을 제압하는 것을 목표로 삼았다. 때문에 당시 공격은 그저 적당히 득점하면서 수비에 해가 되지 않도록 충분히 시간을 끄는 역할에 그쳤었다. 그러나 2020년도 전국 우승을 거머쥔 닉의 팀은 완전히 달라져 있었다. 화려한 공중전으로 점수판을 바쁘게 만들었다. 10년 전의 닉이라면 절대로 취하지 않았을 공격적인 전술이다. 여전히 수비가 좋긴 했지만 더 이상 수비를 앞세워 이기려고 하는 팀이 아니었다. 상대 팀들의 공격 수준이 상당히 진화했기 때문에 아무리 엘라배마 팀의 수비 실력이 뛰어나다 해도, 2011년에 수비력만으로 경기를 지배했던 것처럼은 할 수 없었던 것이다. 엘라배마의 2020년 수비는 기회를 봐서 공격권을 빼앗아오거나 태클로 상대 선수의 질주를 막는 등 전반적으로 공격에 해가 되지 않는 방식으로 변경되어야 했다.

닉의 전임 코치들 중 몇몇은 감독이 되었을 때 닉을 본받지 않았다. 그들은 융통성이 문제의 핵심이라는 것을 이해하기보다는 지나간 시대(그들이 코치로서 닉과 함께 일했던 시대)에서 찬란했던 닉의 팀을 그대로 재현해내려고 노력했던 것이다.

한편 마리아 슈라이버는 다양한 분야에서 사람들을 리드하는 역할에 적응해왔다. 그녀는 자신이 원래는 일을 감독하는 쪽에 가까웠다고 설명했다. 여성이 극히 드문 방송 저널리즘 분야에서 사회생활을 시작했던 것이 영향을 미쳤다고 믿고 있었다. 마리아는 "그 분야에 종사하는 여성들은 모두 남성만큼 영리하고 강인하며 심지어 남성보다 더 열심히 일해야 했어요. 옷도 남성처럼 입어야 했고 행동도 남성처럼 해야 했죠. 하루만 휴가를 내도 내 발자취를 좇아 이 분야에 뛰어들 모든 여성들에 대한 책임감이 느껴져서 어깨가 무거웠어요"라고 회상했다. 1989년에 마리아가 캐서린(그녀의 네 자녀 중 첫째)을 가졌을 때 출산휴가를 요청한 적이 있었다. 그때 출산휴가 같은 건 없다는 답변을 들었다. 마리아는 "그런 휴가는 애초에 없어요. 그냥 다른 사람이 와서 자리를 메우면 끝이에요"라고 덧붙였다.

마리아는 어쩔 수 없이 자신이 속한 업계의 사고방식을 받아들일 수밖에 없었다. 그러나 사회적 지위가 높아지고 또 다른 업계에서 활동하게 됨에 따라 다른 방식으로도 얼마든지 타인의 성공에 기여할 수 있다는 사실을 깨닫게 됐다. 이제 마리아는 과거의 보수적인 기업 문화에서 벗어나 직원들의 감정 상태를 확인하기 위해 그들과 서로 소통하며 회의를 열기 시작했다. 마리아는 현재 자신의 목표가 "보다 부드럽게 직원들의 발전을 유도하는 거예요. 제가 감정적으로 더 영리해졌거든요"라고 고백했다.

마리아의 마지막 말은 이 시대의 리더들에게 중요한 메시지를 던진다. 현재 당신이 사람들을 이끄는 위치에 있다면, 아마도 베이비부머 세대와 X세대, 밀레니얼 세대, Z세대를 전부 통솔해야 하는 입장일 것이다. 그런 이질적인 집단들을 이끌기 위해서는 매우 다양한 코칭 기술이 요구된다. 여러 대학 미식축구팀과 일하는 동안, 나는 베이비부머 세대 또는 X세대에 속한 감독이 밀레니얼 세대인 선수들을 지도하느라고 엄청난 좌절을 경험하는 것을 자주 목격했다. 그중에서도 가장 난감해했던 감독은 간단히 그들의 세대적 특성을 무시해버리는 유형이었다. 반면 가장 성공적인 결과를 보여주었던 감독은 그들 세대의 요구를 충족시킬 수 있는 사람이었다. 닉 세이번, 커비 스마트, 멜 터커는 선수들에게 관대한 감독은 아니었다. 그러나 그들은 2000년대 초반에 태어난 선수들에게 적용할 훈련 방식이, 1951년에 태어난 닉이나 1970년대에 태어난 커비, 멜에게 적용됐던 훈련 방식과는 달라야 한다는 점을 인정했다.

에런 펠트Aaron Feld는 오리건대학 미식축구팀의 체력 코치다. 오리건 덕스의 경기를 관전해본 사람이라면 사이드라인에 서 있는 그를 본 적이 있을 것이다. 우람한 체구에 팔자수염을 기른 남자 말이다. 그는 마치 19세기 말 어느 피로회복제 병에 붙은 상표 속에서 한 손으로 역기를 번쩍 들어 올리는 그런 남자처럼 생겼다. 에런은 사람들이 자신을 덩치 큰 바보로 생각하게 만들면서 희열을 느낀다. 그건 곧 자신이 불가능한 일을 해낼 수 있는 사람처럼 보인다는 말이므로. 그러나 사실 그는 선수들을 대할 때 항상 기선을 제압하는 방식을 쓴다. 그는 체력 단련실에 있는 모든 사람에게 공격적으로 도전하는 방식으로 코치 일을 시작했다. 그러나 앨라배마대와 조지아대에서 코치를 맡게 되면서 각각의 선수 스타일에 맞게 동기부여 방식을 조정해야 할 필요성을 느끼게 됐다. 어떤 선수에게는 끊임없이 밀어붙이고 자극하는 방식이 효과적이었다. "감히 날 '겁쟁이'라 부르다니!"를 외치는 마티 맥플라이Marty McFly(〈백투더퓨처〉의 주인공 - 옮긴이)와 같은 사고방식의 소유자들이 그러하다. 그리고 어떤 선수는 왜 특정 무게를 들거나 특정 훈련을 받아야 하는지 정확히 이유를 알고 싶어 한다. 일단 해당 훈련이 경기장에서 어떻게 도움이 되는지 납득을 해야만 저항 없이 훈련에 임할 수 있는 것이다. 그런데 또 어떤 선수는 이미 스스로 에너지가 충만해 자신을 너무 몰아붙이지 않게 하려면 가끔 제동을 좀 걸어 줘야 할 필요가 있다. 그리고 에런은 그들 모두 공통적으로 훈련이 즐거워야 더 열심히 훈련을 받는다는 사실을 깨달았다. 그래서 그는 '플렉스 프라이데이', '45일 만에 팔근육 키우기' 같은 이벤트를 생각해, 선수들과 코치진이 그들 스스로 45일 동안 셔츠 소매가 낄 정도로 매일 이두박근과 삼두박근 운동을 하도록 만들었다. 이런 이벤트들 덕분에 선수는 자신의 신체를 한계로 밀어붙이는 수준의 훈련도 웃으면서 적극 참여할 수 있었다.

그런 식의 자발적 발전은 굉장히 중요하다. 그리고 그렇기 때문에 스포츠에만 국한되는 이야기가 아니다. 군대에서도 역시 이런 사례를 찾아볼 수 있다.

내가 톰 채비Tom Chaby 대령을 만났을 때는 2009년으로, IMG 아카데미에서 근무하고 있을 때였다. 채비는 샌디에이고 인근 미 해군 합동기지 코로나도Naval Amphibious Base Coronado에서 특수부대원들을 훈련시키고 있었다. 나는 살면서 몇몇 놀라운 실력자들을 만나봤지만 채비 대령은 완전히 다른 차원의 사람이었다. 그들의 성공은 그들이 완벽하게 통제할 수 없는 상황 속에서 이루어내는 것이었으니까. 해군 특수부대원으로서 그는 60개국에서 임무를 수행하며 팀을 이끌어온 사람이다. 남미에서 대마약작전을 이끌었으며, 9.11테러 직후에는 아프가니스탄에서 50명의 특수부대원들로 구성된 기동 부대를 이끌었다. 그들은 그곳에 배치된 첫 번째 미군 병력이었다. 채비는 팔루자Fallujah에서 400명이 넘는 기동 부대를 통솔하기도 했다. 우리가 만났을 때 채비는 미 해군특수부대 훈련사령부 부사령관이었다. 채비와 톰 쉬블러Tom Schibler 사령관이 함께 나를 찾아왔을 때 당연히 나는 위축되지 않을 수 없었다. 두 사람은 내가 자신들의 세계 최정예 부대에게 심리상담사로서 해줄 만한 일이 있는지 알아보기 위해 찾아온 것이었다.

해병대 은퇴 후 사업가와 운동선수에게 강연하는 일을 시작한 채비는, 늘 결과보다 과정을 훨씬 더 중요하게 생각했다. 내 교육도 바로 그런 개념에 기반을 두고 있으며 채비가 과정을 더 선호하는 것도 당연하다고 생각된다. 수시로 생과 사를 넘나드는 상황을 겪게 된다면 어떻게 결과보다 과정을 더 선호하지 않을 수 있겠는가? 일어날 수 있는 결과 중 어떤 것들은 상상조차 하기 싫은 끔찍한 것들일 테니 말이다. 채비는 내가 운동선수와 함께 일한다는 사실 때문에 그가 훈련시킨 부대원들이 내게 더 큰 신뢰감을 느끼게 될 거라고 생각했다. 해병대원 한 사람이 축구 선수들로 가득한 방 안으로 들어가면 그 즉시 모두의 관심을 받게 되는 것처럼 말이다. 그는 닉 세이번이 자신의 팀을 위해 고용할 정도의 사람이라면 어쩌다 무시무시한 최정예 군인이 돼버린 미식축구 팬들이 즉시 관심을 가질 게 분명하다고 예상했던 것이다.

나를 비롯해 운동선수 개발 분야의 전문가 몇 사람이 채비와 쉬블러를 따라 코로나도를 방문해 SEAL의 지휘관들과 만남을 가졌다. 그들은 우리가 운동선수에게 가르치는 것들을 궁금해하면서 그것이 SEAL의 활동을 더 발전시키는 데도 도움이 될 것인지 알고 싶어 했다. 이 일은 나에게 대단히 영광스러운 일이기도 했지만, 군 분야에서 방법론의 폭을 넓혀 특수전 대원들에게 운동선수의 훈련법을 적용하려 시도하고 있다는 점에서 더욱 중요했다. 스포츠계는 엘리트 선수들을 신체적, 정신적, 의학적 관점에서 훈련시키는 일의 중요성을 진작부터 인식하고 있었다는 점에서 군대보다 한발 앞서 있었다. 그리고 당시 특수부대의 지휘관들은 그 점을 따라잡기 위해 노력 중이었다. 그들은 부상당한 대원의 재활을 돕기 위해 운동선수의 프로그램을 모방했다. 대원들은 때때로 엘리트 운동선수와 함께 재활 치료를 받기도 했다. 지휘관들은 훈련을 상당 부분 개선시켰다. 군의 프로그램은 여전히 NFL 훈련캠프라기보다는 훨씬 강도 높고 고된, 일종의 신병 훈련소의 것 같아 보였다. 하지만 지휘관들이 방법론에 약간의 변화를 줌으로써 목표 달성(더 뛰어난 부대원을 양성하는 것)이 가능하다는 사실을 인식하면서 계속해서 진화하고 있다고 분명히 말할 수 있다.

SEAL에 들어가는 것과 관련해 채비가 들려준 이야기 중에 깜짝 놀랄 만한 내용이 있었다. 수영 실력보다 달리기 실력이 중요하다는 것이다. 1990년에 채비가 SEAL 훈련을 받을 때는 누구든 훈련 중 정강이통을 얻게 되면 바로 탈락이었다고 한다. 그런 사람들은 약골로 낙인 찍혔다는 것이다. 현재는 일리노이주 오대호Great Lakes에 있는 미해군특수전예비교육소Naval Special Warfare Preparatory School에서 지원자들이 UDT/SEAL의 기본 훈련 프로그램을 통해 코로나도 기지로 가기 전에 먼저 정강이통 예방법부터 교육받는다고 한다. 이후 지원자들은 캘리포니아에서 실제 작전 수행에 도움이 될 근력 운동법과 수영 기술을 교육받는다. 과거 채비가 훈련받을 때만 해도 군은 어떠한 비법도 누설하지 않았었다. 오늘날의 해군은 최고의 지원자들이 SEAL에 들어오길 바라고, 그래서 지휘관들은 지원자가 해결 방법이 있는 데도 그걸 몰라 훈련 중 낙오되는 것을 바라지 않는다.

또한 해군 지휘관들은 최고의 지원자를 식별해내기에 유용한 훈련 방식을 원한다. 채비는 다음과 같이 설명했다. "우리는 새벽 2시에 교관들이 직접 불을 켜고 지원자들을 깨우는 일이 그들을 괴롭히는 의미 말고는 목적 달성에 전혀 도움이 되지 않는다는 사실을 깨달았습니다. 대신 훈련 기준을 높였고 지원자들에게 그 기준을 극복할 수 있는 전략을 제시해줬습니다. 만약 그들이 기준을 충족시킨다면 그게 우리가 바라는 결과입니다. 우린 그 기준을 낮추지 않을 생각이었습니다. 절대로요. 하지만 지원자들에게 기준 충족에 필요한 도구는 제공했던 겁니다."

따라서 교관이 갑자기 병영에 들이닥쳐 지원자들을 깨우는 일은 없어졌을지 몰라도(지옥의 훈련 주간이 아닌 한), 훈련은 더 어려워졌을 것이다. 채비도 자신이 지금 지원한다면 훈련을 통과할지 자신할 수 없다고 말했다. 채비는 젊었을 때 미식축구 선수로 활동한 경력이 있으며 실력 있는 스키 선수이기도 했다. 꽤 인상적인 이력의 소유자라고 할 수 있다. 그러나 지금의 해군이 원하는 인재는 엘리트 운동선수라는 것이다. 아마 대학팀 소속 선수로, 콘퍼런스 우승 경험이 있는 지원자라면 굉장히 유리할 것이다.

해군에서 나타난 이러한 철학의 변화는 이 시대 최고의 미식축구 감독들이 하루 세 번의 훈련 및 선수들에게 험한 욕설을 퍼붓는 습관을 포기하는 것과 다르지 않다. 그런 가혹한 훈련 방식을 낭만이라 표현하는 사람들도 있긴 하지만 지금의 앨라배마대학 선수가 1965년의 앨라배마대학 선수보다 훨씬 월등하다는 것이 사실이다. 과거 베어 브라이언트Bear Bryant 감독의 8월 훈련이 닉 세이번 감독의 훈련보다 더 힘든 것이었을 수는 있다. 그렇다고 닉 세이번의 현재 훈련이 수월해졌다고 말할 수는 없다. 여전히 힘들다.

그리고 세이번의 선수는 식단 관리를 비롯한 최고의 건강 관리를 받고 있으며 선수의 어깨보호대에 내장된 GPS 장치로 개인의 연습량까지 측정한다. 또한 이들은 비시즌에도 일반인이 눈물을 쏙 뺄 정도의 체력 강화 훈련을 받고 있다. 브라이언트의 선수는 그렇지 않았다. 그 두 감독의 공격 라인맨을 한번 비교해보자. 현재의 선수는 적어도 20킬로그램 정도는 체중이 더 늘었고 훨씬 강하다. 그럼에도 브라이언트 시대의 최정예 선수보다 더 민첩하고 빠를 것이다. 60년대의 선수가 오늘날의 선수를 보게 된다면 '아니, 실험실에서 선수를 만들어내기라도 하는 건가?'라며 놀라워할 것이다. 그 60년대의 선수가 현재로 오게 된다면 경기장에서 오늘날의 선수와 맞붙을 기회조차 얻지 못할 수도 있다.

지금의 훈련 방식이 너무 어려우니 좀 더 말랑말랑한 미식축구 선수나 해군 특수부대원을 만들자는 주장이 아니다. 가장 중요한 순간에 최고의 실력을 발휘할 수 있도록 그들의 역량을 최적화시키자는 것이다. 그리고 특수부대원의 중요한 순간은 운동선수의 중요한 순간과 비교 자체가 안 될 정도로 특히 중요하다. 즉, 미식축구 코치진이 공격 선수에게 57초를 남기고 네 번째 공격 12야드를 맞아 5점차로 뒤지고 있는 상황을 가정하라고 제시할 때, SEAL의 교관들은 훈련 종료 뒤 지원자들이 실제로 부딪히게 될 상황을 그대로 재현해내는 훨씬 더 정교한 가상의 상황을 설계한다는 것이다. 이에 대해 채비는 "우리 임무는 의도적으로 역경과 압박감을 만들어내는 겁니다. 정보가 불완전하고 모든 자원과 시간이 부족한 상황을 가정하는 겁니다. 그 속에서 지원자가 결과를 내놓도록 하는 겁니다"라고 설명했다.

채비는 세이번이 자신의 선수들에게 가르치는 것, 즉 결과보다 과정을 중시하는 정신적 기술을 지원자들이 배울 수 있도록 도와주고 싶었다. 오번을 이기는 데 마음 쓰지 말고 오번을 상대로 최고의 실력을 발휘하기 위해 요구되는 각각의 단계에 집중할 것, 그것이 세이번의 가르침이라면 채비가 원하는 것은 지원자들이 지옥의 훈련 주간을 넘기는 것에 대한 걱정을 그만두고 그들의 다음 진화 단계에서 어떻게 하면 최고의 실력을 발휘할 수 있을까 고민하기 시작하는 것이었다.

그 '진화'라는 것은 무엇일까? SEAL 훈련에서 진화란, 하루에 수행해야 할 수많은 활동들 중 하나를 말한다. 예를 들어 하루의 첫 3가지 진화는 아침 식사 전 8km 달리기, 아침 식사, 코로나도 인근에서 진행되는 보트 훈련이다. 채비는 SEAL의 세계에서는 교관들이 아침 식사에도 미션을 추가해넣을 수 있기 때문에 아침 식사조차 진화로 간주된다는 점을 지적한다. 실전에서 SEAL은 오믈렛을 위해 불침번을 서는 것이 아니라는 말이다. 지옥의 훈련 주간이 끝나기만을 바라며

고군분투하는 지원자는 결국 포기를 선언하고 낙오될지도 모른다. 중립을 유지하고 8km 달리기에만, 그다음에는 아침 식사에만, 또 그다음에는 보트 훈련에만 집중할 수 있는 지원자는 다음 기회를 얻을 것이다.

물론 그 지원자는 과거의 최정예 특수부대원보다 훨씬 더 높은 기준을 충족시켜야만 한다. 그러나 또한 과거의 대원보다 더 진화된 코칭 기술의 도움을 받기도 한다. 그리고 그 때문에 최강의 조직은 훨씬 더 강력한 조직으로 진화할 수 있는 것이다.

한편, 마리아 슈라이버의 주장은 완전히 옳았다. 어느 곳(회사든 가족이든)이든 코치가 있으면 더 막강한 조직으로 거듭날 수 있다. 더불어 당신이 중립적인 사고방식을 갖고 살아간다면 동료들과 자녀들에게 더 좋은 코치가 될 수 있을 것이다.

기억하라, 사실을 추구하고 감정을 제거하는 것이 최고의 중립적 사고방식이다. 상사와 부하, 그리고 부모와 자녀 관계에서 감정은 언제든 과열될 수 있다. 자신을 더 많은 정보로 무장하면 할수록, 서로간의 관계에서 감정을 배제한 채 사실을 추구하면서 모두에게 도움이 될 올바른 다음 단계를 찾는 일이 더 쉬워진다.

당신의 사람들을 코칭할 때의 첫 번째 단계는 그 사람의 강점과 약점을 파악하는 일이다. 이 일은 삶의 어떤 영역에서든 굉장히 중요한 작업에 해당하지만 당신의 팀에 속한 사람들에 대해 기초적 보고서를 작성하는 일이 다소 가혹하게 느껴질지도 모르겠다. 그런 기분이 들 정도로 정식으로 평가할 필요는 없다. 그러나 당신 밑에서 일하는 사람들을 그들에게 기대되는 역할과 관련하여 분명히 측정해볼 필요는 있다. 실력 미달인 사람을 해고하라는 의미가 아니다. 당신이 그런 권한이 있는 사람도 아닐 것이다. 부모로서 자녀를 지도하는 입장이라면 더더욱 그러하다. 솔직하게 평가하는 것이 목표다. 그 평가를 기반으로 당신은 그 사람을 훨씬 막강한 사람으로 만들기 위한 계획을 세울 수 있다. 그 사람이 못하는 부분은 잘할 수 있게, 또 원래 잘하는 부분은 더 잘할 수 있게. 당신이 그 일을 할 때와 내 친구 로렌스 프랭크가 로스앤젤레스 클리퍼스 사장으로서 그 일을 할 때의 차이점은 무엇일까? 당신에게는 ESPN 생방송으로 당신의 모든 결정을 철저히 해부하는 스티븐 A. 스미스Stephen A. Smith와 켄드릭 퍼킨스Kendrick Perkins 같은 사람이 없다는 사실이다.

스포츠계에선 종목에 관계없이 그런 식의 직설적 평가가 당연한 것으로 받아들여진다. 이미 오래전부터 그런 과정이 체계화되어 있기 때문이다. 어떤 면에서는 선수 평가 및 영입 과정 자체가 이미 사람들이 관심 있게 지켜보는 또 하나의 스포츠가 돼버렸다. 미식축구나 농구의 경우, 대학팀 감독들이 귀중한 자원(감독에게 수여 권한이 있는 장학금으로 축구에는 85개, 농구에는 13개가 있다)의 투자 여부를 결정하기 전에 고교 선수를 철저히 분석한다. 이 과정 뒤에는 적지 않은 수의 팬이 존재하는데, 그들은 자신이 좋아하는 팀에서 감독이 선수 구성을 제대로 하고 있는지 추적하기 위해 선수 영입 관련 웹사이트에 매달 10달러(약 1만 2,000원)를 지불하기도 한다.

한편, NFL 드래프트는 가히 거대한 산업이라 할 만하다. 현재 드래프트 자체가 ABC, ESPN, NFL 네트워크에서 방송되고 있으며, 다수의 미디어 업체들은 꼬박 3개월 동안 어째서 어느 쿼터백이 돌핀스에는 적합해도 브롱코스Broncos에는 어울리지 않는지 또는 어째서 애리조나주립대학의 엣지러셔edge rusher(수비라인 양 끝에서 공격적 수비를 펼치는 포지션 - 옮긴이)가 켄터키대학의 엣지러셔보다 먼저 선발되어야 하는지 등을 검토하는 콘텐츠를 운영하고 있다. NBA에서는 자유 계약 선수 제도(이미 프로 리그에서 활동 중인 선수의 영입 방식)가 드래프트보다 훨씬 더 큰 주목을 받는다. 2019년 비시즌 시기에 로렌스는 FA 사상 가장 큰 쿠데타라 할 만한 일을 해냈다. 로렌스의 클리퍼스가 커와이 레너드Kawhi Leonard와 계약한 일이었다. 레너드가 랩터스Raptors에서 NBA 우승을 이끈 직후였다. 같은 시기에 클리퍼스는 오클라호마시티 선더의 최우수 선수였던 폴 조지Paul George와도 계약했다. 이 때문에 로렌스의 클리퍼스는 기존 선수 중에 레너드 및 조지와 어울리는 선수가 누구인지, 또 FA를 통해 교환 또는 방출해야 할 선수는 누구인지 결정하기 위해 엄청난 양의 선수 평가 작업을 거쳐야 했다. 그들은 또한 FA나 드래프트를 통해 팀에 어떤 전력을 보완해야 할지도 결정해야 했다.

로렌스 같은 사람들은 회사의 소속 직원을 객관적이고 솔직하게 평가하는 일을 업무에 있어 가장 중요한 작업으로 여긴다. 아마 당신은 그렇지 않을 것이다. 그러나 간과하지 말자. 다른 사람을 이끌어야 하는 위치에 있는 사람이라면, 그런 일이 당신의 역할에서 정말로 중요한 부분이 되어야 한다.

어쩌면 일 년에 한 번씩 하게 되는 그 평가가 산더미 같은 서류 작업이라서 싫을 수 있다. 어쩌면 누군가에게 상처를 주고 싶지 않아 싫어하는 것일 수도 있다. 그러나 그런 평가 작업을 번거로운 것으로 여길 게 아니라 타인을 더 막강하게 만들 기회라고 생각해야 한다. 사실 당신이 팀원의 강점 및 약점에 대한 평가를 일 년에 단 한 번만 하고 있다면 그건 충분치 않다.

뉴잉글랜드 패트리어츠의 시설 여기저기에는 '당신의 일을 하라'라는 문구가 걸려 있다. 당신이 지도자라면 소속 구성원이 각자 맡은 일을 제대로 수행하도록 만드는 것도 당신이 해야 할 일이다. 그리고 그 임무를 위해서는 꾸준한 평가 작업이 필요하다.

당신이 회계팀에서 일하고 있다고 가정해보자. 그런데 한 동료가 자꾸 엉성한 실수를 해서 당신이 그때마다 검토하고 수정하느라 시간 낭비를 하고 있다. 그 동료는 그런 점 말고는 흠잡을 데가 없다. 함께 일하는 것도 즐겁고 사무실의 다른 직원들과 사이도 좋다. 일도 시간 맞춰 잘 끝내고 다른 문제는 전혀 없다. 자, 동료의 이러한 실수를 지적하기 위해 일 년에 한 번뿐인 평가 시기까지 기다려야 할까? 아니면 어째서 자꾸 그런 실수가 나오는지 당장 파악하고 다시 실수하지 않도록 방법을 찾아야 할까?

당연히 정답은 실시간으로 그 문제를 해결하는 것이다. 그리고 문제 해결을 위한 첫 단계는 그 동료에게 계속 실수를 하고 있음을 알리는 것이다. 당신이 이미 유능한 리더라면 지나치게 쉬운 문제처럼 들리겠지만, 사실 대부분의 상사들은 실수를 저지르는 부하에게 아무 말도 하지 않고 자신이 직접 수정하려고 한다. 물론 그런 식으로 해서는 아무것도 고쳐지지 않을 것이다. 실수를 지적하는 대화가 썩 유쾌한 것은 아닐 것이다. 그러나 부하 직원을 꾸짖는 게 아니라 도와주려고 노력하는 거라는 태도로 접근한다면 훨씬 쉬울 것이다. 일단 동료가 실수를 반복하고 있다는 것을 인식한다면 그런 실수가 일어나는 원인을 면밀하게 조사해야 한다. 주의를 산만하게 하는 무언가가 있는 건가? 집에 무슨 일이 있어서 집중을 잘 못하는 건가? 또는 의외로 간단한 이유일지도 모른다. 옆자리 직원들이 꽤 시끄러워서 집중에 방해가 되는 것일 수도 있다. 그런 경우라면, 먼저 소란스러운 직원들에게 좀 조용히 해달라고 말하면 된다. 또한 그 부하 직원에게 휴대폰에 모차르트 음악을 집어넣고 헤드폰을 착용하라고 제안해볼 수도 있다. 만약 공간에 여유가 있다면 그 직원의 자리를 좀 더 조용한 장소로 옮겨주는 방법도 있을 것이다. 어쩌면 당신의 회사는 모든 직원이 반드시 사무실에서 일하지 않아도 되는 곳일지도 모르겠다. 만약 생산성에 영향이 없다면 그 직원에게 일주일에 며칠 정도 재택근무를 허용하는 방법도 있다.

훌륭한 코치와 상사는 법회계사와 같은 태도를 지녀야 한다. 즉, 문제의 근본 원인을 찾아낸 다음 올바른 해결책을 제시하는 시스템을 통해 문제를 바로잡아야 한다. 문제가 개념상의 오류나 오해에서 비롯된 것인 경우에는 해결이 더 쉽다. 반면 행동에 관한 문제인 경우에는 그렇게 간단하지가 않다.

감독들은 상대적으로 소수의 선수들에게 많은 시간을 할애한다. 선수들 대부분은 열심히 훈련하고 싶어 하고, 더 좋은 플레이를 펼치기 위해 감독의 지도에 따라 기량을 끌어올리고 싶어 한다. 그러나 감독의 관심이 특히 많이 필요한 선수들(주로 가장 실력이 뛰어난 선수들)이 있다. 아마 그 선수는 실력이 너무 좋아 다른 팀원들의 재능 부족에 화가 나 있을 수도 있다. 어쩌면 이미 상대를 압도할 수 있는 실력을 갖췄다는 이유로 열심히 훈련해야 할 필요성을 못 느끼는지도 모른다. 또는 그냥 정신 상태가 올바르지 못해서 말을 듣지 않는 것일 수도 있다.

당신이 직장에서 관리자이거나 특히 부모일 경우에, 관리해야 할 사람의 행동에 관한 문제는 가장 해결하기 힘든 난제일 것이다. 당신이 부모인 경우, 어느 시점이 되면 당신의 자녀가 좀처럼 말을 들으려 하지 않을 것이다. 물론 직장에서도 그런 직원이 있을 수 있다. 어느 경우든 중요한 건 문제 행동을 보이는 사람을 이해하려고 노력해야 한다는 것이다. 그 사람에게 다가갈 수 있는 방법을 찾기 위해서 말이다.

아주 간단한 지시조차 따르려 하지 않는 사람이 있다는 건 굉장히 힘든 일일 수 있다. 그럴 때 당신은 "알았어요, 하면 되잖아요"라는 말을 들을 때까지 그냥 소리를 지르고 싶을 것이다. 그러나 그런 식으로는 대체로 원하는 결과를 달성하지 못할 것이다. 최고의 코치라면 다음과 같이 조언할 것이다. "모든 사람에게 전달될 수 있도록 메시지를 조정하는 일이 내 역할 중 가장 어려운 일입니다."

메시지를 제대로 전달하려면, 어떻게 해야 그 사람에게 동기를 부여할 수 있는지를 먼저 파악해야 한다. 그 사람이 타인의 기분에 민감한 사람인가? 그렇다면 그에게 실망감을 표현하는 것만으로도 충분히 메시지를 전달할 수 있을 것이다. 그러나 만약 그가 위에서 언급한 유형의 사람(자신에게 특별한 재능이 있다는 사실을 알고 있는 사람)이라면 당신은 훨씬 더 분발해야 할 것이다. 그동안 당신이 코치 또는 지도자로서 일을 해왔다면 그 사람과 대화를 나누면서 그의 이력, 가정생활, 꿈 등에 대해 들은 것이 있을 것이다. 그런 정보들을 활용해 그 사람에게 동기를 부여할 수 있는 방법을 알아내야 한다.

그것이 돈인가? 그럼 팀과 함께 일하는 것이 그의 재능을 돋보이게 만드는 일이며 그것이 승진 또는 타 회사로부터의 스카우트 제의로 이어질 수 있음을 설명하라. 그가 인정받길 바라는가? 그렇다면 그가 지시에 따라 맡은 일을 잘 해냈을 때마다 여러 사람 앞에서 그를 칭찬하라. 반대로 그가 지시에 따르지 않았을 때는 공개적 칭찬을 끊어라. 그리고 어째서 칭찬하지 않았는지 이유를 설명하라.

그 사람이 단지 당신이 그런 지시를 내린 이유를 알고 싶어 한다면? 운동선수나 직장인 또는 기성세대에 분노하는 십대에게서 가장 흔한 유형이다. 당신이 부모라면 특히 자녀가 이런 유형에 해당될 확률이 높다. 그러나 가정에서든 직장에서든 "내가 그렇게 말했으니까"는 잘못된 답변일 뿐만 아니라 오히려 당사자를 더욱 짜증나게 만든다.

앞서 1장에서 소개한 프로 테니스 선수 테일러 덴트를 기억하는가? 테일러는 코치에게 훈련법에 대해 하나부터 열까지 꼬치꼬치 캐묻는 선수였다. 비록 그 자신도 그렇게 하는 것을 성가셔하는 것처럼 보이긴 했으나 절대로 그 수고로움을 마다하지 않았다. 왜 그랬을까?

바로 이유를 알고자 했기 때문이다. 테니스에 평생을 바치면서 테일러는 최소한 코치가 왜 A훈련 대신 B훈련을 요구하는 것인지 자신에게 이유를 설명할 수 있어야 한다고 생각했다. 직장이나 가정에서 어째서 그러한 결정 또는 지시를 내렸는지 구성원이 이해할 수 있도록 더 많은 정보를 제공해준다면 대부분의 갈등 상황을 해결할 수 있다.

상황이 어떠하든 또 상대가 어떠한 유형의 사람이든, 훌륭한 코치가 지도하는 방식을 모방하는 것이 상대는 물론이고 당신에게도 이로운 일이다. 사실을 추구하라. 문제를 정확히 파악하라. 올바른 다음 단계를 찾아라. 당신이 상대방이 더 발전할 수 있도록 돕고 싶어 한다는 것을 상대에게 보여줘라.

누구나 훌륭한 코치의 도움을 받을 수 있다. 당신의 지도를 받는 사람들만이 그런 특권을 누릴 수 있는 것은 아니다. 당신에게도 훌륭한 코치가 필요하다는 말이다. 그럼 당신을 위한 최고의 코치는 누구인가? 누구보다 당신을 잘 알고 있는 사람, 바로 당신 자신이다.

자녀를 해고할 수 없는 것과 마찬가지로 우리는 우리 자신을 해고할 수 없다. 그러므로 스스로를 지도할 수 있는 방법을 터득해야만 한다. 진정으로 중립적인 삶을 살아가기 위해서는 내가 내 자신에게 어떤 영향을 미치고 있는지를 이해할 필요가 있다. 그리고 자기 자신을 객관적 사실로 무장시킬 줄 알아야 한다. 즉, 부정적인 생각과 말을 만들어내지 말아야 한다는 것이다. (머릿속으로는 물론 입 밖으로도 내뱉지 말아야 한다.) 감정이 결정을 좌지우지하도록 내버려 두지 말고 오직 사실만을 추구해야 한다.

당신이 직장내 팀 또는 자녀를 위해 중요한 결정을 내리는 순간에 불안정한 감정이 개입되길 바라는가? 당연히 그걸 바라는 사람은 없을 것이다. 그러니 이번 장에 언급된 전략들을 그대로 스스로에게도 적용해보길 바란다. 스스로에게 동기를 유발할 수 있는 방법을 알아내고 그 방법을 자신에게 적용하라. 일을 망쳤다고 해서 자기 자신에게 소리를 질러선 안 된다. (특히 공개적으로는 더더욱 안 된다.) 당신이 실수를 저지른 동료를 대하는 방식 그대로 자신에게 말을 걸어라. 사실을 검토하고 더 좋아질 수 있는 방법을 알아내라. 그것이 훌륭한 코치가 (팀을 지도할 때, 그리고 자기 자신을 지도할 때) 하는 일이다.

11장
최후의 결승선이란 없다

빌리 도노번은 자신이 선택한 직업에서 이미 최고의 자리에 도달했던 사람이다. 그런데 커리어에 정점을 찍던 순간에 그가 느꼈던 감정은 생각했던 것과는 전혀 달랐다. 2005~2006년 시즌을 시작할 때만 해도 빌리 도노번의 플로리다대학 농구팀은 순위 안에 들어 있지도 않았다. 그러나 플로리다 게이터스는 '예상 밖의 선전을 보여준 팀'이 되었다가 '엄연한 인기 팀'으로 변신을 거듭한 후 결국 '전국 우승팀' 반열에까지 올랐다. 24세에 대학 농구팀 코치로 시작해 28세에 처음 감독이 된 남자에게, 인디애나폴리스에서 열린 파이널포Final Four(미국 대학 농구 4강전 - 옮긴이) 우승을 차지한 뒤 오색 종이가 흩뿌려진 농구 코트 위에서 골대의 그물을 자르는 일(우승팀을 위한 전통 행사 - 옮긴이)은 그야말로 꿈이 실현됐다고 볼 수 있는 것이었다. 빌리는 40세에 바로 그런 성취를 이뤘다.

빌리는 평생 그 목표만을 향해 달려간다고 생각했다. 그런데 막상 꿈이 이뤄진 순간에 완벽한 성취감이 느껴지지 않자 적잖이 당황하고 말았다. 그가 평생을 바쳐 추구해온 목표가 달성된 것이 아니었던가? 빌리는 곧 자신이 세상을 다르게 바라볼 필요가 있음을 깨달았다. 빌리는 "꿈을 이루면 한 인간으로서 완전해질 거라 생각하겠지만 그렇지 않더군요. 그게 끝이자 전부가 아니더라고요"라고 말했다.

당신도 인생의 목표를 가지고 있을 것이다. 어쩌면 다음과 같은 것일지도 모르겠다.

- 직장에서 가장 큰 성과를 올리는 사람되기
- 사장되기
- 10억 벌기

그러나 이 3가지를 모두 성취한 뒤에는 어떤 일이 벌어질까? 하늘에서 축하 현수막이 떨어지기라도 할까? 그냥 집으로 돌아가 매일 수영장에서 음료나 홀짝이며 여생을 보낼 수 있을까?

정반대로, 당신의 인생이 극복해야 할 어려운 난관에 봉착하게 될지도 모른다. 다음과 같은 것들 말이다.

- 이혼 절차 마무리하기

- 더 좋은 직장 찾기
- 'C로 시작하는 단어' 이겨내기

이 같은 난관의 극복은 굉장한 승리임에 틀림없을 것이다. 그러나 먼저 언급했던 목표들과 마찬가지로 이들 난관을 극복했다고 해서 이후에 찾아올 일들까지 결정되는 것은 아니다. 그럼 일단 목표를 달성한 다음에는 어떻게 되는 걸까?

먼 앞날의 목표에 자신의 모든 에너지를 집중시켜서는 안 된다. 만약 그렇게 한다면 마침내 목표가 달성됐을 때 공허함을 느끼고 말 것이다. 또는 더 안 좋은 상황으로써, 목표를 이루지 못했을 때 완전히 좌절해버리는 수도 있다.

중립적인 삶을 살아가면 그런 함정에 빠질 일이 없다. 목표를 달성했을 때는 성공을 축하한 후 다음 단계로 넘어갈 것이다. 목표를 달성하지 못했을 때는 실패를 인정한 후 마찬가지로 다음 단계로 넘어갈 것이다. 나의 아버지는 우리를 완성된 인간이 아닌 '인간이 되어 가는 존재'로서 정의했다. 우리는 정체된 존재일 수 없다. 우리는 끊임없이 진화하는 존재다. 심지어 스스로 존재의 정점에 도달했다고 생각한 이후에도 말이다.

빌리는 첫 전국 대회 우승 이후 이러한 사실을 재빨리 이해했다. 그 성취와 공허 사이의 괴리감을 오래 끌고 가지도 않았다. 빌리는 다시 자신의 본분으로 돌아갔다. 그리고 자신과 같은 궤도에 있는 모든 이들에게 그들이 말하자면 최후의 결승선을 통과한 것은 아니라는 사실을 이해시켰다. 해야 할 일은 더 많았다. 그리고 그 일들을 함으로써 다음 해 빌리는 더 진화할 수 있었다.

플로리다대학의 스타 선수 요아킴 노아Joakim Noah, 앨 호퍼드Al Horford, 코리 브루어Corey Brewer(2006년 NBA 드래프트에서 복권식 추첨에 의해 배정된 선수들일 것이다)는 두 번째 전국 우승을 목표로 다음 시즌 출전을 결심했다. 따라서 빌리는 이미 엄청난 성취를 경험한 바 있는 사람들에게 조언을 구하기로 마음먹었다. 그가 알고 싶었던 것은 승리하는 법이 아니었다. 그들이 승리를 거둔 '후'에 어떤 일이 일어났는지가 궁금했다. 먼저 1982년, 1985년, 1987년, 1988년에 레이커스를 NBA 우승으로 이끌었고, 2006년에는 마이애미 히트Miami Heat를 우승팀으로 이끈 팻 라일리Pat Riley 감독에게 조언을 구했다. 그다음 2001년, 2003년, 2004년에 패트리어츠를 슈퍼볼 우승으로 이끈(이후에도 몇 차례 더 우승이 이어졌다) 빌 벨리칙 감독을 찾아갔다. 조언자는 가까운 곳에도 있었다. 빌리는 1998년에 젊은 감독으로서 팀을 전국 대회 우승으로 이끌었던 플로리다대 축구팀 감독 베키 벌리Becky Burleigh에게도 찾아가 똑같은 질문을 했다.

빌리가 알고자 했던 것은 성공에 대처하는 법이었다. 모두 자기 관점에서 설명하긴 했지만 결국 성공한 감독들의 공통된 조언은 완전히 새로운 경험을 하듯 새 시즌에 임하라는 것이었다. 즉, 두 번째 전국 대회 우승은 첫 번째 우승의 연속이 아니며 그것 자체로 존재의 의미를 가져야 한다는 메시지였다.

2006~2007년 시즌 준비를 위한 팀의 첫 회의에 빌리는 강사를

한 명 초빙했다. 그는 사회학자 해리 에드워즈Harry Edwards였는데, 전에도 와서 강의를 한 적이 있었고 그때 팀 전체에 깊은 인상을 남겼었다. 이번에도 에드워즈의 메시지가 팀에 긍정적 영향을 줄 것을 기대하고 있었다. 에드워즈는 꼭대기에 농구공이 붙어 있는 화이트보드에 산 하나를 그렸다. 그는 "여러분은 아마 지금 이 산의 정상에 도달했다고 생각하고 있을 겁니다. 이제 막 전국 대회 우승을 차지한데다 팀의 구성도 그때와 거의 달라지지 않았으니까요"라는 말로 강의를 시작했다. 이어서 에드워즈의 입에서는 냉정한 사실들이 쏟아져 나왔다. 사실 그들은 산의 정상에 있는 게 아니라는 것, 심지어 산 아래에 있지도 않았다는 것, 마지막으로 산 아래에 도착하려면 아직도 먼 길을 걸어가야 한다는 내용이었다.

이제 선수들은 한 해 전의 상황으로 정신 상태를 되돌리고 있었다. 누구도 그들이 전국 대회 우승을 차지하리라고 예상하지 못했던 때로 말이다. 그리고 에드워즈는 이어서 이번에는 그들이 다른 경로를 선택해 산 정상에 올라야 할 거라는 점을 지적했다. 일 년 전에는 아무도 그들 팀에게 기대를 걸지 않았지만 지금은 모두가 그들 팀의 재우승을 예상하고 있었다. 그 말은 즉, 전 시즌 1위 팀을 물리치려는 상대, 이미 우승을 했다는 사실에서 비롯되는 안일함 등 그들을 가로막는 적들이 더 많아졌음을 의미했다. 그러니 이번 여정에서는 과거 때보다 더 신중하게 산을 올라가야 한다는 것이다.

빌리는 선수들에게 에드워즈의 메시지가 잘 전달됐다고 생각했다. 그러나 그해 여름, 자신의 여정이 생각과 많이 다르게 흘러갈지도 모른다는 느낌을 받게 됐다. 어느 날 갑자기 노아, 호퍼드, 브루어(팀에서 코치 역할도 가능했으며 팀을 우선으로 생각하는 세 선수. 그들은 스타 선수처럼 군림하지 않는 진정한 스타였다)가 빌리에게 의논할 일이 있다며 말을 꺼냈다. 그들의 팀은 그해 9월 캐나다에서 2차례 시범 경기를 가질 예정이었다.

빌리의 사무실로 찾아온 세 선수는 캐나다 시범 경기를 건너뛸 수 있는지 물었다. 빌리는 화내지 않고 이유를 물었다. 호퍼드는 자기들처럼 노련한 팀이 시범 경기 때문에 10일간 2시간 30분씩 추가 훈련을 할 필요는 없지 않느냐고 말했다. (당시 빌리는 이미 몇 차례 긴 훈련을 실시했었다.) 빌리는 플로리다대학 배구팀 감독 메리 와이즈Mary Wise의 말을 떠올렸다. 그녀의 팀은 2003년에 전국 대회 결승까지 진출했으나 2004년에는 NCAA 토너먼트 2라운드에서 패배했다. 메리가 빌리에게 해줬던 이야기는, 자신이 너무 선수들을 힘들게 몰아붙이는 바람에 그다음 시즌에서 결국 아무것도 통제할 수 없었고 오히려 팀에게 상처가 됐다는 내용이었다. 그래서 빌리는 이번 시즌의 여정에서 자신이 어느 정도 통제력을 포기할 필요도 있다고 마음먹게 됐다.

빌리는 "좋아 그렇게 하지. 그럼 훈련 시간을 1시간으로 정하면 괜찮지? 공격 훈련 15분, 수비 15분, 압박 15분, 특수 상황 대비 15분으로"라고 말했다. 세 선수도 동의하는 듯했다. 그런데 약간의 속임수가 있었다고 빌리는 고백했다. 모든 선수가 우승에 필요한 수준의 훈련이 되었는지는 세 선수가 판단하도록 했던 것이다. 만약 그들이 훈련이 되지 않았다고 판단하는 경우, 각 훈련은 시간 종료 시점에 처음부터 다시 시작되는 것이었다. 세 선수는 그러한 권한을 충분히 누리며 캐나다 경기를 앞두고 어떤 훈련도 한 시간 이상 실시한 적이 없었다.

시즌 후반에 빌리는 또 다른 어려움에 직면했다. 사우스캐롤라이나대학과의 경기에서 이긴 후에도 그다지 승리의 기쁨을 누리지 못하던 선수들이 고충을 털어놓았다. 이전 시즌에서는 매 경기가 그야말로 열광의 도가니였다. 이번 시즌은 (유력한 전국 우승팀이라는 무게에 짓눌린 채) 힘만 들었다. 그래서 빌리는 그 시점 이후로 매번 경기에서 승리할 때마다 마치 전국 우승을 차지한 것처럼 라커룸에서 파티를 열어주겠다고 선언했다. 쉬운 상대를 30점 차로 이겼는지 어려운 상대를 1점 차로 이겼는지는 중요하지 않았다. 선수들이 승리의 순간을 만끽할 수만 있다면 그것으로 족했다. 이후 당장은 게이터스에게 축하 파티를 즐길 기회가 주어지지 않았다. 다음 2경기에서 연속으로 패했기 때문이다. 그러나 그 뒤 켄터키대를 물리치고 파죽지세로 10경기 연속 승리를 거두며 남동부콘퍼런스 토너먼트를 휩쓸어버렸다. 그런 다음 게이터스는 NCAA 토너먼트에 진출해 애틀랜타에서 최종적으로 오하이오주립대를 물리치고 두 번째 전국 우승을 거머쥐었다.

빌리는 두 번째 우승을 차지한 뒤 깨달았다. 성취감은 우승 자체에서 비롯되는 것이 아니라는 것을. 성취감은 우승을 향해 가는 그 여정에서 비롯되는 것이었다. 빌리는 "저한테 트로피나 반지는 어떤 대단한 업적을 성취하기 위해 여러 사람이 함께 노력했다는 상징일 뿐입니다. 그런 것들이 삶을 충만하게 만든다고 생각한다면 틀렸어요. 물론 성취는 대단한 것입니다. 하지만 우승한 다음 날에도 삶은 계속 됩니다"라고 말했다.

　빌리의 삶은 계속됐다. 그는 그 시즌을 마치고 NBA로 가서 올랜 도 매직Orlando Magic의 감독직을 맡고자 했다. 그러나 이틀 만에 마음을 바꿔 8년 더 플로리다대학을 이끌었다. 그리고 마침내 2015년에 NBA 에 진출해 오클라호마시티 선더를 이끌었다. 그는 새로운 시각으로 뛰 어들었고 케빈 듀랜트, 러셀 웨스트브룩Russell Westbrook, 크리스 폴Chris Paul과 함께할 수 있는 기회를 맘껏 즐겼다. 2020년에 빌리는 시카고 불스의 사령탑을 맡았다. 나는 결국 그가 NBA 우승을 쟁취하리라 예 상한다. 빌리는 그 일을 해낸 뒤에도 그 성취가 전부이자 끝이 아님을 알 것이다. 그건 놀라운 여정의 또 하나의 단계일 뿐이니까.

　다음 단계로 나아가는 것. 중립적으로 살아가는 데 있어 그것은 여전히 가장 중요하다. 그 어떤 것도(성공, 실패, 두려움 등) 그것에 방해 가 되어서는 안 된다.

　나는 20대 때 새로운 인생을 꿈꾸며 로스앤젤레스에서 플로리다 를 향해 차를 몰았다. 애리조나와 뉴멕시코, 텍사스를 통과할 때까지 모든 것이 순조로웠다. 그런데 막 보몬트Beaumont를 지나 루이지애나 로 향하는 중에 내 이삿짐을 실은 트레일러의 타이어에 펑크가 났다. 몇 초 동안 차가 도로 한복판에서 빙글빙글 돌 때는 정말 끔찍했다. 나 는 간신히 갓길에 차를 댔다. 내 차가 통제 불능인 상태에서 누군가를 치지 않아서 다행이었다.

　나는 아버지를 통해 자존감 운동가 버넬 로벳Bernell Lovett이라는 사람과 알고 지냈는데, 그녀가 마침 휴스턴 교외에 살고 있었다. 버넬은 한때 줄리아 로버츠의 남편이었던 컨트리가수 라일 로벳Lyle Lovett의 어머니다. 나는 타이어가 수리되는 동안 잠시 그녀의 집에 머물렀다. 타이어 수리가 끝났을 때, 나는 다시 운전대를 꽉 붙들고 도로로 나섰다. 사실 다시는 그 운전석에 앉고 싶지 않은 기분이었다. 그때까지 미국의 절반을 달려오면서도 도로에 난 브레이크 자국 같은 건 단한 번도 내 눈에 들어온 적이 없었다. 그런데 이제는 온통 도로의 브레이크 자국들만 보였다. '저 자국들은 얼마나 많은 사고로 이어졌을까?' '그 사고들로 얼마나 많은 사람이 목숨을 잃었을까?' 내 머릿속은 그런 생각들로 가득 찼다.

그때는 내가 중립적 사고법을 생각해내기 한참 전이었다. 중립적 사고로 돌아가기 위한 방법이 절실한 순간이었다. '얼마나 더 가야 할까?' 또는 '못 갈 것 같은데….' 그런 생각을 할 여유는 없었다. 무조건 계속 가야 했다. 플로리다에서 새로운 강사 일을 시작하기로 되어 있었고, 그 바람 빠진 타이어가 내 마음속에 심어놓은 두려움 때문에 내 미래를 망칠 수는 없었다. 그래서 나는 계속 운전했다. 일단 1마일(약 1.61km)에 집중했고, 또 한 지역을 지나는 것에 집중했다. 내 차는 쉬지 않고 아스팔트 위를 계속 달렸고 결국 나는 무사히 플로리다에 도착했다.

'아스팔트'라는 단어를 보니 내가 우연히 발견한 아버지의 동영상이 떠오른다. 지금도 유튜브에서 찾아볼 수 있는데,[1] 아버지가 대중에게 경이로운 감정을 느끼는 법에 대해 강연하는 영상이다. 그 강연 당시에 아버지가 이미 수년 전부터 'C로 시작하는 단어'와 싸우고 있었다는 사실을 알았던 나에게는 강연 내용이 더욱 놀랍게 다가왔다.

"매일 경이로움을 느끼고 싶으세요?" 아버지가 대중에게 물었다. "그렇다면 제 방식대로 해보세요. 기준을 낮게 유지하는 겁니다. 아스팔트의 어느 한쪽에는 내 하루를 아주 근사하게 만들어주는 것들만 모여 있습니다. 그리고 아스팔트의 또 다른 한쪽에는 속상한 날 함께 한잔 하고 싶은 친구들이 있는 겁니다."

내 아버지는 이런 사람이었다. 끝나는 순간까지도 사람들에게 긍정을 가르쳤다. 비록 우리가 진지하게 얘기해볼 기회는 없었지만 나는 아버지가 중립적 삶의 아이디어를 굉장히 마음에 들어 했을 거라고 생각한다. 본질적으로 그것이 아버지가 살았던 방식이었기 때문이다. 아버지는 이런 말도 했다. "내 성공의 크기가 크든 중간이든 작든 모두 100퍼센트 나의 책임입니다. 그건 실패도 마찬가지입니다. 그런데 사람들은 대부분 그런 말을 듣고 싶어 하지 않죠. 책임을 지고 싶지 않은 겁니다."

나의 성공과 실패를 책임지는 사람은 바로 나 자신이다. 그다음에 할 일을 책임져야 하기 때문이다. 그리고 늘 다음이 존재한다는 사실을 이해해야 한다. 달성하기만 하면 바로 당신의 모든 에너지의 전원을 꺼버려도 되는 그런 목표는 존재하지 않는다. 너무 참담해서 당신을 영원히 가시덤불 속에 처박혀 있게 만드는 그런 실패도 존재하지 않는다. 그러므로 미래를 바라볼 때 아직 일어나지도 않은 일들에 지나치게 큰 비중을 두어서는 안 된다. "그 일만 해낼 수 있다면 더 바랄 게 없어"라고 절대 말하지 말라. "그런 일이 일어나면 나는 끝장이야"라고도 절대 말하지 말라. 둘 다 사실이 아니다.

2020년 첫 번째 큰 수술을 며칠 앞둔 어느 날, 나는 교회 주차장에 앉아 있었다. 그 순간의 내 생각을 기록으로 남기고 싶어 휴대폰을 들었다. "때때로 중립적 접근 방식의 흥미로운 부분 중 하나는 낙천적으로 생각하는 것이 좀 두렵다는 것이다. 치료 과정의 절반을 지나 곧 수술을 앞두고 있는 지금 이 순간 마음 한구석에서 자꾸 어떤 계획들이 떠오르려 한다. 바로 내가 다음에 할 일들 말이다. 이 수술이 성공하면 어떤 느낌일까? 그런데 이런 식의 생각 뒤에는 두려움이 있다. 계획을 실행할 수 없을지 모른다는 두려움. 나는 바로 이것이 부정적인 생각이라는 것을 깨달았다. 나는 다음 단계(이혼 뒤, 책을 집필한 뒤, 건강 문제를 해결한 뒤 등 힘들었던 수많은 문제들 뒤의 다음 단계)를 생각하기 시작하는 그 상황이 좋다. 그런 상황에 놓여 있을 때가 좋다."

그 셀프 동영상을 촬영하면서 나는 실시간으로 중립을 되찾았다. 나는 계획을 세워도 될지 고민하며 잠시 부정적이 됐었다. 그러나 곧 그런 사고방식이 부정적인 것임을 깨달았다. 그래서 당장 부정적 생각들을 씻어버리고 내가 해야 할 다음 단계에 대해서 생각하기 시작했다. 그리고 그 후로도 나는 수없이 여러 번 그렇게 했다.

이 글을 쓰고 있는 2021년 5월 현재, 나는 여전히 선글라스를 착용하지 않고서는 거울을 보지 못한다. 우리가 매사에 중립을 유지하며 바로 앞의 계획을 실행할 수 있는 능력을 갖췄다 해도 두려움이라는 감정은 항상 우리를 따라다닌다. 인생은 결코 녹록치 않을 것이다.

일은 늘 엉망으로 꼬이곤 할 것이다. 'C로 시작하는 단어'나 팬데믹 또는 예상치 못한 재난은 늘 찾아오기 마련이다.

나는 내가 곧 선글라스를 벗을 수 있는 용기를 찾게 될 것임을 안다. 그리고 나의 또 다른 다음 단계를 향해 나아갈 것이다. 나는 (한 번에 하나의 올바른 다음 단계에 집중하는) 이 과정을 신뢰하고 있다.

그리고 당신의 삶의 행로에서 당신이 어디에 있든, 나는 이 책을 읽은 후 당신이 이미 일어난 모든 일들을 사실 그대로 받아들이게 되길 바란다. 과거에 이미 일어난 일이 미래를 예측하는 것이 아니라는 사실을 당신도 잘 알고 있을 것이기 때문이다. 모든 순간이 그 자체로 도전이고 모험이다.

그러므로 바로 다음 순간을 당신의 것으로 만들어라. 그리고 그다음 순간도. 또 그다음 순간도.

그리고 멈추지 말고 계속 그렇게 살아가라.

감사의 말

다른 사람이 앞서 나갈 수 있도록 도와주어라.
양어깨 위에 다른 사람의 짐을 함께 짊어지면 당신은 늘 더 큰 사람이 될 수 있다.

밥 모아와드

시더스 사이나이 메디컬센터의 의사, 간호사, 직원들에게 특별한 감사를 전합니다.

솔란지 모아와드에게 무한한 감사를 표합니다.

꾸준히 안부를 물어봐준 모든 이들에게 특별한 감사를 전하고 싶습니다. 말로 다 표현할 수 없는 마음입니다. 저 역시 끝까지 소식을 전하려고 노력했습니다. 나를 위해 노력해준 모든 이에게 정말 감사드립니다.

앤디 스테이플스, 앨런 주커Alan Zucker, 섀넌 웰치Shannon Welch, 주디스 커Judith Curr, 그리고 하퍼원HarperOne과 하퍼콜린스HarperCollins의 모든 분들께 우리의 아이디어를 공유할 수 있는 기회를 주신 것에 대해 감사드립니다.

과거의 최선이 미래의 최악이 되길 바라며….

트레버 모아와드 드림

그를 추억하며

러셀 윌슨Russell Wilson

당신은 나에게 무엇과도 바꿀 수 없는 소중한 존재였습니다. 우리가 처음 만날 날부터 당신은 내 삶과 내 세상, 그리고 주변의 모든 사람들에게 깊은 영향을 주었죠.

당신은 늘 자신을 먼저 생각하지 않고 타인을 위해 어떠한 희생도 마다하지 않는 놀라운 사람이었습니다. 당신은 늘 최선을 다했어요. 당신은 사랑이 많았고 받은 은혜를 절대로 잊지 않는 사람이었습니다.

2015년 2월 슈퍼볼 우승을 놓치고 우리는 함께 샌디에이고로 날아갔었죠. 우리는 처음부터 다시 시작하자고 약속했었어요. 당신은 한 달이나 나와 함께 있어 줬어요. 내가 새벽 5시에 기상하면 당신은 힐

송 유나이티드 Hillsong UNITED의 〈바다Oceans〉를 크게 틀어놓곤 했죠. 아무리 물이 깊어질지라도 믿음을 잃지 않는다는 내용의 노래 말이에요. 당시 내 상황에 딱 어울리는 완벽한 메시지를 담은 노래였죠. 그런데 이제 와 생각해보니 그건 당신이 겪게 될 일에 대한 준비이기도 했던 것 같군요.

당신은 그 여정에서 하느님께 더 가까이 갈 수 있었어요. 그리고 가장 힘든 시간을 겪으면서도 그 어느 때보다도 더 강한 모습을 보여주었습니다.

당신이 (최고의 순간에도, 그리고 가장 힘들었던 순간에도) 내게 선물해준 자신감과 평화가 너무 그리울 겁니다. 이 책은 놀라운 인생을 살다 간 놀라운 사람의 증언입니다.

사람들은 젊은 나이에 세상을 떠난 사람에게 너무 일찍 떠났다고들 합니다. 나이로만 보면 당신은 정말 너무 일찍 떠났어요. 하지만 당신이 영향을 주고 변화시킨 사람들을 생각하면 당신은 정말 놀랄 만큼 오래 살았다고 말할 수 있습니다. 당신은 다른 사람들의 20배는 더 살았다고 할 수 있습니다.

나는 당신이 예수님을 알게 돼서 너무 기쁩니다. 그곳에서 당신의 아버지와 또 나의 아버지와 함께 환하게 웃으며 내려다보고 있겠죠. 세 사람이 사이좋게 어울리면서 나를, 내가 경기하는 모습을, 우리 모두를 지켜보고 있겠죠. 나는 당신이 중립적인 사람이라는 것을 기억하겠습니다. "그냥 꾸준히 하면 돼. 포기하지 말고 끝까지." 나는 당신이 내게 해준 이 말을 꼭 기억할 것입니다.

당신은 항상 "최고는 앞서 나간다"고 말하곤 했죠. 나는 진심으로 그 말을 믿어요. 정말 최고는 앞서가는군요, 트레버.

사랑합니다, 트레버 모아와드.

다시 만날 그날까지….

사랑을 담아,

러셀 윌슨

추천사

시에라Ciara

남편의 경기가 있을 때마다 나는 트레버 모아와드Trevor Moawad에게 자문을 구했다. 미식축구 선수인 내 남편 러셀Russell이 경기에서 최고의 기량을 발휘하도록 정신 수양을 돕는 일이 그의 직업이었다. 남편의 경기가 시작되면 나와 트레버도 만반의 태세를 갖추었다. 마치 우리가 직접 경기에 출전하기라도 하는 것처럼. 우리는 나름대로 한 팀을 이루었다. 나는 중립을 유지하기 위해 트레버에게 의지했다. 서로 대화하고 문자를 주고받았으며 나중에는 경기 결과에 대한 의견도 나누었다.

그렇게 가족이나 마찬가지였던 트레버가 지금 곁에 없다는 사실이 믿기지 않는다.

큰 야망을 품고 심리적 압박이 심한 목표를 추구하는 사람 앞에는 수많은 역경과 도전이 놓여 있게 마련이다. 그 극복 과정이 결코 쉽지는 않겠지만 당당히 받아들여야 한다. 나는 처음으로 마이크 앞에 서서 노래했던 순간 그렇게 했다. 러셀 역시 시애틀 시호크스^{Seattle} ^{Seahawks}의 쿼터백이 되었을 때 담담히 받아들였다.

"압박감을 느낀다는 건 특권이야." 우리 부부가 집에서 자주 하는 말이다. 2012년부터 러셀과 일하기 시작한 트레버는 그 말을 입에 달고 살았다. 우리가 중요한 일을 하고 있다는 의미다. 하지만 그래도 압박감이 사라지지는 않는다. 인간적 본능이 우리를 방해하기 일쑤다. 인간은 시련에 직면했을 때 본능적으로 온갖 부정적 감정에 사로잡히고 만다. 그러나 그 감정에 머물러 있어서는 안 된다. 중립을 찾아야 한다.

나는 혼란스러운 상황에 맞닥뜨렸을 때 그저 혼란스러워만 하고 싶지 않다. 불을 불로 대적하면 어떻게 되겠는가? 더 활활 타오를 뿐이다. 혼란스러운 상황에 처했을 때는 상반된 에너지로 맞서야 하는 법이다. 그러다가 중립을 찾는 것만이 유일한 해답임을 깨닫는 순간이 온다. 그렇지 않고서는 상황을 명확히 파악하고 평정심을 회복할 수 없기 때문이다. 나는 일단 한숨 돌리고 나서 중립을 찾아가야 한다는 생각에 적극 찬성한다.

역경은 누구에게나 찾아오기 때문에 다들 중립을 찾아갈 줄 알아야 한다. 도중에 뛰어넘어야 할 장애물이 나타날 것이다. 가다 보면 당신에게 반대하는 사람도 만나게 될 것이다. 우리에게 의심의 눈초리를 보내는 이들도 있을 것이다. 나는 여태껏 "좋아요"라는 말보다 "안 돼요"라는 말을 더 많이 들어왔다. 나는 현재 내 삶의 위치에 오른 것이 너무나 자랑스럽고, 그동안 내게 "안 돼요"라고 말해준 이들에게 고마움을 느끼고 있다. 내 귀에 "안 돼요"라는 말이 들리는 순간, 진지한 대화가 시작된다.

하지만 나는 아무리 "안 돼요"라는 말을 들어도, 또 실패할 거라는 경고를 들어도 중립을 지킬 것이다. 트레버 모아와드가 내게 해준 주옥같은 말들 중에 "비평가를 기리는 동상은 없다"라는 격언이 있다. 나는 그 격언이 정말 마음에 든다. 이보다 더 명확히 진리를 담고 있는 표현이 또 있을까. 내 꿈을 펼치며 내 예술 활동과 그 과정에 대해 내가 만족할 수 있다면, 다른 것은 필요치 않다. 정말 그것으로 족하다. 다른 사람이 하는 말에 휘둘리다 보면 혼란에 빠지고 만다. 그리고 남의 말을 듣기 시작하면 끝도 없다. 아흔아홉 가지 귀담아들을 만한 말이 있다고 해도 언제나 나를 망치는 말 한마디가 있게 마련이다. 하지만 나는 수년에 걸쳐 트레버가 주장하는 중립을 지키는 방법을 익혔다.

내가 지금까지 만나 본 여러 동기부여 강사들 중에서도 트레버는 단연 최고였다. 그의 말은 늘 옳았다. 힘든 시기에는 누구로부터 도움을 받느냐에 따라 결과가 달라진다. 인생이라는 놀라운 여정을 헤쳐 나갈 때 누구의 조력을 받느냐는 중요한 문제다. 그리고 트레버가 러셀에게 비타민과도 같은 조언을 해주었을 때, 러셀뿐만 아니라 내 영혼 또한 구원받았다.

이 책이 여러분에게 역시 영원한 선물이 되길 바란다. 우리 곁에 머무는 동안 트레버는 너무도 많은 씨앗을 뿌려놓았다. 그 씨앗들이 계속해서 꽃을 피우리라 믿는다. 비록 트레버는 떠났지만 그는 여전히 우리의 인생을 변화시키고 있다.

참고 자료

1장 긍정적 사고는 해결책이 아니다

1. 데이비드 레온하르트(David Leonhardt), 트위터 게시글, 2021년 3월 12일, 8:45 a.m.
   https://twitter.com/DLeonhardt/status/1370370254761828359.
2. 빅토리아 아자렌카(Victoria Azarenka), 트레버 모아와드와의 인터뷰, 〈Think About It(생각해보라)〉, 팟캐스트 오디오, 2021년 1월 26일.
   https://podcasts.apple.com/us/podcast/trevor-moawad/id1550868229?i=1000506686080.
3. 로이 바우마이스터(Roy F. Baumeister), 엘런 브라티슬라프스키(Ellen Bratslavsky), 카트린 핀켄나우어(Catrin Finkenauer), 캐슬린 보스(Kathleen D. Vohs), 〈Bad Is Stronger Than Good(나쁜 것이 선한 것보다 더 강하다)〉, 〈Review of General Psychology 5(대중심리리뷰 5)〉, no. 4 (2001): 323 - 70.
4. 러셀 윌슨(Russell Wilson), 〈My Secret to Staying Focused Under Pressure(중압감 속에서도 집중할 수 있는 나만의 비결)〉, 2021년 5월 러셀 윌슨 자택에서 촬영, TED 영상, 6:02.
   https://www.ted.com/talks/russell_wilson_my_secret_to_staying_focused_under_pressure.

4장 가치관을 점검하라

1. 러셀 윌슨, 트위터 게시글, 2020년 6월 1일, 1:04 p.m.
   https://twitter.com/DangeRussWilson/status/1267502287829647360.

5장 성공으로 이끄는 행동을 습관화하라

1. 윌리엄 맥레이븐(William McRaven), 〈Admiral McRaven Addresses the University of Texas at Austin Class of 2014(맥레이븐 대장의 2014년 텍사스대학교 오스틴 캠퍼스 졸업 축사)〉, 2014년 5월 23일, 유튜브 영상, 19:26.
   https://www.youtube.com/watch?v=yaQZFhrW0fU&t=3s.

2-3. 로버트 화이팅(Robert Whiting), 《The Meaning of Ichiro(이치로의 의미)》, Warner Books, 2004년.

4. 짐 케이플(Jim Caple), "Ichiro's Bats More Than Pieces of Wood(이치로의 야구방망이는 나무로 만든 방망이 그 이상이다)", ESPN.com, 2002년 7월 1일.
   http://a.espncdn.com/mlb/columns/caple_jim/1400915.html.

5. 스즈키 이치로(Ichiro Suzuki), 〈The Art of Preparation(준비의 예술)〉, 2018년 3월 29일, MLB.com video, 4:53.
   https://www.youtube.com/watch?v=7FXW3xIdwo0.

6. 앨런 스타인 주니어(Allen Stein Jr.), 〈Stephen Curry-Success Is Not an Accident(스테픈 커리-성공은 우연이 아니다)〉, 유튜브 영상, 3:55.
   https://www.youtube.com/watch?v=rxsdiusm1NQ.

6장 주변의 부정성을 차단하라

1. 〈인디애나 존스: 미궁의 사원(Indiana Jones and the Temple of Doom)〉, 1984년.

2. 〈On 'Doomsurfing' and 'Doomscrolling': Can You Think of a Better Way to Spend Your Time?('둠서핑'과 '둠스크롤링': 시간 보내는 더 좋은 방법이 있습니까?)〉, 메리엄-웹스터(Merriam-Webster), 2020년 6월 16일.
   https://www.merriam-webster.com/words-at-play/doomsurfing-doomscrolling-words-were-watching.

3. 몰리 쿡(Molly Cook), 브루스 새서도트(Bruce Sacerdote), 란잔 세흐갈(Ranjan Sehgal), 〈Why Is All COVID-19 News Bad News(모든 코로나19 뉴스가 나쁜 소식인 이유)〉, National Bureau of Economic Research(전미경제연구소), 2020년 11월.
   https://www.nber.org/papers/w28110.

4. 〈Coping with Stress(스트레스에 대처하기)〉, Centers for Diesase Control(미국 질병통제예방센터), 2021년 1월 22일.
   https://www.cdc.gov/coronavirus/2019-ncov/daily-life-coping/managing-stress-anxiety.html.

5. 버네사 러부(Vanessa LoBue), 〈More Than Just Another Face in the Crowd: Superior Detection of Threatening Facial Expressions in Children and Adults(색다른 표정 그 이상

의 의미가 있다: 아동과 성인이 위협적 표정을 얼마나 잘 감지하는지에 대한 연구)〉, 〈Developmental Science(발달과학) 12〉, no. 2 (2009): 305 – 13.

6. 버네사 러부(Vanessa LoBue), 주디 드로슈(Judy S. DeLoache), 〈Detecting the Snake in the Grass: Attention to Fear-Relevant Stimuli by Adults and Young Children(꽃밭에서 뱀 감지하기: 성인 및 아동의 공포 관련 자극에 관한 주목도 연구)〉, 〈Psychological Science(심리과학) 19〉, no. 3 (2008): 284 – 89.

7. 에드 코크(Ed Koch), 〈Reagan's Afterlife on Earth(레이건에 관한 사후의 보고)〉, 〈Jewish World Review(유태인세계리뷰)〉, 2004년 6월 8일.
http://jewishworldreview.com/0604/koch_reagan.php3.

8. 샐리 커틴(Sally C. Curtin), 〈State Suicide Rates Among Adolescents and Young Adults Aged 10-24: United States, 2000-2018(2000-2018년 미국 10-24세 청소년 및 청년의 주별 자살률)〉, 〈National Vital Statistics Reports 69(국가인구동태통계보고 69)〉, no. 11 (2020): 1 – 9.

9. 케네스 페더(Kenneth A. Feder), 키어라 림(Kira E. Riehm), 케일러 토모흘렌(Kayla N. Tormohlen), 〈Associations Between Time Spent Using Social Media and Internalizing and Externalizing Problems Among US Youth(사회관계망 서비스 이용 시간과 미국 청소년의 내외적 문제 사이의 연관성)〉, 〈Journal of the American Medical Association Psychiatry 76(미국의학협회 정신의학저널 76)〉, no. 12 (2019): 1266-73.

10. 멜리사 헌트(Melissa G. Hunt), 커트니 립슨(Courtney Lipson), 레이첼 막스(Rachel Marx), 조딘 영(Jordyn Young), 〈No More FOMO: Limiting Social Media Decreases Loneliness and Depression (불안심리 제한의 필요성: 사회관계망 서비스 이용 제한이 외로움과 우울감을 감소시킨다)〉, 〈Journal of Social and Clinical Psychology 37(사회및임상심리학저널 37)〉, no. 10 (2018): 751 – 68.

7장 집중할 것과 차단할 것

1. 레이첼 나우엔(Rachel Nauen), 〈Over Half of Employers Lose 1-2 Hours of Productivity a Day(고용주 중 과반수가 하루 1-2시간에 해당하는 생산성 손실을 보고 있다)〉, CareerBuilder. com, 2017년 7월 4일.
https://resources.careerbuilder.com/news-research/employers-battle-workforce-distraction.

9장 당신을 위한 팀을 꾸려라

1. 벤 코헨(Ben Cohen), 〈Alex Caruso: The LeBron of Playing with LeBron(알렉스 카루소: 르

브론과 함께 뛰는 르브론)〉, 〈월스트리트저널〉, 2020년 9월 18일.
https://www.wsj.com/articles/alex-caruso-lebron-james-lakers-nba-playoffs-11600406618

2. 마리아 메노노스(Maria Menounos), 트레버 모아와드와의 인터뷰, 〈Better Together(함께여서 더 좋은)〉, 팟캐스트 오디오, 2020년 1월 27일.
https://podcasts.apple.com/us/podcast/40-how-to-gain-control-of-your-life-mind-with-trevor-moawad/id1320060107?i=1000463814867

11장 최후의 결승선이란 없다

1. 호이징턴(T. J. Hoisington), 〈How Do You RESPOND? With Bob Moawad(어떻게 대응하고 있습니까? 밥 모아와드와 함께)〉, 2020년 7월 4일, 유튜브 영상, 6:16.
https://www.youtube.com/watch?v=_ySN41P_UMw&t=2s.

옮긴이 노보경

노보경은 고려대학교에서 독어독문학과를 졸업하고, 고려대학교 일반대학원 법학과에서 국제법 전공 석사 과정을 수료했다. 이후 외교통상부 조약국 국제협약과 인턴으로 근무했고, 네덜란드 헤이그국제법아카데미The Hague Academy of International Law 국제공법 과정Public International Law 을 수료했다. 현재는 유엔제이 소속 전문 번역가로 활동하며 좋은 외국 도서를 찾아 한국에 소개하는 일을 하고 있다. 옮긴 책으로는《마리끌레르》,《엘르》,《스타트업의 거짓말》,《AI 메이커스, 인공지능 전쟁의 최전선》등이 있다.

유리 멘탈이 당신의 발목을 잡는다

1판 1쇄 인쇄 2022년 11월 23일
1판 1쇄 발행 2022년 12월 5일

지은이 트레버 모아와드, 앤디 스테이플스
옮긴이 노보경
발행인 오영진 김진갑
발행처 토네이도미디어그룹(주)

책임편집 유인경
기획편집 박수진 박민희 박은화
디자인 김현주
마케팅 박시현 박준서 조성은
경영지원 이혜선 임지우

출판등록 2006년 1월 11일 제313-2006-15호
주소 서울시 마포구 월드컵북로5가길 12 서교빌딩 2층
원고 투고 및 독자 문의 midnightbookstore@naver.com
전화 02-332-3310 팩스 02-332-7741
블로그 blog.naver.com/midnightbookstore
페이스북 www.facebook.com/tornadobook
인스타그램 @tornadobooks

ISBN 979-11-5851-255-2 (03190)